THE
OLD TESTAMENT
IN SCOTS

VOLUME THREE
THE BOOKS OF WISDOM

THE
OLD TESTAMENT
IN SCOTS

———◆◆◆———

VOLUME THREE
THE BOOKS OF WISDOM

TRANSLATED BY
GAVIN FALCONER AND ROSS G. ARTHUR

The illustrations are by Gustave Doré (1832-83), from his 1866 Bible.

First published November 2014
ISBN 978-1-78324-006-7

A CIP catalogue record for this book is available from the British Library

 Published by Wordzworth Publishing
www.wordzworthpublishing.com

This project is supported by the
Ministerial Advisory Group (MAG)

Ulster-Scots Academy

 Department of
**Culture, Arts
and Leisure**
www.dcalni.gov.uk

ULLANS ACADEMY 1992

Printed and bound by CPI Group (UK) Ltd, Croydon, CR0 4YY

The translators would like to thank David Arthur, Andy Eagle, David Johnston, John Kirk, the late John Law, Derrick McClure, Rev. David Ogston, Ian James Parsley, and John Tait for help, support and constructive criticism. Any remaining errors are our own.

Gin anely ma wirds coud be recordit! Gin thay coud be pit in writin in a beuk! An wi an airn pen an leid be sned intae the stane for aye!

Job 19:23-24

FOREWORD

Until this time the Bible has not been completely translated into Plain Scots. In Scotland, prior to the Reformation Parliament of 1560, church services were usually conducted in Latin. The Vulgate version used was also a Latin translation, because using the vernacular languages was regarded as heresy by the Roman Catholic Church, particularly so after the attack by Martin Luther on the Papacy from 1517.

Some time before 1539, Murdoch Nisbet, from the parish of Loudoun in Ayrshire, produced a Scots translation of the New Testament. Nisbet was associated with a group of Lollards and worked from John Purvey's 1520s revision of the famous John Wycliffe version of the fourteenth century. However, because of initial fears of religious persecution, that work remained an unpublished manuscript known only to his family and Bible scholars until it was edited and printed by the Scottish Text Society in 1901-5, under the auspices of Lord Amherst of Hackney.

The Scottish Parliament briefly enacted in 1543 that people should be permitted to own a Bible in Scots or English, but that dispensation was repealed soon after. Only in 1560, when Scotland became Calvinist, did a vernacular Bible finally become legal. The new Scottish Church adopted the English Geneva Bible because it was the only full translation available that was ideologically acceptable to them, and also since it was in a language close enough to the vernacular that it could be commonly read. Nisbet's Bible would in all probability not have been acceptable to Calvinists, and that is the reason why it remained unknown outside his family. In 1579 the Scottish Parliament passed an Act that said that every householder of substance should own a Bible in the vernacular, and the Bible in English, with a preface in Scots, was reissued.

In 1601 the General Assembly of the Church of Scotland met at Burntisland, and discussion took place regarding a new version of the Bible being produced in the Lowland Scots vernacular. However, that came to nothing because in

1603 King James VI succeeded to the British throne as James I. James was keen to bring about conformity in culture, language and religion across his kingdoms, based on court practice in London. Instead of Scots, therefore, he commissioned the King James (Authorised) Version (KJV), in English. That is not to say, of course, that Scottish sermons and preaching were conducted solely in English from 1560. Indeed, there is evidence that Scottish Presbyterian ministers commonly preached in Scots well into the nineteenth century.

On occasion, there were complaints about the drawbacks of using texts in English. In the 1630s the Church of Scotland wrote to Charles I about his new Prayer Book. Objections were made to many terms unknown to the ordinary people. Later, after 1703, the Reverend James Kirkwood commented "Does not everybody know that in our English Bibles there are several hundred words and phrases not vulgarly used nor understood by a great many in Scotland, who have no other Translation?" However, because Scottish ministers often paraphrased texts, and because of the increasing impetus towards Anglo-Scottish political union, the idea of a Bible in Scots did not seem an important enough issue, especially among the aristocracy.

Indeed, by the 1750s the so-called Moderate Party, which now dominated the Scottish Church, was choosing to preach in English. Certainly, by 1800 the idea of a Bible in Scots would have seemed increasingly irrelevant to many among the upper classes. Despite that, academics and others continued to take an interest in Scots translations. For instance, Prince Louis Lucien Bonaparte (1813-91), nephew of the former French Emperor, was a keen linguist who commissioned translations of parts of the Bible into various languages, including Scots, during the 1850s and 1860s. However, those translations were made from English rather than Greek, and the largely literary translators often chose to retain many features that were not Scottish.

It was William Laughton Lorimer (1885-1967), a native of Angus and celebrated classical scholar, who finally translated the New Testament from the original *koine* Greek (and other sources) into Scots during the 1950s and 1960s (though when Satan speaks, he is quoted in Standard English). Lorimer's son completed revisions, and the result was finally published in 1983, to instant acclaim. It has justly been recognised as one of the great works of literature in

Scots in the modern era, during which time the beautiful language of the KJV has become increasingly archaic.

Most Scots Bible translations have traditionally taken English texts as their source. A translation of Old Testament texts from the original Hebrew would require a substantial investment of money, time and expertise over as long as a generation, probably involving generous state backing and the expertise of one or more university departments. It is a distinct possibility that no such translation will ever be completed, and it was to plug the resulting gap that the present project was conceived.

The source text for the current translation is the Bible in Basic English (BBE), which first became available in the 1940s. Published without any copyright notice, it immediately and irretrievably fell into the public domain and is today freely available to download from the Internet.

In this translation, the word order has in many cases been changed, and the core 1,000-word vocabulary used in the BBE greatly expanded. Circumlocutions used to reduce the number of distinct lexemes (for example, using phrasal verbs or combinations of verb and noun) have been replaced with fewer words but employing a larger vocabulary (for example, a single less common or higher-register verb). For those reasons, the text now being published bears only limited relation to the BBE and may stylistically be regarded as a translation in its own right.

The Ullans Academy was formed prior to the Ulster-Scots Language Society in July 1992, following a meeting between the linguist Professor Robert J. Gregg and myself in Vancouver, British Columbia. One of its prime objects was the undertaking of a Bible translation into Scots supportive of and appropriate to the other language development work of the Ullans Academy. I have outlined the history of this movement in three articles, viz.: "The Ullans Academy" in *Legislation, Literature and Sociolinguistics: Northern Ireland, the Republic of Ireland, and Scotland*, edited by John Kirk and Dónall P. Ó Baoill (Belfast: Cló Ollscoil na Banríona 2005); "The Ulster-Scots Movement. A Personal Account" in *Language Issues: Ireland, France, Spain*, edited by Wesley Hutchinson and Clíona Ní Ríordáin (Brussels: P.I.E. Peter Lang 2010); and "Common Identity" in *Ulster-Scots in Northern Ireland Today: Language, Culture*

Community / L'Ulster-Scots en Irlande du Nord aujourd'hui: langue, culture, communauté, by Wesley Hutchinson (Rennes: Presses Universitaires 2014).

We are highly honoured that Gavin Falconer and Ross G. Arthur have chosen us to act as publishers of their superlative and historic translation of the Bible in Plain Scots. There could be none better than they for the task of bringing to the Scottish people such an inspirational work during this time of renewed interest in cultural expression. We are grateful to the Ministerial Advisory Group on the Ulster-Scots Academy of the Department of Culture, Arts and Leisure for their financial support, to my friends and colleagues in the Ullans Academy, to Professor Wesley Hutchinson of the Université Sorbonne Nouvelle – Paris 3, and to Helen Brooker of Pretani Associates, Consultants in Common Identity, for their invaluable assistance.

Dr. Ian Adamson OBE

INNIN

Scots as uised the day is a leid dwyned o its heich-register vocabular an mixtur-maxturt wi a fremmit staundart. Aft-times e'en thaim that drank it in wi thair mithers' milk winna bide wi the native form, flittin insteid atween the soonds an gremmar o the Lawlands an whit, if thair forebeirs kent it ava, thay kent as Beuk Inglish. That isna thair blame an, for aw the romantic fiddiltie-faws o thaim that's pens is michtier nor thair mense, haes nocht tae dae wi ony kin o structural or intellectual manks in Scots itsel or — the daftest norie o the lot o thaim — the ineluctable mairch o progress. Raither it's a reflection o the byordinar pressur exerced on oor auld Lawland tongue by a wheen come-tae-passes mair hap-nap nor predestinate at an important time in the oncome o leids aw airts: a want o native prentin presses; Ingland's Reformation bein effect 30 year afore Scotland's; a "Virgin Queen" gaun tae her lair unmairit an 'ithoot a bairn as heritor. A sicht mair coud be eikit tae a list that's mair poleetical or releegious nor linguistic.

The wirth o Scots fowk leeteratur, an its skeely uiss o aefauld wirds tae poetic effect (*The Fause True Luve*), is weel kent. Afore 1560, but, an in a wheen respects up tae 1700, oor puir Scots hodden cled in maijesty no juist the ballants an flytins o ilkaday life but keengs' stere decreets, theologues' tractates, Acts o Pairliament, poems tae Amor, paeans tae Mars, an stages athort the land, the hale o't buskit wi a fouth o lends frae Laitin an Greek, mony o thaim unkent by Inglish-speakers furth o the Tweed.

Ae element in the decline o Scots in the saxteent and seeventeent centuries wis the want o a Scots Bible. The Presbyterian reformers, wi thair thochts mair on Scotland's evangelical glore nor its warldly fame, didna juist tak the Suddron ane awreadies tae haund but brocht in a law thirlin weel-daein faimilies tae hae a copy o't in the hoose. In James Hogg's *The Three Perils of Man*, a medieval monastic speaks the Early Modren Inglish o Keeng Jamie's Bible tho the feck o chairacters speaks Scots. Hogg kent fine weel that he was myntin anachronism an, in a ploy as forrit as it wis witty, hit on makkin the monk the Suddron quintessencer Roger Bacon. Nou, at the stairt o the twenty-first century, the'r mebbe e'en mair o a tentation tae rax the status quo back intae the bygane like some kin o no vera guid televeesion drama. Lattin on that Scots wis aye a wirkin-cless or kintra dialect mairginal tae cosmopolitan cultur gets us aff the heuk whan we find we canna lift Burns, niver mynd Dunbar.

For aw that it's aft said that Scots wants a staundart, the truith is that the leid's been staundardeesed no juist the ance but twa times. Meedle Scots wis at least as codifee'd as the Inglish o thae days, an the sindry orthographic chyces tae haund is as like tae be fund athin a text by a single author as tae shaw evidents for pheelosophical or regional variance. Wi Ramsay, Fergusson an Burns, a new staundart for Modren Scots cam intae bein wi its foonds in the notion o meenimal divergence frae Inglish while aye still takkin accoont o the regional diversity o the leid at hame throu pandialectal prattics. Thon seicont staundart is whit's uised in thir translates, tho we like tae think we'v hauden tae't mair conseestent-like, seein as fowk nouadays isna aye able for producin a Scots realisation thairsels if a wird's gien in its Inglish form. Readers soud pronoonce the text in the wey thay wad say it thairsels. The'r mair nor ae Scots dialect, an the innocent-leukin digraph <ui>, that some writers haes taen tae be juist an orthographic variant o Inglish <oo>, can be said in as mony weys as the'r dialects. Ruit-an-brainch cheenges will aye hae thair subscrivers, whit wi the confuddlin hybridity common tae aw forms o Anglic, an ae affcome o ettles at giein a heft tae the leid in the twintiet century haes been a fause impression o spellin diversity. A wheen propones haes mixtur-maxturt the auld wi the new or socht tae dae awa wi the baith o thaim in ill-thocht-oot makar-uppers' club stylesheets, something satireesed by the poet Tom Leonard, a body that's made nae smaw contribution tae spellin diversity hissel. Still an on, it's wirth myndin that, tho a wheen fowk can loss the heid in thair ettles tae reform Scots, no fashin yersel wi the leid an its leeteratur — whit maist o us dis maist o the time — can mean tynin the hert.

The'r ither soorces o difference atween writers apairt frae spellin, o coorse, an nae dout the'll be a wheen fowk haes thair ain notions o whit wey tae write Scots. Tae deal wi twa o thaim: syncretic verb forms haes been aroond frae Dunbar's time, an if thay war guid eneuch for him, thay'r guid eneuch for us; the uiss o the wird *laird* tae mean 'rural landowner' while cryin the deity *Lord* haes a lang tradeetion in Scots but at the hinner end is a product o dialectalisation that the twa o us haes chuisen tae owerturn.

In the last few year mair tent haes been taen tae Scots in Ulster. Aft conseedert, e'en by Erse academics, juist anither pairt o Hiberno-Inglish, the pictur is nou bein setten tae richts, wi Ian Adamson o the Ullans Academy cryin it a purer form o Lallans nor that spoken in Scotland. Ignorance sic as Dr. Adamson haes haed tae fecht agin in Ulster is fund in Scotland an aw, but. Nae wunner, wi the feck o young Scots bein left 'ithoot a guid ken o the leid, e'en efter that mony years in the schuil. At least the UK Govrenment haes nou seen fit tae pit its name tae the European Chairter for Regional or Minority Leids. Steerers haes been fair scunnert tae see that as guid as nocht haes been duin unner't, but. 'Ithoot the poleetical action tae forder Scots hecht tae's, is leeterar darg eneuch for the leid tae jouk its weirdit end as a dwynin dialect? Mebbe no, but it's the maist dignifee'd wey tae pit it aff. Breengin intae transactional prose 'ithoot the backin o the state can be gey an undignifee'd, an leeteratur can play a role in giein fowk a guid grundin in native gremmar an spellin, sae that aw genres is gien a heft.

Tho't be but the end o an auld sang, as Seafield said o the raisin o Scotland's Pairliament, the leid can aye still muive an delyte readers. The twa authors o this beuk howps the same can be said o the text inby't an that, at a wheen ingles for a wee while yit, the wirds o the patriarchs can ring oot in the plain speak o oor faithers.

JOB

Chaipter 1

The war a man in the laund o Uz that's name wis Job. He wis 'ithoot sin an upricht, fearin God an haudin hissel faur frae ill.

2 An he haen seiven sons an three dochters.

3 An o guids an gear he haen seiven thoosand sheep an gaits, an three thoosand caumels, an a thoosand owsen, an five hunder she-cuddies, an an undeemous nummer servands. An the man wis set abuin ony o the sons o the east.

4 His sons gaen raiglar tae ane anither's hooses, an ilkane on his day gien a mealtith: an at thir times thay sent for thair three sisters for tae tak pairt in thair mealtiths wi thaim.

5 An at the end o thair days o gilravagin, Job sent an made thaim clean, gittin up early in the forenuin an offerin brunt offerins for thaim aw. For, Job said, It coud be that ma sons haes duin wrang an said ill o God in thair herts. An Job did this whaniver the mealtiths come roond.

6 An the war a day whan the sons o the gods come thegither afore the Laird, an the Sautan come wi thaim.

7 An the Laird said tae the Sautan, Whaur ye frae? An the Sautan said in repone, Frae stravaigin this wey an that on the yird, an walkin aboot on it.

8 An the Laird said tae the Sautan, Hae ye taen note o ma servand Job, for the'r naebody like him on the yird, a man 'ithoot sin an upricht, fearin God an haudin hissel faur frae ill?

9 An the Sautan said in repone tae the Laird, Is it for nocht that Job is a God-fearin man?

10 Hae ye yersel no biggit a waw aboot him an his hoose an aw he haes on ilka side, sainin the wark o his haunds, an eikin his kye in the laund?

11 But nou, pit oot yer haund agin aw he haes, an he will be bannin ye tae yer face.

12 An the Laird said tae the Sautan, See, A gie aw he haes intae yer haunds, anely dinna pit a finger on the man hissel. An the Sautan gaen oot frae afore the Laird.

13 An the war a day whan his sons an dochters wis gilravagin in the hoose o thair auldest brither,

14 An a man come tae Job, an said, The owsen wis plouin, an the cuddies wis takkin thair meat by thair side:

15 An the men o Sheba come agin thaim an taen thaim awa, pittin the young men tae the swuird, an A wis the anely ane that won awa sauf tae gie ye the news.

1

Job 1:20 Syne Job gat up, an efter rivin his claes an sneddin aff his hair,
he gaen doun on his face tae the yird, an gien wirship, an said,

16 An this ane wis aye talkin whan anither come, an said, The fire o God come doun frae hieven, birnin up the sheep an the gaits an the young men awthegither, an A wis the anely ane that won awa sauf tae gie ye the news.

17 An this ane wis aye talkin whan anither come, an said, The Chaldaeans made thairsels intae three baunds, an come doun on the caumels an taen thaim awa, pittin the young men tae the swuird, an A wis the anely ane that won awa sauf tae gie ye the news.

18 An this ane wis aye talkin whan anither come, an said, Yer sons an yer dochters wis gilravagin thegither in thair auldest brither's hoose,

19 Whan a muckle wind come breengin frae the wilderness agin the fower sides o the hoose, an it come doun on the young men, an thay ar deid; an A wis the anely ane that won awa sauf for tae gie ye the news.

20 Syne Job gat up, an efter rivin his claes an sneddin aff his hair, he gaen doun on his face tae the yird, an gien wirship, an said,

21 Wi nocht A come oot ma mither's bouk, an wi nocht A will gang back thare; the Laird gien an the Laird haes taen awa; lat the Laird's name be ruised.

22 In aw this Job did nae sin, an didna say that God's acts wis daftlike.

Chaipter 2

An the war a day whan the sons o the gods come thegither afore the Laird, an the Sautan come wi thaim.

2 An the Laird said tae the Sautan, Whaur ye frae? An the Sautan said in repone, Frae stravaigin this wey an that on the yird, an walkin aboot on it.

3 An the Laird said tae the Sautan, Hae ye taen note o ma servand Job, for the'r naebody like him on the yird, a man 'ithoot sin an upricht, fearin God an haudin hissel faur frae ill? An he aye hauds his richtousness, tho ye hae been muivin me tae send ruinage on him 'ithoot cause.

4 An the Sautan said in repone tae the Laird, Skin for skin, aw a man haes he will gie for his life.

5 But nou, gin ye anely pit yer haund on his bane an his flesh, he will certes be bannin ye tae yer face.

6 An the Laird said tae the Sautan, See, he is in yer haunds, anely dinna tak his life.

7 An the Sautan gaen oot frae afore the Laird, an sent on Job an ill disease happin his skin frae his feet tae the tap o his heid.

8 An he taen a broken bit pat, an, seatit in the stour, wis scartin hissel wi the shairp laggin o't.

9 An his guidwife said tae him, Ar ye aye haudin yer richtousness? Say a ban agin God, an pit an end tae yersel.

10 An he said tae her, Ye ar talkin like ane o the daftlike weemen. Gin we tak the guid God sends us, ar we no tae tak the ill whan it comes? In aw this Job held his lips frae sin.

11 An Job's three freends gat wird o aw this ill that haed come on him. An thay come ilkane frae his steid, Eliphaz the Temanite, an Bildad the Shuhite, an Zophar the Naamathite. Sae thay come thegither tae a gaitherin steid, sae that thay coud gang an mak clear

3

Job 2:11 An Job's three freends gat wird o aw this ill that haed come on him.
An thay come ilkane frae his steid, Eliphaz the Temanite, an Bildad the Shuhite,
an Zophar the Naamathite. Sae thay come thegither tae a gaitherin steid, sae that
thay coud gang an mak clear tae Job thair dule for him, an gie him easement.

tae Job thair dule for him, an gie him easement.

12 An, liftin up thair een whan thay war aye hyne awa, it didna seem that the man thay seen wis Job acause o the cheenge in him. An thay gien wey tae sair greetin, wi signs o dule, an rubbit stour on thair heids.

13 An thay taen thair seats on the yird by his side for seiven days an seiven nichts: but naebody said a wird tae him, for thay seen that his pyne wis unco great.

Chaipter 3

S yne, appenin his mou, an bannin the day o his birth,

2 Job made repone an said,

3 Lat ruinage tak the day o ma birth, an the nicht that it wis said, A man bairn haes come intae the warld.

4 That day — lat it be mirk; latna God tak note o't frae on heich, an latna the licht be sheenin on't;

5 Lat the mirk an the black nicht tak it for thairsels; lat it be happit wi a clud; lat the mirk shades o day send fear on it.

6 That nicht — lat the thick mirk tak it; lat it na hae joy amang the days o the year; lat it na come intae the nummer o the months.

7 As for that nicht, lat it hae nae fruit; lat nae vyce o joy be soondit in't;

8 Lat it be banned by thaim that pit a ban on the day; that's ready tae mak Leviathan waukrife.

9 Lat its day-starns be mirk; lat it be leukin for licht, but lat it na hae ony; lat it na see the een o the daw.

10 Acause it didna haud the doors o ma mither's bouk steekit, sae that tribble coud be happit frae ma een.

11 Whit for did deith no tak me whan A come oot ma mither's bouk, whit for did A no, whan A come oot, gie up ma last braith?

12 Whit for did the knees tak me, or whit for the breests that thay coud gie me milk?

13 For than A coud hae gaen tae ma rest in quate, an in sleep hae been in peace,

14 Wi keengs an the wicelike anes o the yird, as biggit muckle hooses for thairsels;

15 Or wi rulers wi gowd, an that's hooses wis fou o siller;

16 Or as a bairn deid at birth A coud niver hae come intae exeestence; like young bairns as haesna seen the licht.

17 Thare the passions o the ill is ower, an thaim that's strenth haes come tae an end haes rest.

18 Thare the preesoners is at peace thegither; the vyce o the owersman comes tae thair lugs nae mair.

19 The smaw an the muckle is thare, an the servand is free frae his maister.

20 Whit for dis He gie licht tae the body in tribble, an life tae the soor in saul;

21 Tae thaim that's desire is for deith, but it comes na; that's sairchin for't mair nor for hidlin walth;

22 That's gled wi muckle joy, an fou o delite whan thay come tae thair last restin steid;

23 Tae a man that's wey is happit, an that is steekit in by God?

24 Insteid o ma meat A hae dule, an screichs o sorrae flowes frae me like watter.

25 For A hae a fear an it comes on me, an ma hert is sair trauchelt.

26 A hae nae peace, nae quate, an nae rest; nocht but pyne comes on me.

Chaipter 4

An Eliphaz the Temanite made repone an said,

2 Gin ane says a wird, will it be a tire tae ye? But wha can haud frae sayin whit's in his mynd?

3 Truelins, ye hae been a helper tae ithers, an ye hae made fushionless haunds strang;

4 Him that wis near fawin haes been liftit up by yer wirds, an ye hae gien strenth tae boued knees.

5 But nou it haes come on ye an it's a tire tae ye; ye ar touched by it an yer mynd is trauchelt.

6 Isna yer fear o God yer uphaud, an yer upricht wey o life yer howp?

7 Hae ye iver seen ruinage come tae an upricht man? Or whan wis the God-fearin iver sned aff?

8 Whit A hae seen is that thaim that tribble haes been ploued by, an ill plantit, gits the same for thairsels.

9 By the braith o God ruinage taks thaim, an by the wind o his wraith thay ar sned aff.

10 Tho the noise o the lion an the soondin o his vyce can be lood, the teeth o the young lions is broke.

11 The auld lion dees for want o meat, an the young o the she-lion gangs stravaigin aw airts.

12 A wird wis gien me hidlins, an the laich soond o't come tae ma lugs.

13 In trauchelt thochts frae veesions o the nicht, whan deep sleep comes on men,

14 Fear come on me an shakkin, an ma banes wis fou o tribble;

15 An a braith wis muivin ower ma face; the hair o ma flesh come tae be stieve:

16 Something wis praisent afore me, but A coudna see it clear; the war a form afore ma een: a quate vyce come tae ma lugs, sayin:

17 Can a man be upricht afore God? Or a man be clean afore his Makker?

18 Truelins, he pits nae faith in his servands, an he sees mistak in his angels;

19 Hou muckle mair thaim bidin in hooses o yird, that's foonds is in the stour! Thay ar brouselt mair swith nor a beastie;

20 Atween forenuin an forenicht thay ar awthegither broke; thay come tae an end for aye, an naebody taks note.

21 Gin thair tent-towe is poued up, dae thay no come tae an end, an 'ithoot wit?

Chaipter 5

Gie nou a screich for help; ar the onybody that will gie ye a repone? An tae wha o the haly anes will ye mak yer prayer?

2 For wraith is the cause o deith tae the daftlike, an him that haes nae wit comes tae his end throu passion.

3 A hae seen the daftlike takkin ruit, but wi a suddentie the ban come on his hoose.

4 Nou his bairns haes nae sauf steid, an thay ar brouselt afore the juidges, for naebody taks up thair cause.

5 Thair produce is taen by him that haes nae meat, an thair corn gangs tae the puir, an the body in need o watter gits it frae thair spring.

6 For ill disna come oot the stour, or tribble oot the yird;

7 But tribble is man's weird frae birth, as the flams gangs up frae the fire.

8 But as for me, A wad mak ma prayer tae God, an A wad pit ma cause afore him:

9 That dis great things ootby oor knawledge, ferlies 'ithoot nummer:

10 That gies rain on the yird, an sends watter on the fields:

11 Liftin up thaim that's law, an pittin the dowie in a sauf steid;

12 That maks the designs o the wicelike gang wrang, sae that thay canna gie ootcome tae thair ettles.

13 He taks the wicelike in thair hidlin designs, an the ettles o the thrawn is sned aff wi a suddentie.

14 In the daylicht it comes tae be mirk for thaim, an in the sunlicht thay gang feelin aboot like it wis nicht.

15 But he hauds sauf frae thair swuird thaim that haes nae faither, an the puir frae the pouer o the strang.

16 Sae the puir man haes howp, an the mou o the ill-daer is stappit.

17 Truelins, that man is blythe that haes trainin frae the haund o God: sae dinna lat yer hert be steekit tae the lear o the Ruler o aw.

18 For efter his punishment he gies easement, an efter woundin, his haunds maks ye weel.

19 He will haud ye sauf frae sax tribbles, an in seiven nae ill will come nearhaund ye.

20 Whan the'r want o meat he will haud ye frae deith, an in war frae the pouer o the swuird.

21 He will haud ye sauf frae the ill tongue; an ye will hae nae fear o wastin whan it comes.

22 Ye will mak sport o ruinage an need, an will hae nae fear o the beasts o the yird.

23 For ye will be in greement wi the stanes o the yird, an the beasts o the field will be at peace wi ye.

24 An ye will be siccar that yer tent is at peace, an efter leukin ower yer guids an gear ye will see that nocht is gaen.

25 Ye will be siccar that yer seed will be muckle, an yer affspring like the plants o the yird.

26 Ye will come tae yer last restin steid in fou strenth, as the corn is taen up tae the brouslin fluir in its time.

27 See, we hae made sairch wi care, an it is sae; it haes come tae oor lugs; see that ye tak note o't for yersel.

Chaipter 6

An Job made repone an said,

2 Gin anely ma passion coud be meisurt, an wee'd agin ma tribble!

3 For than its wecht wad be mair nor the saund o the seas: acause o this ma wirds haesna been maunt.

4 For the arraes o the Ruler o aw is praisent wi me, an thair pushion gangs deep intae ma speerit: his airmy o fears is pit in order agin me.

5 Dis the cuddy o the fields rowt whan he haes gress? Or dis the owse mak soonds ower his meat?

6 Will a man tak meat that haes nae gust 'ithoot saut? Or ar the ony gust in the saft substance o purslain?

7 Ma saul haes nae desire for the like, thay ar as disease in ma meat.

8 Gin anely A coud hae a repone tae ma prayer, an God gien me ma desire!

9 Gin anely he wad be pleased tae pit an end tae me; an wad lat lowse his haund, sae that A coud be sned aff!

10 Sae A wad aye hae easement, an A wad hae joy in the pynes o deith, for A haena been fause tae the wirds o the Haly Ane.

11 Hae A strenth tae gang on waitin, or hae A ony end tae be leukin forrit tae?

12 Is ma strenth the strenth o stanes, or is ma flesh bress?

13 A hae nae help in masel, an wit is awthegither gaen frae me.

14 Him that's hert is steekit agin his freend haes gien up the fear o the Ruler o aw.

15 Ma freends haes been fause like a burn, like burns in the glens as comes tae an end:

16 That's mirk acause o the frost, an the snaw fawin intae thaim;

17 Unner the birnin sun thay ar sned aff, an come tae nocht acause o the heat.

18 The caumel-trains gangs oot thair wey; thay gang up intae the waste an come tae ruinage.

19 The caumel-trains o Tema wis sairchin wi care, the baunds o Sheba wis waitin on thaim:

20 Thay war pit tae shame acause o thair howp; thay come an thair howp wis gaen.

21 Sae hae ye nou come tae be tae me; ye see ma dowie condeetion, an ar in fear.

22 Did A say, Gie me something? Or, Mak a peyment for me oot yer walth?

23 Or, Git me oot o the pouer o ma ill-willer? Or, Gie siller till A am free frae the pouer o the ill-kyndit anes?

24 Gie me learnin, an A will be quate; an gar me see ma mistak.

25 Hou pleasin is upricht wirds! But whit force ar the in yer argiments?

26 Ma wirds mebbe seems wrang tae ye, but the wirds o him that haes nae howp is for the wind.

27 Truelins, ye ar sic's wad gie up the bairn o a deid man tae his creeditors, an wad mak an ootcome oot yer freend.

28 Nou than, lat yer een be turnt tae me, for truelins A winna say whit is fause tae yer face.

29 Lat yer mynds be cheenged, an dinna hae an ill conceit o me; ay, be cheenged, for ma richtousness is in me yet.

30 Ar the ill in ma tongue? Is the cause o ma tribble no plain tae me?

Chaipter 7

Haesna man his ordert time o tribble on the yird? An isna his days like the days o a servand wirkin for peyment?

2 As a servand seekin the shades o forenicht, an a warkman leukin for his peyment:

3 Sae A hae for ma heirskip months o pyne tae nae ettle, an nichts o tire is gien me.

4 Whan A gang tae ma bed, A say, Whan will it be time tae git up? But the nicht is lang, an A am turnin frae side tae side till forenuin licht.

5 Ma flesh is happit wi wirms an stour; ma skin gits haurd an syne is crackit again.

6 Ma days gangs quicker nor the claith-wirker's threid, an comes tae an end 'ithoot howp.

7 O, mynd that ma life is wind: ma ee will niver again see guid.

8 The ee o him that sees me will see me nae mair: yer een will be leukin for me, but A will be awa.

9 A clud comes tae an end an is gaen; sae him that gangs doun intae the unnerwarld comes na up again.

10 He winna come back tae his hoose, an his steid will hae nae mair knawledge o him.

11 Sae A winna haud ma mou steekit; A will lat the wirds come frae it in the pyne o ma speerit, ma saul will mak a soor dirdum.

12 Am A a sea, or a sea beast, that ye pit a wauk ower me?

13 Whan A say, In ma bed A will hae easement, thare A will git rest frae ma disease;

14 Syne ye send dreams tae me, an veesions o fear;

15 Sae that a haurd deith seems better tae ma saul nor ma pynes.

16 A hae nae desire for life, A wadna be leevin for aye! Bide awa frae me, for ma days is like a braith.

17 Whit is man, that ye hae made him muckle, an that yer tent is fixed on him,

18 An that yer haund is on him ilka forenuin, an that ye ar testin him ilka meenit?

19 Hou lang will it be afore yer een is turnt awa frae me, till A hae a meenit's peace?

20 Gin A hae duin wrang, whit hae A duin tae ye, O hauder o men? Whit for hae ye made me a prap for yer blaws, sae that A am a tire tae masel?

21 An whit for dae ye no tak awa ma sin, an lat ma wrangdaein be endit? For nou A gang doun tae the stour, an ye will be sairchin for me wi care, but A will be awa.

Chaipter 8

Syne Bildad the Shuhite made repone an said,

2 Hou lang will ye say thir things, an hou lang will the wirds o yer mou be like a strang wind?

3 Dis God gie wrang deceesions? Or is the Ruler o aw no upricht in his deemin?

4 Gin yer bairns haes duin ill agin him, than thair punishment is frae his haund.

5 Gin ye will seek oot God wi care, an pit yer seekin afore the Ruler o aw;

6 Gin ye ar clean an upricht; than he will certes be muived tae tak up yer cause, an will mak clear yer richtousness by biggin up yer hoose again.

7 An tho yer stairt wis smaw, yer end will be unco muckle.

8 Pit the quaisten nou tae the bygaen generations, an tak tent tae whit haes been sairched oot by thair faithers:

9 (For we ar but o yesterday, an hae nae knawledge, acause oor days on the yird is gaen like a shade:),

10 Will thay no gie ye learnin, an say wirds o wit tae ye?

11 Will the watter plant come up in its pride 'ithoot weet yird? Will the gress growe lang 'ithoot watter?

12 Whan it is yet green, 'ithoot bein cuttit doun, it comes tae be dry an deid afore ony ither plant.

13 Sae is the end o thaim that disna haud God in mynd; an the howp o the ill-daer comes tae nocht:

14 That's uphaud is sned aff, an that's howp is nae stranger nor an attercap's threid.

15 He is leukin tae his faimily for uphaud, but it isna thare; he pits his howp in't, but it comes tae nocht.

16 He is fou o strenth afore the sun, an his brainches gangs oot ower his gairden.

17 His ruits is twistit aboot the stanes, forcin thair wey in atween thaim.

18 Gin he is taen awa frae his steid, than it will say, A haena seen ye.

19 Sic is the joy o his wey, an oot the stour anither comes up tae tak his steid.

20 Truelins, God winna gie up him 'ithoot sin, an winna tak ill-daers by the haund.

21 The time will come whan yer mou will be fou o lauchin, an screichs o joy will come frae yer lips.

22 Yer ill-willers will be cled wi shame, an the tent o the sinner winna be seen again.

Chaipter 9

An Job made repone an said,

2 Truelins, A see that it is sae: an whit wey is it possible for a man tae git his richt afore God?

3 Gin a man wis seekin tae gang tae law wi him, he coudna gie him a repone tae ane oot o a thoosand quaistens.

4 He is wicelike in hert an muckle in strenth: whaiver made his face haurd agin him, an did weel?

5 It is him that taks awa the muntains 'ithoot thair knawledge, an cowps thaim in his wraith:

6 That is muivin the yird oot its steid, sae that its stoups is shakkin:

7 That gies orders tae the sun, an it disna gie its licht; an that hauds the starns frae sheenin.

8 That's haund the hievens wis raxt oot by, an that is walkin on the waffs o the sea:

9 That made the Beir an the Hunter, an the Seiven Sisters, an the thesauries o the sooth:

10 That dis great things no tae be sairched oot; ay, ferlies 'ithoot nummer.

11 See, he gangs by me an A see him na: he gangs on afore, but A hae nae knawledge o him.

12 Gin he pits oot his haund tae tak, wha can it be turnt back by? Wha can say tae him, Whit ye daein?

13 God's wraith canna be turnt back; the helpers o Rahab wis boued doun unner him.

14 Hou muckle less can A gie a repone tae him, uisin the richt wirds in argiment wi him?

15 E'en gin ma cause wis guid, A coudna gie repone; A wad mak seekin for grace frae him that wis agin me.

16 Gin A haed sent for him tae be praisent, an he haed come, A wad hae nae

faith that he wad tak tent tae ma vyce.

17 For A wad be brouselt by his storm, ma wounds wad be eikit 'ithoot cause.

18 He wadna lat me tak ma braith, but A wad be fou o soor dule.

19 Gin it is a quaisten o strenth, he says, Here A am! An gin it is a quaisten o a cause at law, he says, Wha will gie me a fixed day?

20 Tho A wis in the richt, he wad say that A wis in the wrang; A hae duin nae ill; but he says that A am a sinner.

21 A hae duin nae wrang; A gie nae thocht tae whit comes o me; A hae nae desire for life.

22 It is aw the same tae me; sae A say, He pits an end tae the sinner an tae him that haes duin nae wrang thegither.

23 Gin deith comes wi a suddentie throu disease, he maks sport o the weird o thaim that's duin nae wrang.

24 The laund is gien intae the pouer o the ill-daer; the faces o its juidges is happit; gin no by him, than wha haes duin it?

25 Ma days gangs quicker nor a post-rinner: thay gang in flicht, thay see nae guid.

26 Thay gang breengin on like reed-boats, like an earn drappin wi a suddentie on its meat.

27 Gin A say, A will pit ma dule oot o mynd, A will lat ma face be dowie nae mair an A will be bricht;

28 A gang in fear o aw ma pynes; A am siccar that A winna be free frae sin in yer een.

29 Ye winna lat me be clear o sin! Whit for, than, dae A tak tribble for nocht?

30 Gin A am wuish wi snaw watter, an clean ma haunds wi saip;

31 Syne ye will hae me pusht intae the stour, sae that A will seem scunnerin tae ma verra claes.

32 For he isna a man as A am, that A coud gie him a repone, that we coud come thegither afore a juidge.

33 The'r naebody tae gie a deceesion atween us, that coud hae owerins ower us.

34 Lat him tak awa his wand frae me an no send his fear on me:

35 Syne A wad say whit is in ma mynd 'ithoot fear o him; for the'r nae cause o fear in masel.

Chaipter 10

M a saul is trauchelt wi life; A will lat ma dowie thochts gang free in wirds; ma saul will mak a sair dirdum.

2 A will say tae God, Dinna pit me doun as a sinner; mak plain tae me whit ye hae agin me.

3 Whit ootcome is it tae ye tae be ill-kyndit, tae gie up the wark o yer haunds, leukin hamely on the design o ill-daers?

4 Hae ye een o flesh, or dae ye see as man sees?

5 Is yer days as the days o man, or yer years like his,

6 That ye tak note o ma sin, sairchin efter ma wrangdaein,

7 Tho ye see that A amna an ill-daer; an the'r naebody can tak a man oot yer haunds?

8 Yer haunds made me, an A wis shapit by ye, but than, cheengin yer ettle, ye gien me up tae ruinage.

9 O mynd that ye made me oot o yird; an will ye send me back again tae stour?

10 Wis A no teemed oot like milk, haurd gittin like cheese?

11 By ye A wis cled wi skin an flesh, an jynt thegither wi banes an muscles.

12 Ye hae been couthie tae me, an yer grace haes been wi me, an yer care haes held ma speerit sauf.

13 But ye held thir things in the saicret o yer hert; A am siccar this wis in yer thochts:

14 That, gin A did wrang, ye wad tak note o't, an wadna mak me clear frae sin:

15 That, gin A wis an ill-daer, the ban wad come on me; an gin A wis upricht, ma heid wadna be liftit up, bein fou o shame an owercome wi tribble.

16 An that gin the war cause for pride, ye wad gang efter me like a lion; an again pit oot yer ferlies agin me:

17 That ye wad send new witnesses agin me, eikin yer wraith agin me, an lattin lowse new airmies on me.

18 Whit for, than, did ye mak me come oot ma mither's bouk? It wad hae been better for me tae hae taen ma last braith, an for nae ee tae hae seen me,

19 An for me tae hae been like A haedna been; tae hae been taen frae ma mither's bouk straucht tae ma last restin steid.

20 Is the days o ma life no smaw in nummer? Lat yer een be turnt awa frae me, till A hae a bit pleisur,

21 Afore A gang tae the steid that A winna come back frae, tae the laund whaur aw is mirk an black,

22 A laund o thick mirk, 'ithoot order, whaur the verra licht is mirk.

Chaipter 11

Syne Zophar the Naamathite made repone an said,

2 Is aw thir wirds tae gang unanswert? An is a man seen tae be richt acause he is fou o talk?

3 Is yer wirds o pride tae mak men haud thair wheesht? An ar ye tae mak sport, wi naebody tae pit ye tae shame?

4 Ye can say, Ma wey is clean, an A am free frae sin in yer een.

5 But gin anely God wad tak up the wird, appenin his lips in argiment wi ye;

6 An wad mak clear tae ye the saicrets o wit, an the ferlies o his ettle!

7 Can ye tak God's meisur, for tae mak findin o the leemits o the Ruler o aw?

8 Thay ar heicher nor hieven; whit ar the for ye tae dae? Deeper nor the unnerwarld, an ootby yer knawledge;

9 Langer in meisur nor the yird, an braider nor the sea.

10 Gin he gangs on his wey, steekin a man up an pittin him tae deith, wha can gar him gang back frae his ettle?

11 For in his een men is as nocht; he sees ill an taks note o't.

12 An sae a tuim-heidit man will git wit, whan a young cuddy o the field gits learnin.

13 But gin ye pit yer hert richt, streek oot yer haunds tae him;

14 Gin ye pit faur awa the ill o yer haunds, an lat nae wrangdaein hae a steid in yer tent;

15 Syne truelins yer face will be liftit up, wi nae merk o sin, an ye will be fixed in yer steid 'ithoot fear:

16 For yer sorrae will gang frae yer myndin, like watters fleetin awa:

17 An yer life will be brichter nor day; tho't be mirk, it will come tae be like the morn.

18 An ye will be sauf acause the'r howp; efter leukin aboot, ye will tak yer rest in quate;

19 Sleepin wi nae fear o danger; an men will be seekin tae hae grace in yer een;

20 But the een o the ill-daers will be dwynin awa; thair wey o flicht is gaen, an thair anely howp is the takkin o thair last braith.

Chaipter 12

An Job made repone an said,

2 Nae dout ye hae knawledge, an wit will come tae an end wi ye.

3 But A hae a mynd as weel's ye; A am equal-aqual tae ye: ay, wha haesna knawledge o sic things as thir?

4 It seems that A am tae be like ane that is a cause o lauchin tae his neebour, ane that maks his prayer tae God an is answert! The upricht man that haes duin nae wrang is tae be made sport o!

5 In the thocht o the body in easement the'r nae respect for ane that is in tribble; sic is the weird o thaim that's feet is slidderin.

6 The'r walth in the tents o thaim that maks ruinage, an thaim that God is muived tae wraith by is sauf; e'en thaim that's god is thair strenth.

7 But pit nou a quaisten tae the beasts, an git learnin frae thaim; or tae the birds o the hieven, an thay will mak it clear tae ye;

8 Or tae the things as gangs flet on the yird, an thay will gie ye wit; an the fish o the sea will gie ye news o't.

9 Wha disna see by aw thir that the haund o the Laird haes duin this?

10 That's haund the saul o ilka leevin thing is in, an the braith o aw flesh o man.

11 Is wirds no testit by the lug, e'en as meat is pree'd by the mou?

12 Auld men haes wit, an a lang life gies knawledge.

13 Wi him the'r wit an strenth; pouer an knawledge is his.

14 Truelins, the'r nae biggin up o whit is poued doun by him; whan a man is steekit up by him, naebody can lat him lowse.

15 Truelins, he hauds back the watters an thay ar dry; he sends thaim oot an the yird is cowpit.

16 Wi him is strenth an wicelike designs; the body guidit intae mistak, thegither wi his guide, is in his haunds;

17 He taks awa the wit o the wicelike guides, an maks juidges daftlike;

18 He lowses the cheens o keengs, an pits his baund on thaim;

19 He maks priests preesoners, cowps thaim in sauf poseetions;

20 He maks the wirds o responsible bodies 'ithoot ootcome, an taks awa the guid sense o the auld;

21 He pits shame on heids, an taks awa the pouer o the strang;

22 Howkin deep things oot the mirk, an makkin the deep shade bricht;

23 Eikin nations, an sendin ruinage on thaim; makkin braid the launds o peoples, an syne giein thaim up.

13

24 He taks awa the wit o the rulers o the yird, an sends thaim stravaigin in a waste whaur the'r nae wey.

25 Thay gang feelin aboot in the mirk 'ithoot licht, stravaigin 'ithoot help like thae owercome wi wine.

Chaipter 13

Truelins, ma ee haes seen aw this, wird o't haes come tae ma lug, an A ken it.

2 The same things is in ma mynd as in yours; A am equal-aqual tae ye.

3 But A wad hae a wird wi the Ruler o aw, an ma desire is tae hae an argiment wi God.

4 But ye pit a fause face on things; aw yer ettles for tae pit things richt is o nae wirth.

5 Gin anely ye wad haud yer wheesht, it wad be a taiken o wit!

6 Tak tent tae the argiment o ma mou, an tak note o the wirds o ma lips.

7 Will ye say in God's name whit isna richt, an pit fause wirds intae his mou?

8 Will ye hae respect for God's body in this cause, an pit yersels forrit as his supporters?

9 Will it be guid for ye tae be sairched oot by him, or hae ye the thocht that he can be guidit intae mistak like a man?

10 He will certes pit ye richt, gin ye hae respect for bodies hidlins.

11 Winna his glore pit ye in fear, sae that yer herts will be owercome afore him?

12 Yer wicelike sayins is anely stour, an yer strang steids is anely yird.

13 Haud yer wheesht, an lat me say whit is in ma mynd, whitiver comes tae me.

14 A will tak ma flesh in ma teeth, an pit ma life in ma haund.

15 Truelins, he will pit an end tae me; A hae nae howp; but A winna gie wey in argiment afore him;

16 An that will be ma salvation, for an ill-daer wadna come afore him,

17 Listen tentily tae ma wirds, an haud whit A say in yer mynds.

18 See nou, A hae pit ma cause in order, an A am siccar that A will be seen tae be richt.

19 Can onybody tak up the argiment agin me? Gin ay, A wad haud ma wheesht an gie up ma braith.

20 Anely twa things dinna dae tae me, than A will come afore yer face:

21 Tak yer haund faur awa frae me; an lat me na be owercome by fear o ye.

22 Syne at the soond o yer vyce A will gie repone; or lat me pit forrit ma cause for ye tae gie me a repone.

23 Whit is the nummer o ma ill-daeins an ma sins? Gie me knawledge o thaim.

24 Whit for is yer face happit frae me, like A wis nummert amang yer ill-willers?

25 Will ye be haurd on a leaf in flicht afore the wind? Will ye mak a dry stem gang mair swith on its wey?

26 For ye pit sair things on record agin me, an send punishment on me for the sins o ma early years;

27 An ye pit cheens on ma feet, watchin aw ma weys, an makkin a leemit for ma staps;

28 Tho a man comes tae nocht like a bit deid wid, or like a robe that haes come tae be meat for the wirm.

Chaipter 14

As for man, the son o wumman, his days is cutty an fou o tribble.

2 He comes oot like a flouer, an is cuttit doun: he gangs in flicht like a shade, an is niver seen again.

3 Is it on sicna ane as this that yer een is fixed, wi the ettle o deemin him?

4 Gin anely a clean thing coud come oot an unclean! But it isna possible.

5 Gin his days is ordert, an ye ken the nummer o his months, haein gien him a fixed leemit that he canna gang by;

6 Lat yer een be turnt awa frae him, an tak yer haund frae him, sae that he can hae pleisur at the end o his day, like a servand wirkin for peyment.

7 For the'r howp o a tree; gin it is cuttit doun, it will come tae life again, an its brainches winna come tae an end.

8 Tho its ruit is mebbe auld in the yird, an its sned-aff end is mebbe deid in the stour;

9 Still an on, at the swaw o watter, it will mak buds, an pit oot brainches like a young plant.

10 But man comes tae his deith an is gaen: he gies up his speerit, an whaur is he?

11 The watters gangs frae a puil, an a river comes tae be waste an dry;

12 Sae man gangs doun tae his last restin steid an comes na again: till the hievens comes tae an end, thay winna be waukrife or come oot thair sleep.

13 Gin anely ye wad haud me sauf in the unnerwarld, pittin me in a hidlin steid till yer wraith is past an by, giein me a fixed time whan A coud come tae yer myndin again!

14 Gin deith taks a man, will he come tae life again? Aw the days o ma tribble A wad be waitin, till the time comes for me tae be free.

15 At the soond o yer vyce A wad gie a repone, an ye wad hae a desire for the wark o yer haunds.

16 For nou ma staps is nummert by ye, an ma sin isna owerleukit.

17 Ma wrangdaein is cordit up in a bag, an ma sin is steekit up sauf.

18 But truelins a muntain fawin comes tae stour, an a rock is muived frae its steid;

19 The stanes is brouselt smaw by the force o the watters; the stour o the yird is wuish awa by thair skailin: an sae ye pit an end tae the howp o man.

20 Ye owercome him for aye, an he is gaen; his face is cheenged in deith, an ye send him awa.

21 His sons comes tae honour, an he disna ken it; thay ar made law, but he isna awaur o't.

22 Anely his flesh aye haes pyne, an his saul is dowie.

Chaipter 15

An Eliphaz the Temanite made repone an said,

2 Will a wicelike man mak repone wi knawledge o nae wirth, or will he gie birth tae the east wind?

3 Will he mak argiments wi wirds nae ootcome is in, an wi sayins 'ithoot wirth?

4 Truelins, ye mak the fear o God 'ithoot ootcome, sae that the time o quate wirship afore God is made less by yer dirdum.

5 For yer mou is guidit by yer sin, an ye hae taen the tongue o the fause for yersel.

6 It is by yer mou, e'en yours, that ye ar deemed tae be in the wrang, an no by me; an yer lips gies witness agin ye.

7 War ye the first man tae come intae the warld? Or did ye come intae bein afore the knowes?

8 War ye praisent at the hidlin gaitherin o God? An hae ye taen aw wit for yersel?

9 Whit knawledge hae ye that we haena? Ar the ocht in yer mynd that isna in oors?

10 Wi us is men lyart an boued wi years, muckle aulder nor yer faither.

11 Is the easements o God no eneuch for ye, an the lown wird that wis said tae ye?

12 Whit for is yer hert no maunt, an whit for is yer een liftit up;

13 Sae that ye ar turnin yer speerit agin God, an lattin sic wirds gang oot yer mou?

14 Whit is man, that he can be clean? An whit wey can the son o wumman be upricht?

15 Truelins, he pits nae faith in his haly anes, an the hievens isna clean in his een;

16 Hou muckle less ane that is scunnerin an unclean, a man that taks in ill like watter!

17 Merk this an tak tent tae ma wirds; an A will say whit A hae seen:

18 (The things wicelike men haes gat frae thair faithers, an haesna held hidlin frae us;

19 For anely tae thaim wis the laund gien, an nae fremmit fowk wis amang thaim:),

20 The ill man is in pyne aw his days, an the nummer o the years huirdit up for the ill-kyndit is smaw.

21 A soond o fear is in his lugs; in time o peace ruinage will come on him:

22 He haes nae howp o comin sauf oot the mirk, an his weird will be the swuird;

23 He is stravaigin aboot in sairch o breid, sayin, Whaur is it? An he is siccar that the day o tribble is ready for him:

24 He is sair in fear o the mirk day, tribble an pyne owercome him:

25 Acause his haund is raxt oot agin God, an his hert is liftit up agin the Ruler o aw,

26 Rinnin agin him like a man o war, happit by his thick breestplate; e'en like a keeng ready for the fecht,

27 Acause his face is happit wi fat, an his bouk haes come tae be thick;

28 An he haes made his restin steid in the touns poued doun, in hooses whaur nae man haen a richt tae be, that's weird wis tae come tae be a rickle o broken waws.

29 He disna git walth for hissel, an canna haud whit he haes gat; the heids o his corn isna boued doun tae the yird.

30 He disna come oot the mirk; his brainches is brunt by the flam, an the wind taks awa his bud.

31 Lat him na pit his howp in whit is fause, fawin intae mistak: for he will git deceivery as his rewaird.

32 His brainch is sned aff afore its time, an his leaf is nae mair green.

33 He is like a vine that's grapes disna come tae fou growthe, or an olive-tree drappin its flouers.

34 For the baund o the ill-daers gies nae fruit, an the tents o thaim that gies wrang deceesions for rewaird is brunt wi fire.

35 Ill haes made thaim wi bairn, an thay gie birth tae tribble; an the fruit o thair bouk is shame for thairsels.

Chaipter 16

An Job made repone an said,

2 The like haes aften come tae ma lugs: ye ar comforters as anely gies tribble.

3 Can wirds as is like the wind be stappit? Or whit is trauchlin ye tae mak repone tae thaim?

4 It wadna be haurd for me tae say the like gin yer sauls wis in ma saul's steid; jynin wirds thegither agin ye, an shakkin ma heid at ye:

5 A coud gie ye strenth wi ma mou, an no haud back the easement o ma lips.

6 Gin A say whit is in ma mynd, ma pyne comes tae be nae less: an gin A haud ma wheesht, hou muckle o't gangs frae me?

7 But nou he haes owercome me wi tire an fear, an A am in the grip o aw ma tribble.

8 It haes come up as a witness agin me, an the wastin o ma flesh maks repone tae ma face.

9 A am broke by his wraith, an his ill will haes gaen efter me; he haes made his teeth shairp agin me: ma ill-willers is leukin on me wi ill-kyndit een;

10 Thair mous is appen braid agin me; the blaws o his soor wirds is fawin on ma face; the hale clamjamfrie comes thegither in a mass agin me.

11 God gies me ower tae the pouer o sinners, sendin me fiercelins intae the haunds o ill-daers.

12 A wis in easement, but A hae been broke up by his haunds; he haes taen me by the craig, shakkin me tae bitties; he haes pit me up as a prap for his arraes.

13 His bowemen comes roond aboot me; thair arraes gangs throu ma bouk 'ithoot mercy; ma life is teemed oot on the yird.

14 A am broke wi wound efter wound; he comes breengin on me like a man o war.

15 A hae made hairclaith the claes o ma skin, an ma horn is rowed in the stour.

16 Ma face is reid wi greetin, an ma een is mirk gittin;

17 Tho ma haunds haes duin nae royet acts, an ma prayer is clean.

18 O yird, latna ma bluid be happit, an lat ma screich hae nae restin steid!

19 E'en nou ma witness is in hieven, an the uphauder o ma cause is on heich.

20 Ma freends maks sport o me; tae God ma een is greetin,

21 Sae that he can gie deceesion for a man in his cause wi God, an atween a son o man an his neebour.

22 For in a wee A will tak the gate that A winna come back frae.

Chaipter 17

Ma speerit is broke, ma days is endit, the last restin steid is ready for me.

2 Truelins, thaim that maks sport o me is roond aboot me, an ma een come tae be mirk acause o thair soor lauchin.

3 Be pleased, nou, tae be responsible for me tae yersel; for the'r nae ither that will pit his haund in mines.

4 Ye hae held thair herts frae wit: for this cause ye winna gie thaim honour.

5 As for him that's fause tae his freend for a rewaird, licht will be sned aff frae the een o his bairns.

6 He haes made me a wird o shame tae the peoples; A hae come tae be a prap for thair sport.

7 Ma een haes come tae be mirk acause o ma pyne, an aw ma bouk is dwyned tae a shade.

8 The upricht is surpreesed at this, an him that haes duin nae wrang is trauchelt acause o the ill-daers.

9 Still an on the upricht hauds on his wey, an him that haes clean haunds gits new strenth.

10 But come back, nou, aw o ye, come; an A winna see a wicelike man amang ye.

11 Ma days is past an by, ma ettles is broke aff, e'en the desires o ma hert.

12 Thay ar cheengin nicht intae day; thay say, The licht is nearhaund the mirk.

13 Gin A am waitin on the unnerwarld as ma hoose, gin A hae made ma bed in the mirk;

14 Gin A say tae the yird, Ye ar ma faither; an tae the wirm, Ma mither an ma sister;

15 Whaur than is ma howp? An wha will see ma desire?

16 Will thay gang doun wi me intae the unnerwarld? Will we gang doun thegither intae the stour?

Chaipter 18

Syne Bildad the Shuhite made repone an said,

2 Hou lang will it be afore ye ar duin talkin? Git wit, an syne we will say whit is in oor mynds.

3 Whit for dae we seem as beasts in yer een, an as awthegither 'ithoot knawledge?

4 But come back, nou, come: ye that is woundin yersel in yer passion, will the yird be gien up acause o ye, or a rock be muived oot its steid?

5 For the licht o the sinner is pit oot, an the flam o his fire isna sheenin.

6 The licht is mirk in his tent, an the licht sheenin ower him is pit oot.

7 The staps o his strenth comes tae be cutty, an by his design ruinage owertaks him.

8 His feet taks him intae the net, an he gangs walkin intae the towes.

9 His fit is taen in the net; he comes intae its grip.

10 The twistit towe is set hidlins in the yird tae tak him, an the towe is placed in his wey.

11 He is owercome by fears on ilka side, thay gang efter him at ilka stap.

12 His strenth is made fushionless for want o meat, an ruinage is waitin on his fawin fitstap.

13 His skin is wastit by disease, an his bouk is meat for the warst o diseases.

14 He is poued oot his tent whaur he wis sauf, an he is taen awa tae the keeng o fears.

15 In his tent will be seen whit isna his, birnin stane is drappit on his hoose.

16 Unner the yird his ruits is dry, an ower it his brainch is sned aff.

17 His myndin is gaen frae the yird, an in the appen kintra the'r nae knawledge o his name.

18 He is sent awa frae the licht intae the mirk; he is forced oot the warld.

19 He haes nae affspring or faimily amang his fowk, an in his leevin steid the'r naebody o his name.

20 At his weird thaim o the wast is conflummixed, an thaim o the east is owercome wi fear.

21 Truelins, thir is the hooses o the sinner, an this is the steid o him that disna ken God.

Chaipter 19

An Job made repone an said,

2 Hou lang will ye mak ma life sair, brouslin me wi wirds?

3 Ten times nou ye hae made sport o me; it gies ye nae sense o shame tae dae me wrang.

4 An, truelins, gin A hae been in mistak, the ootcome o ma mistak is anely on masel.

5 Gin ye mak yersels muckle agin me, uisin ma punishment as an argiment agin me,

6 Be siccar that it is God that haes duin me wrang, an haes taen me in his net.

7 Truelins, A mak a dirdum agin the royet man, but the'r nae repone: A gie a screich for help, but naebody taks up ma cause.

8 Ma wey is wawed up by him sae that

A canna gang by: he haes made ma gates mirk.

9 He haes pit aff ma glore frae me, an taen the croun frae ma heid.

10 A am broke doun by him on ilka side, an A am gaen; ma howp is upruitit like a tree.

11 His wraith is birnin agin me, an A am tae him as ane o his ill-willers.

12 His airmies comes on thegither, thay mak thair gate heich agin me, an set thair tents roond mines.

13 He haes taen ma brithers faur awa frae me; thay hae seen ma weird an hae come tae be fremmit tae me.

14 Ma kin an ma feres haes gien me up, an thaim bidin in ma hoose haes pit me oot thair mynds.

15 A am fremmit tae ma weemen servands, an seem tae thaim as ane frae anither kintra.

16 At ma screich ma servand gies me nae repone, an A hae tae mak a prayer tae him.

17 Ma braith is fremmit tae ma guidwife, an A am scunnerin tae the affspring o ma mither's bouk.

18 E'en young bairns haes nae respect for me; whan A git up, thair backs is turnt on me.

19 Aw the men o ma ring hauds awa frae me; an thaim that's dear tae me is turnt agin me.

20 Ma banes is jynt tae ma skin, an A hae won awa wi ma flesh in ma teeth.

21 Hae peety on me, hae peety on me, O ma freends! For the haund o God is on me.

22 Whit for ar ye ill-kyndit tae me, like God, for aye sayin ill agin me?

23 Gin anely ma wirds coud be

recordit! Gin thay coud be pit in writin in a beuk!

24 An wi an airn pen an leid be sned intae the stane for aye!

25 But A am siccar that him that will tak up ma cause is leevin, an that in time tae come he will tak his steid on the stour;

26 An efter ma skin is made waste, still an on 'ithoot ma flesh A will see God;

27 That A will see on ma side, an no as ane fremmit tae me. Ma hert is broke wi desire.

28 Gin ye say, Hou ill-kyndit we will be tae him! Acause the ruit o sin is clear in him:

29 Be in fear o the swuird, for the swuird is the punishment for the like, sae that ye can be siccar that the'r a juidge.

Chaipter 20

Syne Zophar the Naamathite made repone an said,

2 For this cause ma thochts is trauchlin me an drivin me on.

3 A hae tae tak tent tae argiments as pit me tae shame, an yer repones tae me is wind 'ithoot wit.

4 Dae ye ken this frae early times, whan man wis placed on the yird,

5 That the pride o the sinner is cutty, an the joy o the ill-daer but for a meenit?

6 Tho he is liftit up tae the hievens, an his heid gangs up tae the cluds;

7 Like the waste frae his bouk he comes tae an end for aye: thaim that haes seen him says, Whaur is he?

8 He is gaen like a dream, an isna seen again; he gangs in flicht like a veesion o the nicht.

9 The ee that seen him sees him nae mair; an his steid haes nae mair knawledge o him.

10 His bairns is howpin that the puir will be couthie tae thaim, an his haunds gies back his walth.

11 His banes is fou o young strenth, but it will gang doun wi him intae the stour.

12 Tho ill-daein is sweet in his mou, an he hauds it hidlins unner his tongue;

13 Tho he taks tent o't, an disna lat it gang, but hauds it aye in his mou;

14 His meat comes tae be soor in his kyte; the pushion o serpents is 'ithin him.

15 He taks doun walth as meat, an sends it up again; it is forced oot his kyte by God.

16 He taks the pushion o serpents intae his mou, the tongue o the serpent is the cause o his deith.

17 Lat him na see the rivers o ile, the burns o hinny an milk.

18 He is forced tae gie back the fruit o his wark, an canna tak it for meat; he haes nae joy in the ootcome o his troke.

19 Acause he haes been ill-kyndit tae the puir, turnin awa frae thaim in thair tribble; acause he haes taen a hoose by force that he didna big;

20 The'r nae peace for him in his walth, an nae salvation for him in thae things he taen delite in.

21 He niver haen eneuch for his desire; for this cause his weel-bein will swith come tae an end.

22 E'en whan his walth is great, he is fou o care, for the haund o awbody that is in tribble is turnt agin him.

23 God gies him his desire, an sends the heat o his wraith on him, makkin it come doun on him like rain.

24 He can gang in flicht frae the airn spear, but the arrae frae the bowe o bress will gang throu him;

25 He is pouin it oot, an it comes oot his back; an its sheenin pynt comes oot his side; he is owercome by fears.

26 Aw his walth is huirdit up for the mirk: a fire no made by man sends ruinage on him, an on awthing in his tent.

27 The hievens maks clear his sin, an the yird gies witness agin him.

28 The produce o his hoose is taen awa intae anither kintra, like things gien intae the haunds o ithers in the day o wraith.

29 This is the rewaird o the ill man, an the heirskip gien him by God.

Chaipter 21

Syne Job made repone an said,

2 Listen tentily tae ma wirds; an lat this be yer easement.

3 Lat me say whit is in ma mynd, an efter that, gang on makkin sport o me.

4 As for me, is ma dirdum agin man? Is it than tae be wunnert at gin ma speerit is trauchelt?

5 Tak note o me an be fou o wunner, pit yer haund on yer mou.

6 At the verra thocht o't ma flesh is shakkin wi fear.

7 Whit for is life gien tae the ill-daers? Whit for dae thay come tae be auld an strang in pouer?

8 Thair bairns is aye wi thaim, an thair affspring afore thair een.

9 Thair hooses is free frae fear, an the wand o God disna come on thaim.

10 Thair owse is ready at aw times tae gie seed; thair cou gies birth, 'ithoot drappin her young.

11 Thay send oot thair young anes like a hirsel, an thair bairns haes pleisur in the dance,

12 Thay mak sangs tae the instruments o muisic, an ar gled at the soond o the pipe.

13 Thair days comes tae an end 'ithoot tribble, an wi a suddentie thay gang doun tae the unnerwarld.

14 Tho thay said tae God, Gang awa frae us, for we hae nae desire for the knawledge o yer weys.

15 Whit is the Ruler o aw, that we can wirship him? An whit ootcome is it tae us tae pit up a wird tae him?

16 Truelins, isna thair weel-bein in thair pouer? (The ettle o the ill-daers is faur frae me.),

17 Hou aften is the licht o the ill-daers pit oot, or dis tribble come on thaim? Hou aften dis his wraith tak thaim wi towes?

18 Hou aften ar thay as dry stems afore the wind, or as gress taen awa by the storm wind?

19 Ye say, God hauds punishment huirdit up for his bairns. Lat him send it on the man hissel, sae that he can hae the punishment o't!

20 Lat his een see his tribble, an lat him be fou o the wraith o the Ruler o aw!

21 For whit interest haes he in his hoose efter him, whan the nummer o his months is endit?

22 Can onybody gie learnin tae God? For he is the juidge o thaim that's on heich.

23 Ane comes tae his end in evendoun weel-bein, fou o peace an quate:

24 His stowps is fou o milk, an the'r nae loss o strenth in his banes.

25 An anither comes tae his end wi a sair saul, 'ithoot iver preein guid.

26 Thegither thay gang doun tae the stour, an ar happit by the wirm.

27 See, A am awaur o yer thochts, an o yer royet ettles agin me;

28 For ye say, Whaur is the hoose o the ruler, an whaur is the tent o the ill-daer?

29 Hae ye no pit the quaisten tae the traivelers, an dae ye no tak note o thair experience?

30 Whit wey the ill man gangs free in the day o tribble, an haes salvation in the day o wraith?

31 Wha will mak his wey clear tae his face? An gin he haes duin a thing, wha gies him punishment for't?

32 He is taen tae his last restin steid, an wauks ower it.

33 The yird o the glen happin his banes is sweet tae him, an aw men comes efter him, as the war unnummert afore him.

34 Whit for, than, dae ye gie me easement wi wirds the'r nae ootcome in, whan ye see that the'r nocht in yer repones but deceivery?

Chaipter 22

Syne Eliphaz the Temanite made repone an said,

2 Is it possible for a man tae be o ootcome tae God? Nae, for a man's wit is anely o ootcome tae hissel.

3 Is it o ony interest tae the Ruler o aw that ye ar upricht? Or is it o uiss tae him that yer weys is 'ithoot sin?

4 Is it acause ye gie him honour that he is sendin punishment on ye an is deemin ye?

5 Is yer ill-daein no muckle? An the'r nae end tae yer sins.

6 For ye hae taen yer brither's guids an gear whan he wisna in yer dett, an hae taen awa the claes o thaim that haes need o thaim.

7 Ye dinna gie watter tae the trauchelt traiveler, an frae him that haes nae meat ye haud back breid.

8 For it wis the man wi pouer that haen the laund, an the man wi an honourt name that wis bidin in't.

9 Ye hae sent weedaes awa 'ithoot hearin thair cause, an ye hae taen awa the uphaud o the bairn that haes nae faither.

10 For this cause nets is aboot yer feet, an ye ar owercome wi suddent fear.

11 Yer licht is made mirk sae that ye canna see, an ye ar happit by a mass o watters.

12 Is God no as heich as hieven? An see the starns, hou heich thay ar!

13 An ye say, Whit knawledge haes God? Can he gie deceesions throu the deep mirk?

14 Thick cluds is happin him, sae that he canna see; an he is walkin on the airch o hieven.

15 Will ye haud the auld wey that ill men gaen by?

16 As wis fiercelins taen awa afore thair time, as wis owercome by the fluid o watters:

17 As said tae God, Gang awa frae us; an, Whit can the Ruler o aw hae tae us?

18 Tho he made thair hooses fou o guid things: but the ettle o the ill-daers is faur frae me!

19 The upricht seen it an wis gled: an thaim that haed duin nae wrang made sport o thaim,

20 Sayin, Truelins, thair substance is sned aff, an thair walth is meat for the fire.

21 Pit yersel nou in a richt relation wi him an be at peace: sae will ye dae weel in whit ye tak on haund.

22 Be pleased tae tak learnin frae his mou, an lat his wirds be huirdit up in yer hert.

23 Gin ye come back tae the Ruler o aw, makkin yersel law afore him; gin ye pit ill faur awa frae yer tents;

24 An pit yer gowd in the stour, e'en yer gowd o Ophir amang the craigs o the glens;

25 Syne the Ruler o aw will be yer gowd, an his lear will be yer siller;

26 For than ye will hae delite in the Ruler o aw, an yer face will be liftit up tae God.

27 Ye will mak yer prayer tae him, an be answert; an ye will gie ootcome tae yer aiths.

28 Yer ettles will come aboot, an licht will be sheenin on yer gates.

29 For God maks law thaim that's herts is liftit up, but he is a saviour tae the puir in speerit.

30 He maks sauf the man that is free frae sin, an gin yer haunds is clean, salvation will be yours.

Chaipter 23

An Job made repone an said,

2 E'en the day ma dirdum is sair; his haund is haurd on ma sorrae.

3 Gin anely A kent whaur he coud be seen, sae that A coud come e'en tae his seat!

4 A wad pit ma cause in order afore him, an ma mou wad be fou o argiments.

5 A wad see whit his repones wad be, an ken whit he wad say tae me.

6 Wad he uise his muckle pouer tae owercome me? Nae, but he wad tak tent tae me.

7 Thare an upricht man coud pit his cause afore him; an A wad be free for aye frae ma juidge.

8 See, A gang forrit, but he isna thare; an back, but A dinna see him;

9 A am leukin for him on the left haund, but the'r nae sign o him; an, turnin tae the richt, A canna see him.

10 For he kens the wey A tak; efter A hae been testit A will come oot like gowd.

11 Ma feet haes gaen in his staps; A hae held in his wey, 'ithoot turnin tae ae side or tae the tither.

12 A hae niver gaen agin the orders o his lips; the wirds o his mou haes been huirdit up in ma hert.

13 But his ettle is fixed an the'r nae cheengin it; an he gies ootcome tae the desire o his saul.

14 For whit haes been ordert for me by him will be gaen throu tae the end: an his mynd is fou o sic designs.

15 For this cause A am in fear afore him, ma thochts o him owercomes me.

16 For God haes made ma hert fushionless, an ma mynd is trauchelt afore the Ruler o aw.

17 For A am owercome by the mirk, an by the black nicht that is happin ma face.

Chaipter 24

W hit for is times no huirdit up by the Ruler o aw, an whit for dis thaim that kens him no see his days?

2 The laundmerks is cheenged by ill men, thay fiercelins taks awa hirsels, thegither wi thair hauders.

3 Thay send awa the cuddy o him that haes nae faither, thay tak the weedae's owse for dett.

4 The brouselt is turnt frae the wey; aw the puir o the yird gangs intae a hidlin steid thegither.

5 Like cuddies in the wilderness thay gang oot tae thair wark, leukin for meat wi care; frae the wilderness thay git breid for thair bairns.

6 Thay git mixtur-maxturt corn frae the field, an thay tak awa the late fruit frae the vines o thaim that haes walth.

7 Thay tak thair rest at nicht 'ithoot claes, an hae nae hap in the cauld.

8 Thay ar weet wi the rain o the muntains, an git intae the cracks o the rock for kiver.

9 The bairn 'ithoot a faither is forced frae its mither's breest, an thay tak the young bairns o the puir for dett.

10 Ithers gangs aboot bare-scud, an tho thay hae nae meat, thay git in the corn frae the fields.

11 Atween the lines o olive-trees thay mak ile; tho thay hae nae drink, thay ar brouslin oot the grapes.

12 Frae the toun comes soonds o pyne frae thaim that's near deein, an the saul o the woundit is golderin for help; but God disna tak note o thair prayer.

13 Syne the'r thaim that's ill-willers o the licht, as disna ken its weys, an disna gang in thaim.

14 The body ettlin deith gits up afore day, sae that he can pit tae deith the puir an thaim in need.

15 An the man that's desire is for the guidwife o anither is waitin on the forenicht, sayin, Nae ee will see me; an he pits a kiver on his face. An in the nicht the thief gangs aboot;

16 In the mirk he maks holes in the waws o hooses: in the daylicht thay ar steekin thairsels up, thay hae nae knawledge o the licht.

17 For the mids o the nicht is like forenuin tae thaim, thay arna trauchelt by the fear o the mirk.

18 Thay gang swith on the face o the watters; thair heirskip is banned in the yird; the staps o the brousler o grapes isna turnt tae thair vine gairden.

19 Snaw watters comes tae be dry wi the heat: sae dis sinners gang doun intae the unnerwarld.

20 The mercat cross o his toun haes nae mair knawledge o him, an his name haes gaen frae the myndin o men: he is ruitit up like a deid tree.

21 He isna couthie tae the weedae, an he haes nae peety for her bairn.

22 But God by his pouer gies lang life tae the strang; he gits up again, tho he haes nae howp o life.

23 He taks awa his fear o danger an gies him uphaud; an his een is on his weys.

24 For a wee thay ar liftit up; syne thay ar gaen; thay ar made law, thay ar poued aff like fruit, an like the heids o corn thay ar sned aff.

25 An gin it isna sae, nou, wha will mak it clear that ma wirds is fause, an that whit A say is o nae wirth?

Chaipter 25

Syne Bildad the Shuhite made repone an said,

2 Rule an pouer is his; he maks peace in his heich steids.

3 Is it possible for his airmies tae be nummert? An wha isna his licht sheenin on?

4 Whit wey than is it possible for man tae be upricht afore God? Or whit wey can he be clean that is a son o wumman?

5 See, e'en the muin isna bricht, an the starns isna clean in his een:

6 Hou muckle less man that is a beastie, an the son o man that is a wirm!

Chaipter 26

Syne Job made repone an said,

2 Whit wey hae ye gien help tae him that haes nae pouer! Whit wey hae ye been the salvation o the airm that haes nae strenth!

3 Whit wey hae ye leart him that haes nae wit, an awthegither made clear richt knawledge!

4 Wha haes yer wirds been said tae? An whase speerit come oot frae ye?

5 The shades in the unnerwarld is shakkin; the watters an thaim bidin in thaim.

6 The unnerwarld is unkivert afore him, an Ruinage haes nae hap.

7 By his haund the north is raxt oot in the lift, an the yird is hingin on nocht.

8 By him the watters is steekit up in his thick cluds, an the clud disna gie wey unner thaim.

9 By him the face o his heich seat is happit, an his clud streekit oot ower it.

10 By him a ring is merkit oot on the face o the watters, tae the leemits o the licht an the mirk.

11 The stoups o hieven is shakkin, an is owercome by his shairp wirds.

12 By his pouer the sea wis made quate; an by his wit Rahab wis woundit.

13 By his wind the hievens come tae be bricht: by his haund the swith-muivin serpent wis sned throu.

14 See, thir is anely the ootskirts o his weys; an hou smaw is whit comes tae oor lugs aboot him! But the thunner o his acts o pouer is ootby aw knawledge.

Chaipter 27

An Job again taen up the wird an said,

2 By the life o God, that haes taen awa ma richt; an o the Ruler o aw, that haes made ma saul sair;

3 (For aw ma braith is aye in me, an the speerit o God is ma life;),

4 Truelins, the'r nae deceivery in ma lips, an ma tongue disna say whit is fause.

5 Lat it be faur frae me! A will certes no say that ye ar richt! A will come tae deith afore A gie up ma richtousness.

6 A will haud it sauf, an winna lat it gang: ma hert haes nocht tae say agin ony pairt o ma life.

7 Lat ma ill-willer be like the ill man, an lat him that comes agin me be like the sinner.

8 For whit is the howp o the sinner whan he is sned aff, whan God taks back his saul?

9 Will his screich come tae the lugs o God whan he is in tribble?

10 Will he tak delite in the Ruler o aw, an mak his prayer tae God at aw times?

11 A will gie ye learnin aboot the haund o God; A winna haud hidlin frae ye whit is in the mynd o the Ruler o aw.

12 Truelins, ye hae aw seen it yersels; whit for, than, hae ye come tae be awthegither daftlike?

13 This is the punishment o the ill-daer frae God, an the heirskip gien tae the ill-kyndit by the Ruler o aw.

14 Gin his bairns is eikit, it is for the swuird; an his affspring haesna eneuch breid.

15 Whan thaim o his hoose that's aye leevin comes tae thair end by disease, thay arna yirdit, an thair weedaes isna greetin for thaim.

16 Tho he gits siller thegither like stour, an maks ready muckle huirds o claes;

17 He can git thaim ready, but the upricht will pit thaim on, an the body free frae sin will tak the siller for a heirskip.

18 His hoose haes nae mair strenth nor an attercap's threid, or a waukman's tent.

19 He gangs tae his rest fou o walth, but dis that for the last time: on appenin his een, he sees it thare nae mair.

20 Fears owertaks him like breengin watters; in the nicht the storm wind taks him awa.

21 The east wind taks him up an he is gaen; he is forced fiercelins oot his steid.

22 God sends his arraes agin him 'ithoot mercy; he gangs in flicht afore his haund.

23 Men maks signs o joy acause o him, drivin him frae his steid wi soonds o fissin.

Chaipter 28

Truelins the'r a mine for siller, an a steid whaur gowd is wuish oot.

2 Airn is taen oot the yird, an stane is cheenged intae bress by the fire.

3 Man pits an end tae the mirk, sairchin oot tae the faurdest leemit the stanes o the deep steids o the mirk.

4 He maks a deep mine faur awa frae thaim bidin in the licht o day; whan thay gang aboot on the yird, thay hae nae knawledge o thaim that's unner thaim, that's hingin faur frae men, skewin frae side tae side on a towe.

5 As for the yird, breid comes oot it; but unner its face it is turnt up like by fire.

6 Its stanes is the steid o sapphires, an it haes stour o gowd.

7 Nae bird kens it, an the gled's ee haes niver seen it.

8 The muckle beasts haesna gaen ower it, an the ill-kyndit lion haesna taen that wey.

9 Man pits oot his haund on the haurd rock, an cowps muntains by the ruits.

10 He maks deep weys, sned throu the rock, an his ee sees awthing o wirth.

11 He hauds back the burns frae fleetin, an maks the hidlin things come oot intae the licht.

12 But whaur can wit be seen? An whaur is the restin steid o knawledge?

13 Man haesna seen the wey tae't, an it isna in the laund o the leevin.

14 The deep watters says, It isna in me: an the sea says, It isna wi me.

15 Gowd canna be gien for't, or a wecht o siller in peyment for't.

16 It canna be valoured wi the gowd o Ophir, wi the onyx o muckle wirth, or the sapphire.

17 Gowd an gless isna equal-aqual tae't in cost, an it canna be excheenged for jewels o the best gowd.

18 The'r nae need tae say ocht aboot coral or creestal; an the wirth o wit is mair nor that o pairls.

19 The topaz o Ethiopie isna equal-aqual tae't, an it canna be valoured wi the best gowd.

20 Frae whaur, than, dis wit come, an whaur is the restin steid o knawledge?

21 For it is held hidlin frae the een o aw leevin, unseen by the birds o the air.

22 Ruinage an Deith says, We hae anely haen wird o't wi oor lugs.

23 God haes knawledge o the wey tae't, an o its restin steid;

24 For his een gangs tae the ends o the yird, an he sees awthing unner hieven.

25 Whan he made a wecht for the wind, meisurin oot the watters;

26 Whan he made a law for the rain, an a wey for the fire-flaucht;

27 Syne he seen it, an pit it on record; he gien it its fixed form, sairchin it oot awthegither.

28 An he said tae man, Truelins the fear o the Laird is wit, an tae haud frae ill is the wey tae knawledge.

Chaipter 29

An Job again taen up the wird an said,

2 Gin anely A coud again be like A wis in the months as is past an by, in the days whan God wis watchin ower me!

3 Whan his licht wis sheenin ower ma heid, an whan A gaen throu the mirk by his licht.

4 As A wis in ma flouerin years, whan ma tent wis happit by the haund o God;

5 While the Ruler o aw wis aye wi me, an ma bairns wis roond me;

6 Whan ma staps wis wuish wi milk, an rivers o ile wis fleetin oot the rock for me.

7 Whan A gaen oot ma door tae gang up tae the toun, an taen ma seat at the mercat cross,

8 The young men seen me, an gaen awa, an the auld men gat up frae thair seats;

9 The rulers held thair wheesht, an pit thair haunds on thair mous;

10 The heidmen held back thair wirds, an thair tongues wis jynt tae the ruifs o thair mous.

11 For whan it come tae thair lugs, men said that A wis truelins blythe; an whan thair een saw, thay gien witness tae me;

12 For A wis a saviour tae the puir whan he wis greetin for help, tae the bairn wi nae faither, an tae him that haen nae uphauder.

13 The sainin o him that wis nearhaund ruinage come on me, an A pit a sang o joy intae the weedae's hert.

14 A pit on richtousness as ma claes, an wis fou o't; richt deceesions wis tae me a robe an heid tire.

15 A wis een tae the blind, an feet tae him that haen nae pouer o walkin.

16 A wis a faither tae the puir, sairchin oot the cause o him that wis fremmit tae me.

17 By me the muckle teeth o the ill-daer wis broke, an A gart him gie up whit he haed fiercelins taen awa.

18 Syne A said, A will come tae ma end wi ma bairns roond me, ma days will be like the saund in nummer;

19 Ma ruit will be appen tae the watters, an the nicht rouk will be on ma brainches,

20 Ma glore will aye be new, an ma bowe will be weel-willy boued in ma haund.

21 Men taen tent tae me, waitin an haudin quate for ma propones.

22 Efter A haed said whit wis in ma mynd, thay war quate an lat ma wirds gang deep intae thair herts;

23 Thay war waitin on me as for the rain, appenin thair mous braid as for the spring rains.

24 A wis lauchin at thaim whan thay haen nae howp, an the licht o ma face wis niver cluddit by thair fear.

25 A taen ma steid as a heidman, guidin thaim on thair wey, an A wis as a keeng amang his airmy as a comforter for thaim that wis greetin.

Chaipter 30

But nou thaim that's younger nor me maks sport o me; thaim that's faithers A wadna hae pit wi the dugs o ma hirsels.

2 O whit uiss is the strenth o thair haunds tae me? Aw force is gaen frae thaim.

3 Thay ar dwyned for want o meat, bitin the dry yird; thair anely howp o life is in the wilderness.

4 Thay ar pouin aff the saut leafs frae the scrogs, an makkin a mealtith o ruits.

5 Thay ar sent oot frae amang thair tounsmen, men is greetin efter thaim as thiefs.

6 Thay hae tae git a restin steid in the howes o the glens, in holes o the yird an craigs.

7 Thay mak noises like cuddies amang the scrogs; thay git thegither unner the thorns.

8 Thay ar sons o shame, an o men 'ithoot a name, forced oot the laund.

9 An nou A hae come tae be thair sang, an A am a wird o shame tae thaim.

10 A am scunnerin tae thaim; thay bide awa frae me, an pit merks o shame on me.

11 For he haes lowsed the towe o ma bowe, an pit me tae shame; he haes cuist doun ma flag tae the yird afore me.

12 The lines o his men o war pits thairsels in order, an maks heich thair weys o ruinage agin me:

13 Thay hae made waste ma gates, leukin tae ma ruinage; his bowemen comes roond aboot me;

14 As throu a gauntin slap in the waw thay come on, A am cowpit by the shock o thair onding.

15 Fears haes come on me; ma howp is gaen like the wind, an ma weel-bein like a clud.

16 But nou ma saul is turnt tae watter in me, days o tribble owertaks me:

17 The flesh is gaen frae ma banes, an thay gie me nae rest; the'r nae end tae ma pynes.

18 Wi muckle force he taks a grip o ma claes, pouin me by the craig o ma coat.

19 Truelins God haes made me law, e'en tae the yird, an A hae come tae be like stour.

20 Ye gie nae repone tae ma screich, an tak nae note o ma prayer.

21 Ye hae come tae be ill-kyndit tae me; the strenth o yer haund is haurd on me.

22 Liftin me up, ye mak me gang on the weengs o the wind; A am broke up by the storm.

23 For A am siccar that ye will send me back tae deith, an tae the gaitherin steid ordert for aw leevin.

24 Haesna ma haund been raxt oot in help tae the puir? Hae A no been a saviour tae him in his tribble?

25 Hae A no been greetin for the brouselt? An wisna ma saul dowie for him that wis in need?

26 For A wis leukin for guid, an ill come; A wis waitin on licht, an it come tae be mirk.

27 Ma feelins is strangly muived, an gies me nae rest; days o tribble haes owertaen me.

28 A gang aboot in mirk claes, uncomfortit; A git up at the mercat cross, golderin for help.

29 A hae come tae be a brither tae the jackals, an gang aboot in the company o ostriches.

30 Ma skin is black an drappin aff me; an ma banes is birnin wi the heat o ma disease.

31 An ma muisic haes been turnt tae sorrae, an the soond o ma pipe intae the noise o greetin.

Chaipter 31

A made a greement wi ma een; whit wey than coud ma een be leukin on a maid?

2 For whit is God's rewaird frae on heich, or the heirskip gien by the Ruler o aw frae hieven?

3 Is it no tribble for the sinner, an ruinage for the ill-daers?

4 Dis he no see ma weys, an isna ma staps aw nummert?

5 Gin A hae gaen in fause weys, or ma fit haes been swith in wirkin deceivery;

6 (Lat me be meisurt in upricht wechts, an lat God see ma richtousness:),

7 Gin ma staps haes been turnt frae the wey, or gin ma hert gaen efter ma een, or gin the guids an gear o anither is in ma haunds;

8 Lat me pit seed in the yird for anither tae hae the fruit o't, an lat ma produce be upruitit.

9 Gin ma hert gaen efter anither man's guidwife, or gin A wis waitin hidlins at ma neebour's door;

10 Than lat ma guidwife gie pleisur tae anither man an lat ithers uise her bouk.

11 For that wad be an ill-daein; it wad be an act that punishment wad be meisurt oot by the juidges for:

12 It wad be a fire birnin e'en tae ruinage, an takkin awa aw ma produce.

13 Gin A did wrang in the cause o ma man servand, or ma wumman servand, whan thay gaen tae law wi me;

14 Whit than will A dae whan God comes as ma juidge? An whit repone can A gie tae his quaistens?

15 Didna God mak him as weel's me? Did he no gie us life in oor mithers' wames?

16 Gin A held back the desire o the puir; gin the weedae's ee wis leukin for help tae nae ettle;

17 Gin A held ma meat for masel, an didna gie pairt o't tae the bairn wi nae faither;

18 (For A wis cared for by God as by a faither frae ma earliest days; he wis ma guide frae the bouk o ma mither;),

19 Gin A seen ane near deein for want o claes, an that the puir ane haen nocht happin him;

20 Gin his back didna gie me a sainin, an the oo o ma sheep didna mak him warm;

21 Gin ma haund haed been liftit up agin him that haed duin nae wrang, whan A seen that A wis upheld by the juidges;

22 Lat ma airm be poued frae ma bouk, an be broke frae its foonds.

23 For the fear o God held me back, an acause o his pouer A coudna dae the like.

24 Gin A made gowd ma howp, or gin A iver said tae the best gowd, A hae pit ma faith in ye;

25 Gin A wis gled acause ma walth wis great, an acause ma haund haed gat thegither a muckle huird;

26 Gin, whan A seen the sun sheenin, an the muin muivin on its bricht wey,

27 A hidlin feelin o wirship come intae ma hert, an ma haund gien kisses frae ma mou;

28 That wad hae been anither sin tae be rewairdit wi punishment by the juidges; for A wad hae been fause tae God on heich.

29 Gin A wis gled at the tribble o ma ill-willer, an gien screichs o joy whan ill owertaen him;

30 (For A didna lat ma mou gie wey tae sin, in pittin a ban on his life;),

31 Gin the men o ma tent didna say, Wha haesna haen fou meisur o his flesh?

32 The traiveler didna tak his nicht's rest in the gate, an ma doors wis appen tae onybody on a gate;

33 Gin A held ma ill-daeins happit, an ma sin in the saicret o ma breest,

34 For fear o the muckle bouk o fowk, or for fear that faimilies coud mak sport o me, sae that A held quate, an didna gang oot ma door;

35 Gin anely God wad tak tent tae me, an the Ruler o aw wad gie me a repone! Or gin whit he haes agin me haed been pit in writin!

36 Truelins A wad tak up the beuk in ma haunds; it wad be tae me as a croun;

37 A wad mak clear the nummer o ma staps, A wad pit it afore him like a prince! The wirds o Job is endit.

38 Gin ma laund haes made a dirdum agin me, or the ploued yird haes been in sorrae;

39 Gin A hae taen its produce 'ithoot peyment, causin the deith o its awners;

40 Than insteid o corn lat thorns come up, an insteid o bere stinkin weeds.

Chaipter 32

S ae thir three men gien nae mair repones tae Job, acause he seemed tae hissel tae be richt.

2 An Elihu, the son o Barachel the Buzite, o the faimily o Ram, wis wraith, birnin wi wraith agin Job, acause he seemed tae hissel mair richt nor God;

3 An he wis wraith wi his three freends, acause thay coudna gie him a repone, an haedna made Job's sin clear.

4 Nou Elihu haed held quate while Job wis talkin, acause thay war aulder nor him;

5 An whan Elihu seen that the war nae repone in the mou o the three men, he wis unco wraith.

6 An Elihu, the son o Barachel the Buzite, made repone an said, A am young, an ye ar unco auld, sae A wis in fear, an held masel frae pittin ma knawledge afore ye.

7 A said tae masel, It is richt for the auld tae say whit is in thair mynds, an for thaim that's faur on in years tae gie oot wit.

8 But truelins it is the speerit in man, e'en the braith o the Ruler o aw, that gies thaim knawledge.

9 It isna the auld as is wicelike, an thaim that's boued wi years haesna the knawledge o whit is richt.

10 Sae A say, Tak tent tae me, an A will pit forrit ma knawledge.

11 A wis waitin on yer wirds, A wis takkin tent tae yer wicelike sayins; while ye war sairchin oot whit tae say,

12 A wis takkin note; an truelins no ane o ye coud mak clear Job's mistak, or tae gie a repone tae his wirds.

13 Tak tent that ye dinna say, Wit is here; God can owercome him, but no man.

14 A winna pit forrit wirds like thir, or uise yer sayins in repone tae him.

15 Fear haes owercome thaim, thay hae nae mair repones tae gie; thay hae come tae an end o wirds.

16 An am A tae gang on waitin while thay hae nocht tae say? While thay haud thair wheesht an gie nae mair repones?

17 A will gie ma repone; A will pit forrit ma knawledge:

18 For A am fou o wirds, A canna haud in ma braith ony mair:

19 Ma kyte is like wine that canna git oot; like skins fou o new wine, it is near burst.

20 Lat me say whit is in ma mynd, till A git easement; lat me gie repone wi appen mou.

21 Lat me na gie respect tae ony man, or gie names o honour tae ony leevin.

22 For A canna gie names o honour tae ony man; an gin A did, ma Makker wad swith tak me awa.

Chaipter 33

A n nou, O Job, tak tent tae ma wirds, an tak note o aw A say.

2 See, nou ma mou is appen, ma tongue gies oot wirds.

3 Ma hert is lipperin ower wi knawledge; ma lips says whit is richt.

4 The speerit o God haes made me, an the braith o the Ruler o aw gies me life.

5 Gin ye ar able, gie me a repone; pit yer cause in order, an come forrit.

6 See, A am the same as ye ar in the een o God; A wis sned aff frae the same bit weet yird.

7 Fear o me winna owercome ye, an ma haund winna be haurd on ye.

8 But ye said in ma hearin, an yer vyce come tae ma lugs:

9 A am clean, 'ithoot sin; A am wuish, an the'r nae ill in me:

10 See, he is leukin for something agin me; in his een A am as ane o his ill-willers;

11 He pits cheens on ma feet; he is watchin aw ma weys.

12 Truelins, in sayin this ye ar wrang; for God is something mair nor man.

13 Whit for dae ye pit forrit yer cause agin him, sayin, He gies nae repone tae ony o ma wirds?

14 For God gies his wird in ae wey, e'en in twa, an man isna awaur o't:

15 In a dream, in a veesion o the nicht, whan deep sleep comes on men, while thay tak thair rest on thair beds;

16 Syne he maks his saicrets plain tae men, sae that thay ar fou o fear at whit thay see;

17 Sae that man can be turnt frae his ill warks, an that pride can be taen awa frae him;

18 Tae haud back his saul frae the unnerwarld, an his life frae ruinage.

19 Pyne is sent on him as a punishment, while he is on his bed; the'r nae end tae the tribble in his banes;

20 He haes nae desire for meat, an his saul is turnt awa frae delicate flesh;

21 His flesh is that wastit awa that it canna be seen, an his banes as wis happit steeks oot.

22 An his saul comes nearhaund the unnerwarld, an his life tae the angels o deith.

23 Gin nou thare can be an angel sent tae him, ane o the thoosands the'r tae be atween him an God, an tae mak clear tae man whit is richt for him;

24 An gin he haes mercy on him, an says, Lat him na gang doun tae the unnerwarld, A hae gien the cost for his life:

25 Syne his flesh comes tae be young again, an he comes back tae the days o his early strenth;

26 He maks his prayer tae God, an he haes mercy on him; he sees God's face wi screichs o joy; he gies news o his richtousness tae men;

27 He maks a sang, sayin, A did wrang, turnin frae the straucht wey, but he didna gie me the rewaird o ma sin.

28 He held ma saul frae the unnerwarld, an ma life sees the licht in fou meisur.

29 Truelins, God dis aw thir things tae man, twice an three times,

30 Haudin back his saul frae the unnerwarld, sae that he can see the licht o life.

31 Merk this, O Job, tak tent tae me; haud yer wheesht, while A say whit is in ma mynd.

32 Gin ye hae ocht tae say, gie me a repone; for it is ma desire that ye ar deemed free frae sin.

33 Gin no, tak tent tae me, an haud yer wheesht, an A will gie ye wit.

Chaipter 34

An Elihu made repone an said,

2 Tak tent, ye wicelike, tae ma wirds; an ye that haes knawledge, tak tent tae me;

3 For wirds is testit by the lug, as meat is pree'd by the mou.

4 Lat us mak the deceesion for oorsels anent whit is richt; lat us hae the knawledge amang oorsels o whit is guid.

5 For Job haes said, A am upricht, an it is God that haes taen awa ma richt;

6 Tho A am richt, yet A am in pyne; ma wound canna be made weel, tho A hae duin nae wrang.

7 Whit man is like Job, a man that freely maks sport o God,

8 An gangs in the company o ill-daers, walkin in the wey o sinners?

9 For he haes said, It is nae ootcome tae a man tae tak delite in God.

10 Nou than, ye wicelike, merk this; ye men o knawledge, tak tent tae me. Lat it be faur frae God tae dae ill, an frae the Ruler o aw tae dae wrang.

11 For he gies tae ilka man the rewaird o his wark, an sees that he gits the fruit o his weys.

12 Truelins, God disna dae ill, an the Ruler o aw isna a fause juidge.

13 Wha pit the yird intae his care, or made him responsible for the warld?

14 Gin he made his speerit come back tae him, takkin his braith intae hissel again,

15 Aw flesh wad come tae an end thegither, an man wad gang back tae the stour.

16 Gin ye ar wicelike, tak note o this; tak tent tae the vyce o ma wirds.

17 Whit wey can an ill-willer o richt be a ruler? An will ye say that the upricht Ruler o aw is ill?

18 Him that says tae a keeng, Ye ar an ill-daer; an tae rulers, Ye ar sinners;

19 That haes nae respect for rulers, an that gies nae mair tent tae thaim that haes walth nor tae the puir, for thay ar aw the wark o his haunds.

20 Wi a suddentie thay come tae an end, e'en in the mids o the nicht: the blaw comes on the men o walth, an thay ar gaen, an the strang is taen awa 'ithoot the haund o man.

21 For his een is on the weys o a man, an he sees aw his staps.

22 The'r nae mirk steid, an nae thick clud, that the wirkers o ill can tak kiver in.

23 For he disna gie man a fixed time tae come afore him tae be deemed.

24 He sends the strang tae ruinage 'ithoot sairchin oot thair cause, an pits ithers in thair steid.

25 For he kens thair warks, an cowps thaim in the nicht, sae that thay ar brouselt.

26 The ill-daers is broke by his wraith, he pits his haund on thaim wi force afore the een o aw onleukers.

27 Acause thay didna gang efter him, an taen nae note o his weys,

28 Sae that the screich o the puir coud come up tae him, an the prayer o thaim in need come tae his lugs.

29 But gin he hauds quate, wha can deem him? Gin his face is happit, wha can see him? Still an on, he is ower man an nations baith,

30 Tae haud a godless man frae rulin, frae pittin doun a net for the fowk.

31 Gin a man says tae God, A did wrang but will dae it nae mair.

32 Gie me knawledge o whit A canna see; gin a did wrang, A will dae sae nae mair.

33 Will God than gie ye rewaird efter yer mynd, whan ye winna tak it back? It is for ye tae mak the deceesion, no me. Say than whit ye ken.

34 Men o knawledge, an aw wicelike men, hearin me, will say,

35 Job's wirds disna come frae knawledge; thay arna the fruit o wit.

36 Lat Job be testit tae the end, acause his repones haes been like thaim o ill men.

37 For forby his sin, he isna maunt in hert; afore oor een he maks sport o God, eikin his wirds agin him.

Chaipter 35

An Elihu made repone an said,

2 Dis it seem tae ye tae be richt, an richtousness afore God, tae say,

3 Whit ootcome is it tae me, an whit wey am A better aff nor gin A haed duin wrang?

4 A will mak repone tae ye an tae yer freends:

5 Lat yer een be turnt tae the hievens, an liftit up tae see the hievens; thay ar heicher nor ye.

6 Gin ye hae duin wrang, is he ony the waur for't? An gin yer sins is great in nummer, whit is it tae him?

7 Gin ye ar upricht, whit dae ye gie him? Or whit dis he tak frae yer haund?

8 Yer ill-daein can hae an ootcome on a man like yersel, or yer richtousness on a son o man.

9 Acause the haund o the ill-kyndit is haurd on thaim, men is makkin soonds o dule; thay ar golderin for help acause o the airm o the strang.

10 But naebody haes said, Whaur is God ma Makker, that gies sangs in the nicht;

11 That gies us mair knawledge nor the beasts o the yird, an maks us wicer nor the birds o the lift?

12 Thare thay ar golderin acause o the pride o the ill-daers, but he gies thaim nae repone.

13 But God winna tak tent tae whit is fause, or the Ruler o aw tak note o't;

14 Hou muckle less whan ye say that ye dinna see him; that the cause is afore him, an ye ar waitin on him.

15 An nou, acause he haesna come in his wraith, dis Job hae nae knawledge o his great pride?

16 An Job's mou is appen braid tae gie oot whit is o nae ootcome, eikin wirds 'ithoot knawledge.

Chaipter 36

An Elihu gaen on tae say,

2 Gie me a wee while yet, an A will mak it clear tae ye; for A aye haes something tae say for God.

3 A will git ma knawledge frae faur, an A will gie richtousness tae ma Makker.

4 For truelins ma wirds isna fause; ane that haes aw knawledge is talkin tae ye.

5 Truelins, God gies up the cauld-hertit, an winna gie life tae the sinner.

6 His een is aye on the upricht, an he gies tae the brouselt thair richt;

7 Liftin thaim up tae the seat o keengs an makkin thaim sauf for aye.

8 An gin thay hae been preesoned in cheens an taen in towes o tribble,

9 Syne he maks clear tae thaim whit thay hae duin, e'en thair ill warks thay hae taen pride in.

10 Thair lug is appen tae his lear, an he gies thaim orders sae that thair herts can be turnt frae ill.

11 Gin thay tak tent tae his vyce, an dae his wird, than he gies thaim lang life, an years fou o pleisur.

12 But gin no, thay come tae thair end, an gie up thair braith 'ithoot knawledge.

13 Thaim that haes nae fear o God hauds wraith huirdit up in thair herts; thay gie nae screich for help whan thay ar made preesoners.

14 Thay come tae thair end while thay ar young yet; thair life is cutty like that o thaim uised for hochmagandie in the wirship o thair gods.

15 He maks the wrang duin tae the puir the wey o thair salvation, appenin thair lugs by thair tribble.

16 Sae he wad gar ye come frae the mou o sorrae tae a braid steid wi nae nairae steid an whaur yer buird haes a muckle mealtith.

17 But ye hae muckle juidgment for ill-daers; deemin in richtousness taen a haud o ye.

18 Tak tent no tae be turnt awa by walth; latna a muckle rewaird tak ye frae the wey.

19 Will yer walth an muckle daeins haud ye frae sorraes?

20 Hae nae desire for the nicht whan peoples is sned aff frae thair steids.

21 Tak tent no tae be turnt tae sin, for ye hae taen ill for yer pairt insteid o sorrae.

22 Truelins God is liftit up in strenth; wha's a ruler like him?

23 Whaiver gien orders tae him, or said tae him, Ye hae duin wrang?

24 See that ye ruise his wark, that men maks sangs aboot.

25 Aw fowk is leukin on't; man sees it frae faur.

26 Truelins, God is great, set abuin aw oor knawledge; the nummer o his years canna be sairched oot.

27 For he taks up the draps frae the sea; he sends thaim throu his rouk as rain,

28 Fleetin doun frae the lift, an dreepin on the peoples.

29 An wha haes knawledge o whit wey the cluds is raxt oot, or o the thunners o his tent?

30 See, he is streekin oot his rouk, happin the taps o the muntains wi't.

31 For by thir he gies meat tae the peoples, an breid in fou meisur.

32 He taks the licht in his haunds, sendin it agin the merk.

33 The thunner maks clear his passion, an the storm gies news o his wraith.

Chaipter 37

At this ma hert is shakkin; it is muived oot its steid.

2 Tak tent tae the rowin noise o his vyce; tae the howe soond that gangs oot his mou.

3 He sends it oot throu aw the hieven,

an his fire-flaucht tae the ends o the yird.

4 Efter it a vyce is soondin, thunnerin oot the wird o his pouer; he disna haud back his fire-flaucht; frae his mou his vyce is soondin.

5 He dis ferlies, mair nor can be sairched oot; muckle things we hae nae knawledge o;

6 For he says tae the snaw, Mak the yird weet; an tae the rain storm, Come doun.

7 He pits an end tae the wark o ilka man, sae that aw can see his wark.

8 Syne the beasts gangs intae thair dens an taks thair rest.

9 Oot its steid comes the storm wind, an the cauld oot its thesauries.

10 By the braith o God frost is made, an the braid watters is steekit in.

11 The thick clud is wechtit wi fire-flaucht, an the clud sends oot its licht;

12 An it gangs this wey an that, roond aboot, turnin itsel by his guidin, tae dae whitiver he gies orders tae be duin, on the face o his warld o men,

13 For a wand, or for a ban, or for mercy, causin it tae come on the merk.

14 Tak tent tae this, O Job, an haud yer wheesht in yer steid; an tak note o the ferlies wrocht by God.

15 Dae ye ken God's orderin o his warks, whit wey he maks the licht o his clud tae be seen?

16 Dae ye ken the balancins o the cluds, the ferlies o him that haes aw wit?

17 Ye, that's claes is warm, whan the yird is quate acause o the sooth wind,

18 Will ye, wi him, mak the hievens snod, an strang as a polished leukin gless?

19 Mak plain tae me whit we ar tae say

tae him; we canna pit oor cause afore him, acause o the mirk.

20 Whit wey can he ken ma desire for talk wi him? Or did ony man iver say, Lat ruinage come on me?

21 An nou the licht isna seen, for it is mirk acause o the cluds; but a wind comes, reddin thaim awa.

22 A bricht licht comes oot the north; God's glore is sair tae be feart.

23 The'r nae sairchin oot the Ruler o aw: his strenth an his deemin is great; he is fou o richtousness, daein nae wrang.

24 For this cause men gangs in fear o him; he haes nae respect for ony wicelike in hert.

Chaipter 38

An the Laird made repone tae Job oot the storm wind, an said,

2 Wha's this that maks the ettle o God mirk by wirds 'ithoot knawledge?

3 Git yer strenth thegither like a man o war; A will pit quaistens tae ye, an ye will gie me the repones.

4 Whaur war ye whan A pit the yird on its foonds? Say, gin ye ken.

5 Wha wis its meisurs fixed by? Say, gin ye hae wit; or wha wis the line streekit oot ower it by?

6 On whit wis its stoups grundit, or wha pit doun its neuk-stane,

7 Whan the day-starns made sangs thegither, an aw the sons o God gien screichs o joy?

8 Or whaur war ye whan the sea come tae birth, pushin oot frae its hidlin steid;

9 Whan A made the clud its robe, an pit thick cluds aboot it as baunds,

10 Orderin a fixed leemit for't, wi snecks an doors;

11 An said, Sae faur ye can come, an nae faurder; an here the pride o yer waffs will be stappit?

12 Hae ye, frae yer earliest days, gien orders tae the forenuin, or made the daw awaur o its steid;

13 Sae that it coud tak a grip o the skirts o the yird, shakkin aw the ill-daers oot it?

14 It is cheenged like weet yird unner a stamp, an is colourt like a robe;

15 An frae the ill-daers thair licht is held back, an the airm o pride is broke.

16 Hae ye come intae the springs o the sea, walkin in the hidlin steids o the deep?

17 Haes the doors o deith been appen tae ye, or haes the port-keepers o the mirk iver seen ye?

18 Hae ye taen note o the braid leemits o the yird? Say, gin ye hae knawledge o't aw.

19 Whit is the wey tae the restin steid o the licht, an whaur is the treisur hoose o the mirk;

20 Sae that ye coud tak it tae its leemit, guidin it tae its hoose?

21 Nae dout ye ken it, for than ye haed come tae birth, an the nummer o yer days is great.

22 Hae ye come intae the hidlin steid o snaw, or hae ye seen the thesauries o the frost-draps,

23 As A hae held for the time o tribble, for the day o war an fechtin?

24 Whit is the wey tae the steid whaur the wind is meisurt oot, an the east wind sent oot ower the yird?

25 Wha haes the wey been sned for the fleetin o the rain by, an the lowin o the thunner;

26 Causin rain tae come on a laund whaur nae man is leevin, on the wilderness that haes nae fowk;

27 Tae gie watter tae the laund whaur the'r waste an ruinage, an tae mak the dry laund green wi young gress?

28 Haes the rain a faither? Or wha gien birth tae the draps o nicht rouk?

29 Oot whase bouk come the frost? An wha gien birth tae the cauld rouk o hieven?

30 The watters is jynt thegither, haurd as a stane, an the face o the deep is happit.

31 Is the baunds o the Seiven Sisters fixed by ye, or is the towes o the Hunter lowsed?

32 Dae ye mak Mazzaroth come oot in its richt time, or is the Beir an its bairns guidit by ye?

33 Dae ye ken the laws o the hievens? Did ye gie thaim rule ower the yird?

34 Is yer vyce sent up tae the clud, sae that ye can be happit by the wecht o watters?

35 Dae ye send oot the fire-flaucht, sae that it can gang an say tae ye, Here A am?

36 Wha haes pit wit in the heich cluds, or gien knawledge tae the lichts o the north?

37 By whase wit is the cluds nummert, or the watter-skins o the hievens turnt tae the yird,

38 Whan the yird comes tae be haurd as metal, an is jynt thegither in masses?

39 Dae ye gang efter meat for the she-lion, or git flesh sae that the young lions can hae eneuch,

40 Whan thay ar streekit oot in thair dens an waitin in the scrogs?

41 Wha gies the corbie the flesh he is sairchin for, whan his young anes is greetin tae God; whan thay wi lood noise gangs stravaigin efter thair meat?

Chaipter 39

Dae ye ken the muntain-gaits? Or dae ye see the raes giein birth tae thair young?

2 Is the nummer o thair months fixed by ye? Or is the time whan thay gie birth ordert by ye?

3 Thay ar boued doun, thay gie birth tae thair young, thay lat lowse the fruit o thair bouk.

4 Thair young anes is strang, bidin in the appen kintra; thay gang oot an dinna come back again.

5 Wha haes lat the cuddy o the fields gang free? Or wha lowsed the baunds o the lood-vyced beast?

6 Wha A hae gien the wilderness for a heirskip tae, an the saut laund as a place tae bide.

7 He maks sport o the noise o the toun; the vyce o the driver disna come tae his lugs;

8 He gangs leukin for his gress launds in the muntains, sairchin oot ilka green thing.

9 Will the owse o the muntains be yer servand? Or is his nicht's restin steid by yer meat-huird?

10 Will he be pouin yer plou wi towes, turnin up the glens efter ye?

11 Will ye pit yer faith in him, acause his strenth is great? Will ye gie the fruit o yer darg intae his care?

12 Will ye be leukin for him tae come back, an git in yer seed tae the brouslin fluir?

13 Is the weeng o the ostrich fushionless, or is it acause she haes nae feathers,

14 That she pits her eggs on the yird, warmin thaim in the stour,

15 'Ithoot a thocht that thay can be brouselt by the fit, an broke by the beasts o the field?

16 She is ill-kyndit tae her young anes, like thay warna hers; her wark is tae nae ettle; she haes nae fear.

17 For God haes taen wit frae her mynd, an gien her nae meisur o knawledge.

18 Whan she is shakkin her weengs on heich, she maks sport o the horse an o the body seatit on him.

19 Dae ye gie strenth tae the horse? Is it by yer haund that his craig is cled wi pouer?

20 Is it throu ye that he is shakkin like a locust, in the pride o his lood-soondin braith?

21 He is stampit wi joy in the glen; he maks sport o fear.

22 In his strenth he gangs oot agin the airms o war, no turnin awa frae the swuird.

23 The bowe is soondin agin him; he sees the sheenin pynt o spear an arrae.

24 Shakkin wi passion, he is bitin the yird; he canna haud quate at the soond o the horn;

25 Whan it comes tae his lugs he says, Aha! He is smellin the fecht frae hyne awa an hearin the thunner o the caiptains an the slogans.

26 Is it throu yer knawledge that the hawk taks his flicht, streekin oot his weengs tae the sooth?

27 Or is it by yer orders that the earn gangs up an maks his restin steid on heich?

28 On the muntain is his hoose, an on the ben-tap his strang steid.

29 Frae thare he is watchin for meat; his ee sees it hyne awa.

30 His young haes bluid for thair drink, an whaur the deid bouks is, thare he is tae be seen.

Chaipter 40

The Laird said tae Job:

2 Will the body protestin lear the Ruler o aw? Lat him that haes argiments tae pit forrit agin God gie a repone.

3 An Job said in repone tae the Laird,

4 Truelins, A am o nae wirth; whit repone can A gie tae ye? A will pit ma haund on ma mou.

5 A hae said ance, an e'en twice, whit wis in ma mynd, but A winna dae thon again.

6 Syne the Laird made repone tae Job oot the storm wind, an said,

7 Git yer strenth thegither like a man o war: A will pit quaistens tae ye, an ye will gie me the repones.

8 Will ye e'en mak ma richt o nae wirth? Will ye say that A am wrang for tae mak clear that ye ar richt?

9 Hae ye an airm like God? Hae ye a vyce o thunner like his?

10 Pit on the variorums o yer pride; be cled wi glore an pouer:

11 Lat yer wraith be lipperin ower; lat yer een see aw the sons o pride, an mak thaim law.

12 Send ruinage on thaim that's liftit up, pouin doun the sinners frae thair steids.

13 Lat thaim be happit thegither in the stour; lat thair faces be mirk in the hidlin steid o the unnerwarld.

14 Syne A will ruise ye, sayin that yer richt haund can gie ye salvation.

15 See nou the muckle beast that A made, e'en as A made ye; he taks gress for meat, like the owse.

16 His strenth is in his bouk, an his force in the muscles o his kyte.

17 His tail is bouin like a cedar; the muscles o his shanks is jynt thegither.

18 His banes is pipes o bress, his shanks is like wands o airn.

19 He is the heid o the weys o God, made by him for his pleisur.

20 He taks the produce o the muntains, whaur aw the beasts o the field is at play.

21 He taks his rest unner the trees o the river, an in the puil, unner the shade o the watter plants.

22 He is happit by the brainches o the trees; the gresses o the burn is roond him.

23 Truelins, gin the river is skailin, it gies him nae cause for fear; he haes nae sense o danger, e'en gin Jordan is breengin agin his mou.

24 Will onybody tak him whan he is on the wauk, or pit metal teeth throu his neb?

Chaipter 41

Is it possible for Leviathan tae be poued oot wi a fish-heuk, or for a heuk tae be pit throu the bane o his mou?

2 Will ye pit a towe intae his neb, or tak him awa wi a towe roond his tongue?

3 Will he mak guid wirds tae ye, or say saft wirds tae ye?

4 Will he paction wi ye, sae that ye can tak him as a servand for aye?

5 Will ye mak sport wi him, as wi a bird? Or pit him in cheens for yer young weemen?

6 Will the fishers mak ootcome oot him? Will thay cause him cut up for the tredders?

7 Will ye pit pikit airns intae his skin, or leisters intae his heid?

8 Anely pit yer haund on him, an see whit a fecht ye will hae; ye winna dae it again!

9 Truelins, the howp o his ondinger is fause; he is owercome e'en on seein him!

10 He is that ill-kyndit that naebody is ready tae gang agin him. Wha than can haud his steid afore me?

11 Whaiver gaen agin me an gat the better o me? The'r naebody unner hieven!

12 A winna haud ma wheesht aboot the pairts o his bouk, or aboot his pouer, an the strenth o his frame.

13 Wha haes iver taen aff his ooter skin? Wha can come athin his inner coat o airn?

14 Wha haes appent the doors o his face? Fear is roond aboot his teeth.

15 His back is made o lines o plates, jynt ticht thegither, ane agin the tither, like a seal.

16 Ane is that nearhaund the tither that nae air can come atween thaim.

17 Thay tak a grip o ither; thay ar jynt thegither, sae that thay canna be pairtit.

18 His neezins gies oot flams, an his een is like the een o the daw.

19 Oot his mou gangs birnin lichts, an flams o fire is lowpin up.

20 Reek comes oot his neb, like a pat bylin on the fire.

21 His braith pits fire tae coals, an a flam gangs oot his mou.

22 Strenth is in his craig, an fear gangs dancin afore him.

23 The plates o his flesh is jynt thegither, fixed, an no tae be muived.

24 His hert is as strang's a stane, haurd as the laicher brouslin stane.

25 Whan he gits ready for the fecht, the strang is owercome wi fear.

26 The swuird can come nearhaund him but canna gang throu him; the spear, or the arrae, or the pikit airn.

27 Airn is tae him as dry gress, an bress as saft wid.

28 The arrae canna pit him tae flicht: stanes is nae mair tae him nor dry stems.

29 A thick steek is nae better nor a blade o gress, an he maks sport o the onset o the spear.

30 Unner him is shairp laims o broken pats: like he wis pouin a corn-brouslin luim ower the weet yird.

31 The deep is bylin like a pat o spices, an the sea like a perfume veshel.

32 Efter him his wey is sheenin, sae that the deep seems white.

33 On the yird the'r no anither like him, that is made 'ithoot fear.

34 Awthing heich gangs in fear o him; he is keeng ower aw the sons o pride.

Chaipter 42

An Job said in repone tae the Laird,

2 A see that ye can hae ilka thing, an gie ootcome tae aw yer designs.

3 Wha's this that maks mirk the ettle o God by wirds 'ithoot knawledge? For A hae been talkin 'ithoot knawledge aboot ferlies no tae be sairched oot.

4 Tak tent tae me, an A will say whit is in ma mynd; A will pit quaistens tae ye, an ye will gie me the repones.

5 Wird o ye haed come tae ma lugs, but nou ma ee haes seen ye.

6 For this cause A gie witness that whit A said is fause, an in sorrae A tak ma seat in the stour.

7 An it come aboot, efter he haed said thir wirds tae Job, that the Laird said tae Eliphaz the Temanite, A am unco wraith wi ye an yer twa freends, acause ye haena said whit is richt aboot me, as ma servand Job haes.

8 An nou, tak seiven owsen an seiven sheep, an gang tae ma servand Job, an gie a brunt offerin for yersels, an ma servand Job will pit up a wird for ye, that A canna send punishment on ye; acause ye haena said whit is richt aboot me, as ma servand Job haes.

9 An Eliphaz the Temanite, an Bildad the Shuhite, an Zophar the Naamathite, gaen an did as the Laird haed said. An the Laird taen tent tae Job.

10 An the Laird made up tae Job for aw his losses, efter he haed made a prayer for his freends: an aw Job haed afore wis eikit by the Laird twice as muckle.

11 An aw his brithers an sisters, an his freends o earlier days, come an taen meat wi him in his hoose; an made clear thair dule for him, an gien him easement for aw the ill that the Laird haed sent on him; an thay aw gien him a siller cunyie an a gowd ring.

12 An the Laird's sainin wis muckler on the end o Job's life nor on its stairt: an sae he come tae hae fowerteen thoosand sheep an gaits, an sax thoosand caumels, an twa thoosand owsen, an a thoosand she-cuddies.

13 An he haen seiven sons an three dochters.

14 An he gien the first the name o Jemimah, the seicont Keziah, an the third Keren-happuch;

15 An the war nae weemen sae bonny as the dochters o Job in aw the yird: an thair faither gien thaim a heirskip amang thair brithers.

16 An efter this Job haen a hunder an fowerty year o life, an seen his sons, an his sons' sons, e'en fower generations.

17 An Job come tae his end, auld an fou o days.

PSAUMS

Psaum 1

B lythe is the man that disna gang in
the company o sinners or staund in
the wey o ill-daers, or sit in the seat o
thaim that disna honour the Laird.

2 But that's delite is in the law o the
Laird, an that's mynd is on his law day
an nicht.

3 He will be like a tree plantit by the
rivers o watter, that beirs its fruit in the
richt saison, that's leafs will aye be green;
an he will dae weel in aw his haundlins.

4 The ill-daers isna like thon; but is
like the caff frae the corn, that the wind
skails.

5 For this cause the'll be nae mercy
for sinners whan thay ar deemed, an the
ill-daers will hae nae place amang the
upricht,

6 Acause the Laird sees the pad o
the upricht, but the weird o the sinner
is ruinage.

Psaum 2

W hit for is the nations muived
that fiercelins, an whit for is the
thochts o fowk that daftlike?

2 The keengs o the yird haes taen thair
steid, an the rulers is fixed in thair ettle
agin the Laird an agin the keeng o his
wale, sayin,

3 Lat thair cheens be smattert, an thair
towes taen frae us.

4 Syne him that's seat is in the
hievens will lauch: the Laird will mak
sport o thaim.

5 Syne his wraith wirds will come
tae thair lugs, an by his wraith thay will
be trauchelt:

6 But A hae pit ma keeng on ma
haly knowe o Sion.

7 A will cry furth the Laird's
juidgment: he haes said tae me, Ye ar ma
son, an this day A hae gien ye bein.

8 Beseek me, an A will gie ye the nations
for yer heirskip, an the faurdest leemits o
the yird will be unner yer haund.

9 Thay will be ruled by ye wi a wand o
airn; thay will be smattert like a potter's
veshel.

10 Sae nou be wicelike, ye keengs:
tak his lear, ye juidges o the yird.

11 Wirship the Laird wi fear, kissin
his feet an honourin him,

12 For fear that he is wraith, causin
ruinage tae come upo ye, acause he is
swith muived tae wraith. Blythe is thaim
that pits thair faith in him.

Psaum 3

*A Psaum o Dauvit. Whan he flichtit
awa frae Absalom his son.*

43

L aird, hou muckle ar thay eikit as maks ondings on me! Thrang thay come agin me.

2 Unnummert is thaim that says o ma saul, The'r nae help for him in God. (Selah.),

3 But yer strenth, O Laird, is roond me, ye ar ma glore an the lifter up o ma heid.

4 A cry on the Laird wi ma vyce, an he answers me frae his haly knowe. (Selah.),

5 A taen ma rest in sleep, an than again A wis waukrife; for the Laird wis ma uphaud.

6 A will hae nae fear, tho ten thoosand haes come roond me, pittin thairsels agin me.

7 Come tae me, Laird; haud me sauf, O ma God; for ye hae gien aw ma ill-willers blaws on the chafts; the teeth o the ill-daers haes been smattert by ye.

8 Salvation comes frae the Laird; yer sainin is on yer fowk. (Selah.)

Psaum 4

Tae the heid musicianer on thairm-stringit instruments. A Psaum o Dauvit.

A nswer ma cry, O God o ma richtousness; free me frae ma tribbles; hae mercy on me, an tak tent tae ma prayer.

2 O ye sons o men, hou lang will ye gang on turnin ma glore intae shame? Hou lang will ye gie yer luve tae daftlike things, gaun efter whit is fause? (Selah.),

3 See hou the Laird haes made great his mercy for me; the Laird will tak tent tae ma cry.

4 Lat thare be fear in yer herts, an dae nae sin; hae soor feelins on yer bed, but mak nae soond. (Selah.),

5 Mak the offerins o richtousness, an pit yer faith in the Laird.

6 The'r a wheen says, Wha will dae us ony guid? The licht o his face haes gaen frae us.

7 Laird, ye hae pit joy in ma hert, mair nor thay hae whan thair corn an thair wine haes eikit.

8 A will tak ma rest on ma bed in peace, acause ye yer lane, Laird, hauds me sauf.

Psaum 5

Tae the heid musicianer on wind instruments. A Psaum o Dauvit.

T ak tent tae ma wirds, O Laird; think on ma hert-sairchins.

2 Lat the vyce o ma prayer come tae ye, ma Keeng an ma God; for tae ye will A pray.

3 Ma vyce will come tae ye in the forenuin, O Laird; in the forenuin A will send ma prayer tae ye an wauk.

4 For ye arna a God that taks pleisur in wrangdaein; the'r nae ill wi ye.

5 The sons o pride haes nae place afore ye; ye ar an ill-willer o aw wirkers o ill.

6 Ye will send ruinage upo thaim that's wirds is fause; the ill-kyndit man an the man o deceivery is ill-willed by the Laird.

7 But, as for me, A will come ben yer hoose, in the fou meisur o yer mercy; an in yer fear A will wirship, turnin ma een tae yer haly Temple.

8 Airt me, O Laird, in the weys o yer richtousness, acause o ma unfreends; mak yer wey straucht afore ma face.

9 For nae faith can be pit in thair wirds; thair inner pairt is nocht but ill; thair hause is a gauntin sepultur; glib is the wirds o thair tongues.

10 Caw thaim tae ruinage, O Laird; lat thair ill designs haste thair dounfaw; lat thaim be forced oot by aw thair sins; acause thay hae gaen agin yer authority.

11 But lat thaim that pits thair faith in ye be gled wi cries o joy at aw times, an lat aw the luvers o yer name be gled in ye.

12 For ye, Laird, will sain the upricht man; yer grace will circumvene him, an ye will be his strenth.

Psaum 6

Tae the heid musicianer on thairm-stringit instruments, on the Sheminith. A Psaum o Dauvit.

O Laird, dinna be soor wi me in yer wraith; dinna send punishment on me in the heat o yer passion.

2 Hae mercy on me, O Laird, for A am dwyned: mak me weel, for e'en ma banes is trauchelt.

3 Ma saul is in sair tribble; an ye, O Laird, hou lang?

4 Come back, O Laird, mak ma saul free; O gie me salvation acause o yer mercy.

5 For in deith the'r nae myndin o ye; in hell wha will ruise ye?

6 The vyce o ma sorrae is a trauchle tae me; aw the nicht A mak ma bed weet wi greetin; it is wattert by the draps fleetin frae ma een.

7 Ma een is wastin awa wi tribble; thay ar auld gittin acause o ma unfreends.

8 Gang frae me, aw ye wirkers o ill; for the Laird haes taen tent tae ma greetin vyce.

9 The Laird haes taen tent tae ma seekin; the Laird haes lat ma prayer come afore him.

10 Lat ma unfreends be shamed an unco trauchelt; lat thaim be turnt back an wi a suddentie pit tae shame.

Psaum 7

Shiggaion o Dauvit; a sang that he wrocht for the Laird, aboot the wirds o Cush the Benjamite.

O Laird ma God, A pit ma faith in ye; tak me oot the haunds o him that's ill-kyndit tae me an free me;

2 Sae that he canna come breingin on ma saul like a lion, woundin it while the'r naebody tae sauf me.

3 O Laird ma God, gin A hae duin this; gin ma haunds haes duin ony wrang;

4 Gin A hae gien back ill tae him that did ill tae me, or haes taen ocht frae him that wis agin me for nocht;

5 Lat ma ill-willer gang efter ma saul an tak it; lat ma life be brouselt tae the yird, an ma honour intae the stour. (Selah.),

6 Come up, Laird, in yer wraith; be liftit up agin ma ill-willers; wauk, ma God, gie orders for the deemin.

7 The gaitherin o the nations will circumvene ye; tak yer seat, than, ower thaim, abuin.

8 The Laird will be juidge o the peoples; deem for me, O Laird, acause o ma richtousness, an lat ma vertue hae its rewaird.

45

9 O lat the ill o the ill-daer end, but gie strenth tae the upricht: for men's mynds an herts is seyed by the God o richtousness.

10 God, that is the saviour o the upricht in hert, is ma breestplate.

11 God is the juidge o the upricht, an is wraith wi the ill-daers ilka day.

12 Gin a man isna turnt frae his ill, he will mak his swuird shairp; his bowe is boued an ready.

13 He haes made ready for him the luims o deith; he maks his arraes flames o fire.

14 That man is a wirker o ill; the seed o wrangdaein haes gien birth tae deceivery.

15 He haes howkit a hole deep in the yird an faws intae the hole that he haes made.

16 His wrangdaein will come back on him, an his royet gates will come doun on his heid.

17 A will ruise the Laird for his richtousness; A will mak a sang tae the name o the Laird Maist Heich.

Psaum 8

Tae the heid musicianer on the Gittith. A Psaum o Dauvit.

O Laird, oor Laird, that's glore is heicher nor the hievens, hou noble is yer name in aw the yird!

2 Ye hae made clear yer strenth e'en oot the mous o soukin bairns, acause o yer unfreends; sae that ye can pit tae shame the ill-kyndit an royet man.

3 Whan A see yer hievens, the darg o yer fingers, the muin an the starns, as ye hae pit in thair steids;

4 Whit is man, that ye haud him in mynd? The son o man, that ye tak him intae accoont?

5 For ye hae made him juist a wee bit lawer nor the angels, crounin him wi glore an honour.

6 Ye hae made him ruler ower the warks o yer haunds; ye hae pit aw things unner his feet;

7 Aw sheep an owsen, an aw the beasts o the field;

8 The birds o the lift an the fish o the sea, an whitiver gangs throu the deep watters o the seas.

9 O Laird, oor Laird, hou noble is yer name in aw the yird!

Psaum 9

Tae the heid musicianer on Muthlabben. A Psaum o Dauvit.

A will ruise ye, O Laird, wi aw ma hert; A will cry furth aw the wunner o yer warks.

2 A will be gled an delite in ye: A will mak a sang o ruise tae yer name, O Maist Heich.

3 Whan ma ill-willers is turnt back, thay will be broke an owercome afore ye.

4 For ye gien appruival tae ma richt an ma cause; ye war seatit abuin deemin in richtousness.

5 Ye hae said shairp wirds tae the nations, ye hae sent ruinage upo the sinners, ye hae pit an end tae thair name for iver an aye.

6 Ye hae gien thair touns tae ruinage; the myndin o thaim haes gaen; thay hae been spulyied for aye.

7 But the Laird is Keeng for aye: he haes made ready his heich seat for deemin.

8 An he will juidge the warld in richtousness, pronuncin even juidgments for the peoples.

9 The Laird will be a heich touer for the dounhauden, a heich touer in times o tribble;

10 An thaim that kens yer name will pit thair faith in ye; acause ye, Laird, haes aye gien yer help tae thaim that waitit on ye.

11 Sing sangs o ruise tae the Laird, that's hoose is in Sion: mak his daeins clear tae fowk.

12 Whan he seeks bluid, he haes thaim in his myndin: he isna 'ithoot thocht for the cry o the puir.

13 Hae mercy on me, O Laird, an see hou A am trauchelt by ma ill-willers; lat me be liftit up frae the doors o deith;

14 Till A cry furth aw yer ruise in the hoose o the dochter o Sion: A will be gled acause o yer salvation.

15 The nations haes gaen doun intae the hole that thay howkit: in thair hidlin net thair fit is taen.

16 The Laird haes gien knawledge o hissel throu his deemin: the ill-daer is taen in the net that his haunds haed made. (Higgaion. Selah.),

17 The sinners an aw the nations 'ithoot myndin o God will be cawed intae hell.

18 For the puir winna be 'ithoot help; the howps o thaim in need winna be brouselt for aye.

19 Up! O Laird; latna man owercome ye: lat the nations be deemed afore ye.

20 Fley thaim, O Laird, sae that the nations can see that thay ar but men. (Selah.)

Psaum 10

Whit for dae ye bide hyne awa, O Laird? Whit for ar ye no tae be seen in times o tribble?

2 The ill-daer in his pride is ill-kyndit tae the puir; lat him be taen by the swicks o his upmak.

3 For the ill-daer is liftit up acause o the ettle o his hert, an him that's mynd is fixed on walth is turnt awa frae the Laird, sayin ill agin him.

4 The ill-daer in his pride says, God winna seek. Aw his thochts is, The'r nae God.

5 His weys is aye fixed; yer juidgments is heicher nor he can see: as for his ill-willers, thay ar as nocht tae him.

6 He haes said in his hert, A winna be sweyed: throu aw the generations A will niver be in tribble.

7 His mou is fou o bannin an deceivery an fause wirds: unner his tongue is ill ettles an mirk thochts.

8 He waits in the dowie vennels o the touns: in the dern steids he pits tae deith the sakeless: his een is hidlins turnt agin the puir.

9 He hauds hissel in a dern steid like a lion in his hole, waitin tae pit his haunds on the puir man, an pouin him intae his net.

10 The upricht is brouselt an laid law, an the fushionless is owercome by his strang anes.

11 He says in his hert, God disna mynd

me: his face is turnt awa; he will niver see't.

12 Up! O Laird; lat yer haund be liftit: think on the puir.

13 Whit for haes the ill-daer a law conceit o God, sayin in his hert, Ye winna leuk for't?

14 Ye hae seen't; for yer een is on sorrae an dule tae tak it intae yer haund: the puir man pits his faith in ye; ye hae fordert the faitherless bairn.

15 Lat the airm o the sinner an the ill-daer be broke; gang on seekin his sin till the'r nae mair.

16 The Laird is Keeng for iver an aye; the nations haes gaen frae his laund.

17 Laird, ye hae taen tent tae the prayer o the puir: ye will mak strang thair herts, ye will gie thaim a hearin:

18 Tae deem for the bairn 'ithoot a faither an for the broke-hertit, sae that the man o the yird is feart nae mair.

Psaum 11

For the heid musicianer. O Dauvit.

In the Laird A pit ma faith; whit wey will ye say tae ma saul, Flicht like a bird tae the fells?

2 See, the bowes o the ill-daers is boued, thay mak ready thair arraes on the thairm, sae that thay can send thaim hidlins agin the upricht in hert.

3 Gin the foonds is dung doun, whit is the upricht man tae dae?

4 The Laird is in his haly Temple, the Laird's seat is in hieven; his een wauks an seys the bairns o men.

5 The Laird pits the upricht an the

sinner tae the test, but he haes ill will in his saul for the luver o royet acts.

6 On the ill-daer he will send doun fire an flames, an a birnin wind; wi thir thair caup will be fou.

7 For the Laird is upricht; he luves richtousness: the upricht will see his face.

Psaum 12

For the heid musicianer on the Sheminith. A Psaum o Dauvit.

Send help, Laird, for mercy haes come tae an end; the'r nae mair faith amang the bairns o men.

2 Awbody says fause wirds tae his neebour: thair tongues is glib in thair talk, an thair herts is fou o deceivery.

3 The glib lips an the tongue o pride will be sned aff by the Laird.

4 Thay hae said, Wi oor tongues we will owercome; oor lips is oors: wha's laird ower us?

5 Acause o the brouslin o the puir an the greetin o thaim in need, nou A will come tae his help, says the Laird; A will gie him the salvation that he seeks.

6 The wirds o the Laird is richt wirds: like siller seyed by fire an brunt clean seiven times ower.

7 Ye will haud thaim, O Laird, ye will haud thaim sauf frae this generation for aye.

8 The sinners walks on ilka side, an ill is honourt amang the bairns o men.

Psaum 13

Tae the heid musicianer.
A Psaum o Dauvit.

Will ye pit me oot yer myndin for aye, O Laird? Will yer face for aye be turnt awa frae me?

2 Hou lang is ma saul tae be in dout, wi sorrae in ma hert the lee-lang day? Hou lang will ma unfreend be gien pouer ower me?

3 Lat ma vyce come afore ye, an answer me, O Laird ma God; lat yer licht sheen on me, sae that the sleep o deith disna owertak me;

4 An ma unfreend disna say, A hae owercome him; an thaim that's trauchlin me isna gled whan A am sweyed.

5 But A hae haen faith in yer mercy; ma hert will be gled in yer salvation.

6 A will mak a sang tae the Laird, acause he haes gien me ma rewaird.

Psaum 14

Tae the heid musicianer. O Dauvit.

The daftlike man haes said in his hert, God winna dae ocht. Thay ar unclean, thay hae duin ill warks; the'r no ane that dis guid.

2 The Laird leukit doun frae hieven on the bairns o men for tae see gin the war ony wi wit, seekin efter God.

3 Thay hae aw gaen frae the wey thegither; thay ar unclean, the'r no ane that dis guid, nae, no ane.

4 Haes aw the wirkers o ill nae knawledge? Thay tak ma fowk for meat as thay wad tak breid; thay mak nae prayer tae the Laird.

5 Syne thay war fell fleyed: for God is in the generation o the upricht.

6 Ye hae pit tae shame the thochts o the puir body, but the Laird is his uphaud.

7 Lat the salvation o Israel come frae Sion! Whan the weird o his fowk is cheenged by the Laird, Jaucob will be blythe, an Israel will be gled.

Psaum 15

A Psaum o Dauvit.

Laird, wha can hae a bield in yer tent, a place tae bide on yer haly knowe?

2 Him that gangs on his wey upricht, daein richtousness an sayin whit is richt in his hert;

3 That's tongue isna fause, that dis nae ill tae his freend an disna sclander the guid name o his neebour;

4 That honours thaim that fears the Laird, turnin awa frae him that haesna the Laird's appruival. Him that taks an aith agin hissel an maks nae cheenge.

5 Him that disna lend his siller at interest, or for peyment gie fause juidgments agin men as haes duin nae wrang. Him that dis thir things will niver be sweyed.

Psaum 16

Michtam. O Dauvit.

Haud me sauf, O God: for in ye A hae pit ma faith.

2 O ma saul, ye hae said tae the Laird, Ye ar ma Laird: A hae nae guid but ye.

3 As for the saunts on the yird, thay ar the noble anes aw ma delite is in.

4 Thair sorraes will be eikit as gangs efter anither god: A winna tak drink offerins frae thair haunds or fyle ma lips wi thair names.

5 The Laird is ma heirskip an the wine o ma tassie; ye ar the uphauder o ma richt.

6 Bonny is the steids merkit oot for me; A hae a noble heirskip.

7 A will ruise the Laird that haes been ma guide; knawledge comes tae me frae ma thochts in the nicht.

8 A hae pit the Laird afore me at aw times; acause he is at ma richt haund, A winna be sweyed.

9 Acause o this ma hert is gled, an ma glore is fou o joy: while ma flesh rests in howp.

10 For ye winna lat ma saul be preesoned in hell; ye winna lat yer luved ane see the steid o deith.

11 Ye will mak clear tae me the pad o life; whaur ye ar, joy is hale; in yer richt haund the'r pleisur for iver an aye.

Psaum 17

A Prayer o Dauvit.

L at ma cause come tae yer lugs, O Laird, tak tent tae ma cry; tak tent tae ma prayer that gangs na oot frae fause lips.

2 Be ma juidge; for yer een sees whit is richt.

3 Ye hae pit ma hert tae the test, rakin me in the nicht; ye hae pit me tae the test an seen nae ill ettle in me; A will haud ma mou frae sin.

4 As for the warks o men, by the wird o yer lips A hae held masel frae the weys o the royet.

5 A hae held ma feet in yer weys; ma staps haesna been turnt awa.

6 Ma cry haes gaen up tae ye, for ye will answer me, O God: lat yer lug be turnt tae me, an tak tent tae ma wirds.

7 Mak clear the wunner o yer mercy, O saviour o thaim that pits thair faith in yer richt haund, frae thaim that comes oot agin thaim.

8 Haud me as the licht o yer een, happin me wi the shaidae o yer weengs,

9 Frae the ill-daers as is royet tae me, an frae thaim aboot me, seekin ma deith.

10 Thay ar steekit up in thair fat: wi thair mous thay say wirds o pride.

11 Thay hae made a ring roond oor staps: thair een is fixed on us, forcin us doun tae the yird;

12 Like a lion seekin its meat, an like a young lion waitin in dern steids.

13 Up! Laird, come oot agin him, lay him law, wi yer swuird sauf me frae the ill-daer.

14 Wi yer haund, O Laird, frae men, e'en men o the warld, that's heirskip is in this life, an as ye mak fou wi yer hidlin walth: thay ar fou o bairns; efter thair deith thair affspring taks the lave o thair guids an gear.

15 As for me, A will see yer face in richtousness: whan A am waukrife it will be joy eneuch for me tae see yer form.

Psaum 18

Tae the heid musicianer. O the servand o the Laird, o Dauvit, that said the wirds o this sang tae the Laird on

the day whan the Laird free'd him frae the
haunds o aw his ill-willers,
an frae the haund o Saul; an he said,

A will gie ye ma luve, O Laird, ma strenth.

2 The Laird is ma Fundament, ma wawed toun an ma saviour; ma God, ma Fundament, in him A will pit ma faith; ma breestplate, an the horn o ma salvation an ma heich touer.

3 A will cry on the Laird, that is tae be ruised; sae will A be sauft frae ma unfreends.

4 The towes o deith wis roond me, an the seas o ill pit me in fear.

5 The towes o hell wis roond me: the nets o deith come ower me.

6 In ma tribble ma vyce gaen up tae the Laird, an ma cry tae ma God: ma vyce come tae his hearin in his haly Temple, an ma prayer come afore him, e'en intae his lugs.

7 Syne tribble an shock come on the yird; an the foonds o the muntains wis muived an shakkin, acause he wis wraith.

8 Reek gaen up frae his neb, an a fire o ruinage frae his mou: flames wis lichtit by't.

9 The hievens wis boued, sae that he coud come doun; an it wis mirk unner his feet.

10 An he flew throu the air, seatit on a storm clud: gaun swith on the weengs o the wind.

11 He made the mirk his dern steid; his tent roond him wis the mirk watters an thick cluds o the hievens.

12 Afore his sheenin licht his mirk cluds gaen past, rainin hail an fire.

13 The Laird made thunner in the hievens, an the vyce o the Heichest soondit oot: a rain o hail an fire.

14 He sent oot his arraes, drivin thaim aw airts; by his flames o fire thay war trauchelt.

15 Syne the deep beds o the watters wis seen, an the foonds o the warld wis unkivert, acause o yer wirds o wraith, O Laird, acause o the braith frae yer mou.

16 He sent frae abuin, he taen me, pouin me oot o muckle watters.

17 He made me free frae ma strang ill-willer, an frae thaim that wis agin me, acause thay war stranger nor me.

18 Thay come upo me in ma day o tribble; but the Laird wis ma uphaud.

19 He taen me oot intae a braid steid; he wis ma saviour acause he delitit in me.

20 The Laird gies me the rewaird o ma richtousness, acause ma haunds is clean afore him.

21 For A hae held tae the weys o the Laird; A haena been turnt awa in sin frae ma God.

22 For aw his juidgments wis afore me, an A didna pit awa his laws frae me.

23 An A wis upricht afore him, an A held masel frae sin.

24 Acause o this the Laird haes gien me the rewaird o ma richtousness, acause ma haunds is clean in his een.

25 On him that haes mercy ye will hae mercy; tae the upricht ye will be upricht;

26 Him that's haly will see that ye ar haly; but tae the man that's wey isna straucht ye will be a haurd juidge.

27 For ye ar the saviour o thaim in tribble; but een fou o pride will be laid law.

28 Ye, O Laird, will be ma licht; by ye, ma God, the mirk will be made bricht for me.

29 By yer help A hae made a wey throu the waw that wis steekin me in; by the help o ma God A hae lowpit a waw.

30 As for God, his wey is awthegither guid; the wird o the Laird is seyed; he is a breestplate for thaim that pits thair faith in him.

31 For wha's God but the Laird? Or wha's a Fundament but oor God?

32 God pits a strang baund aboot me, guidin me in a straucht wey.

33 He maks ma feet like raes' feet an sets me abuin.

34 He maks ma haunds skeely in war, sae that a bowe o bress is boued by ma airms.

35 Ye hae gien me the breestplate o yer salvation: yer richt haund haes been ma uphaud, an yer mercy haes made me great.

36 Ye hae made ma staps braid unner me, sae that ma feet is held frae slidderin.

37 A gang efter ma ill-willers an owertaks thaim; no turnin back till thay ar aw owercome.

38 A will gie thaim wounds, sae that thay canna git up: thay ar streekit unner ma feet.

39 For A hae been airmed by ye wi strenth for the fecht: ye hae laid law unner me thaim that come oot agin me.

40 By ye thair backs is turnt in flicht, sae that ma ill-willers is sned aff.

41 Thay war golderin oot, but the war naebody tae come tae thair help: e'en tae the Laird, but he gien thaim nae repone.

42 Syne thay war brouselt as smaw's stour afore the wind; thay war teemed oot like the ootredd o the gates.

43 Ye hae free'd me frae the fechtin o the fowk; ye hae made me the heid o the nations: fowk that A kent nocht o will be ma servands.

44 Frae ma name comes tae thair lugs thay will be ruled by me: men o ither kintras will, wi fause herts, pit thairsels unner ma authority.

45 Thay will dwyne, thay will come oot thair dern steids shakkin wi fear.

46 The Laird is leevin; ruise be tae ma Fundament, an lat the God o ma salvation be honourt.

47 It is God that sends punishment on ma ill-willers an pits peoples unner ma rule.

48 He maks me free frae ma ill-willers; A am liftit up ower thaim that comes up agin me: ye hae free'd me frae the royet man.

49 Acause o this A will ruise ye, O Laird, amang the nations, an will mak a sang o ruise tae yer name.

50 Great salvation he gies tae his keeng; he haes mercy on the keeng o his wale, Dauvit, an on his strynd for aye.

Psaum 19

Tae the heid musicianer. A Psaum o Dauvit.

The hievens soonds the glore o God; the airch o the lift cries furth the darg o his haunds.

2 Day efter day it sends oot its wird, an nicht efter nicht it gies knawledge.

3 The'r nae wirds or langage; thair vyce maks nae soond.

4 Thair strynd haes gaen furth throu aw the yird, an thair wirds tae the end o the warld. In thaim he haes stelt a tent for the sun,

5 That is like a man new-mairit comin frae his bride-tent, an is gled like a strang rinner stairtin on his wey.

6 His gaun oot is frae the end o hieven, an his ring tae the ends o't; the'r nocht that isna appen tae his heat.

7 The law o the Laird is guid, giein new life tae the saul: the witness o the Laird is siccar, giein wit tae the daftlike.

8 The orders o the Laird is richt, gleddenin the hert: the rule o the Laird is haly, giein licht tae the een.

9 The fear o the Laird is clean, an haes nae end; the juidgments o the Laird is undoutable an fou o richtousness.

10 Mair tae be socht ar thay nor gowd, e'en nor fouth o sheenin gowd; sweeter nor the dreepin hinny.

11 By thaim yer servand is gien warnishment o danger, an in haudin thaim the'r great rewaird.

12 Wha haes fou knawledge o his mistaks? Mak me clean frae hidlin ill.

13 Haud yer servand back frae sins o pride; lat thaim na rule ower me: than A will be upricht an free frae great sin.

14 Lat the wirds o ma mou an the thochts o ma hert be pleasin in yer een, O Laird, ma strenth an ma salvation.

Psaum 20

Tae the heid musicianer. A Psaum o Dauvit.

L at the Laird tak tent tae ye in the day o tribble; lat ye be placed abuin by the name o the God o Jaucob;

2 Lat him send ye help frae the sanctuar an gie ye strenth frae Sion;

3 Lat him haud aw yer offerins in mynd an be pleased wi the fat o yer brunt offerins; (Selah.),

4 Lat him gie ye yer hert's desire an pit aw yer ettles intae ootcome.

5 We will be gled in yer salvation, an in the name o oor God we will heeze oor bratachs: lat the Laird gie ye aw ye seek.

6 Nou A am siccar that the Laird gies salvation tae his keeng; he will answer him frae his haly hieven wi the strenth o salvation in his richt haund.

7 Some pits thair faith in cairiages an some in horses; but we will be strang in the name o the Laird oor God.

8 Thay ar boued doun an laid law; but we hae been liftit up.

9 Come tae oor help, Laird: lat the keeng tak tent tae oor cry.

Psaum 21

Tae the heid musicianer. A Psaum o Dauvit.

T he keeng will be gled in yer strenth, O Laird; hou muckle will be his delite in yer salvation!

2 Ye hae gien him his hert's desire, an haena held back the seekin o his lips. (Selah.),

3 For ye gang afore him wi the sainins o guid things: ye set a croun o bonny gowd on his heid.

4 He besocht ye tae gie him life, an ye gien it him, lang life for iver an aye.

5 His glore is great in yer salvation: honour an authority ye hae pit on him.

6 For ye hae made him a sainin for aye: ye hae gien him joy in the licht o yer face.

7 For the keeng haes faith in the Laird, an throu the mercy o the Maist Heich he winna be sweyed.

8 Yer haund will seek aw yer ill-willers; yer richt haund will be haurd on yer unfreends.

9 Ye will mak thaim like a lowin uin afore ye; the Laird in his wraith will pit an end tae thaim, an thay will be brunt up in the fire.

10 Thair fruit will be sned aff frae the yird, an thair strynd frae amang the bairns o men.

11 For thair thochts wis soor agin ye: thay haen an ill design in thair mynds, that thay coudna pit intae ootcome.

12 Thair backs will be turnt whan ye mak ready the thairm o yer bowe agin thair faces.

13 Be liftit up, O Laird, in yer strenth; sae we will sing in ruise o yer pouer.

Psaum 22

Tae the heid musicianer on Aijeleth-hash-shahar. A Psaum o Dauvit.

M a God, ma God, whit for ar ye turnt awa frae me? Whit for ar ye that faur frae helpin me, an frae ma greetin wirds?

2 O ma God, A cry in the day, an ye gie nae repone; an in the nicht, an hae nae rest.

3 But ye ar haly, O ye that is seatit amang the ruises o Israel.

4 Oor faithers haen faith in ye: thay haen faith, an ye war thair saviour.

5 Thay cried on ye an wis made free: thay pit thair faith in ye an wisna pit tae shame.

6 But A am a wirm an no a man; bannit by men, an leukit doun on by the fowk.

7 A am leuch at by thaim that sees me: pushin oot thair lips an shakkin thair heids, thay say,

8 He pit his faith in the Laird; the Laird be his saviour nou: the Laird be his saviour, acause he delitit in him.

9 But it wis ye that taen care o me frae the day o ma birth: ye gien me faith e'en frae ma mither's breests.

10 A wis in yer haunds e'en afore ma birth; ye ar ma God frae A wis in ma mither's wame.

11 Binna faur frae me, for tribble is nearhaund; the'r naebody tae help.

12 A muckle hird o owsen is roond me: A am steekit in by the strang owsen o Bashan.

13 A seen thair mous agaunt, like lions greetin efter meat.

14 A am fleetin awa like watter, an aw ma banes is oot o place: ma hert is like waux; it haes turnt saft in ma bouk.

15 Ma hause is dry like a smattert veshel; ma tongue is fixed tae the ruif o ma mou, an the stour o deith is on ma lips.

16 Dugs haes come roond me: A am steekit in by the baund o ill-daers; thay lanced ma haunds an feet.

17 A can see aw ma banes; thair leuks is fixed on me:

18 Thay pairt ma robes amang thaim, by the the cast thay tak ma claes.

19 Binna faur frae me, O Laird: O ma strenth, come swith tae ma help.

20 Mak ma saul sauf frae the swuird, ma life frae the pouer o the dug.

21 Sauf me frae the lion's mou; lat me gang free frae the horns o the ill-kyndit owsen.

22 A will gie the knawledge o yer name tae ma brithers: A will ruise ye amang the fowk.

23 Ye that fears the Laird, ruise him; aw ye strynd o Jaucob, gie him glore; gang in fear o him, aw ye strynd o Israel.

24 For he haesna been unmuived by the pyne o him that's trauchelt; or held his face dernit frae him; but he haes answert his cry.

25 Ma ruise will be o ye in the muckle gaitherin: A will mak ma offerins afore his wirshippers.

26 The puir will hae a mealtith o guid things: thaim that seeks the Laird will ruise him: yer hert will hae life for aye.

27 Aw the ends o the yird will haud it in mynd an be turnt tae the Laird: aw the faimilies o the nations will wirship him.

28 For the kinrick is the Laird's; he is the ruler amang the nations.

29 Aw the girthie anes o the yird will wirship him; thaim that gangs doun tae the stour will mak thairsels law afore him, e'en him that haesna eneuch for the life o his saul.

30 A strynd will be his servand; the daeins o the Laird will be made clear tae the neist generation.

31 Thay will come an mak his richtousness clear tae the fowk o the futur acause he haes duin this.

Psaum 23

A Psaum o Dauvit.

The Laird tents me as his sheep; A will want nae guid thing.

2 He maks a bield for me in the green fields: he airts me by the lown watters.

3 He gies new life tae ma saul: he is ma guide in the weys o richtousness acause o his name.

4 Ay, tho A gang throu the glen o deep shaidae, A will fear nae ill; for ye ar wi me, yer wand an yer uphaud is ma easement.

5 Ye mak ready a buird for me forenent ma ill-willers: ye slaired ile on ma heid; ma caup lippers ower.

6 Truelins, sainins an mercy will be wi me aw the days o ma life; an A will hae a seat in the hoose o the Laird aw ma days.

Psaum 24

A Psaum o Dauvit.

The yird is the Laird's, wi aw its walth; the warld an aw fowk bidin in't.

2 For by him it wis grundit on the seas, an made strang on the deep watters.

3 Wha can gang up intae the knowe o the Laird? An wha can come intae his sanctuar?

4 Him wi clean haunds an an aefauld hert; that's desire comprehends nae daftlike things, that haesna taen a fause aith.

5 He will hae a sainin frae the Laird, an richtousness frae the God o his salvation.

6 This is the generation o thaim that's herts is turnt tae ye, e'en tae yer face, O God o Jaucob. (Selah.),

7 Lat yer heids be liftit up, O doors; be liftit up, O ye aye-bidin doors: that the Keeng o glore can come in.

8 Wha's the Keeng o glore? The Laird o strenth an pouer, the Laird strang in war.

9 Lat yer heids be liftit up, O doors; lat thaim be liftit up, O ye aye-bidin doors: that the Keeng o glore can come in.

10 Wha's the Keeng o glore? The Laird o airmies, he is the Keeng o glore. (Selah.)

Psaum 25

O Dauvit.

Tae ye, O Laird, ma saul is liftit up.

2 O ma God, A hae pit ma faith in ye, lat me na be shamed; latna ma ill-willers craw croose ower me.

3 Lat nae servand o yours be pit tae shame; lat thaim be shamed that is fause for nocht.

4 Mak yer staps clear tae me, O Laird; gie me knawledge o yer weys.

5 Be ma guide an dominie in the richt wey; for ye ar the God o ma salvation; A wait on yer wird the lee-lang day.

6 O Laird, mynd yer peety an yer mercies; for thay hae been frae the earliest times.

7 Dinna mynd ma sins whan A wis young, or ma wrangdaein: lat yer myndin o me be fou o mercy, O Laird, acause o yer richtousness.

8 Guid an upricht is the Laird: sae he will be the dominie o sinners in the wey.

9 He will be an upricht guide tae the puir in speerit: he will mak his wey clear tae thaim.

10 Aw the weys o the Laird is mercy an guid faith for thaim that hauds his greement an his witness.

11 Acause o yer name, O Laird, lat me hae forgieness for ma sin, that is unco great.

12 Gin a man fears the Laird, the Laird will be his dominie in the wey o his pleisur.

13 His saul will be fou o guid things, an his strynd will hae the yird for its heirskip.

14 The saicret o the Laird is wi thaim that's herts the fear o him's in; he will mak his greement clear tae thaim.

15 Ma een is turnt tae the Laird at aw times; for he will tak ma feet oot the net.

16 Turn tae me, an hae mercy on me; for A am trauchelt an hae nae helper.

17 The tribbles o ma hert haes eikit: O heeze me oot o sorrae.

18 Think on ma dule an ma pyne; an tak awa aw ma sins.

19 See hou ma unfreends haes eikit, for sair is thair ill will at me.

20 O haud ma saul, an lead me oot o danger: lat me na be shamed, for A hae pit ma faith in ye.

21 For ma clean an upricht weys hauds me sauf, acause ma howp is in ye.

22 Gie Israel salvation, O God, frae aw his tribbles.

Psaum 26

O Dauvit.

O Laird, be ma juidge, for ma fashions haes been upricht: A hae pit ma faith in the Laird, A'm in nae danger o slidderin.

2 Pit me in the wechts, O Laird, till A am seyed; lat the fire mak clean ma thochts an ma hert.

3 For yer mercy is afore ma een; an A hae gaen in the wey o yer guid faith.

4 A haena taen ma seat wi daftlike bodies, an A dinna gang wi fause men.

5 A hae ill-willed the baund o wrangdaers, an A winna be seatit amang sinners.

6 A will mak ma haunds clean frae sin; sae will A gang roond yer altar, O Laird;

7 That A can cry furth ruise, an mak public aw the ferlies ye hae duin.

8 Laird, yer hoose haes been dear tae me, an the bield o yer glore.

9 Latna ma saul be nummert amang sinners, or ma life amang men o bluid;

10 That's haunds ill designs is in, an that's richt luifs is creesht for deemin fauselike.

11 But, as for me, A will gang on in ma upricht weys: sauf me an hae mercy on me.

12 A hae sauf grund for ma feet; A will ruise the Laird in the gaitherins o the fowk.

Psaum 27

O Dauvit.

The Laird is ma licht an ma salvation; wha's than a cause o fear tae me? The Laird is the strenth o ma life; wha's a danger tae me?

2 Whan ill-daers, e'en ma ill-willers, come upo me for tae pit an end tae me, thay war broke an pit tae shame.

3 E'en gin an airmy come agin me wi its tents, ma hert wad hae nae fear: gin war wis made on me, ma faith wadna be sweyed.

4 Ae prayer A hae made tae the Laird, an this is ma hert's desire; that A can hae a seat in the hoose o the Laird aw the days o ma life, leukin on his glore an gittin wit in his Temple.

5 For in the time o tribble he will haud me sauf in his tent: in the hidlin neuk o his tent he will haud me frae men's een; heich on a rock he will pit me.

6 An nou ma heid will be liftit up heicher nor ma ill-willers roond me: acause o this A will mak offerins o joy in his tent; A will mak a sang, truelins A will mak a sang o ruise tae the Laird.

7 O Laird, lat the vyce o ma prayer come tae yer lugs: hae mercy on me, an answer me.

8 Whan ye said, Seek oot ma face, ma hert said tae ye, For yer face A will leuk.

9 Latna yer face be dernit frae me; dinna demit yer servand in wraith; ye hae been ma help: dinna forleet me or tak yer uphaud frae me, O God o ma salvation.

10 Whan ma faither an ma mither is turnt awa frae me, than the Laird will uphaud me.

11 Shaw me yer wey, O Laird, guidin me by the richt wey, acause o ma ill-willers.

12 Dinna gie me intae thair haunds, acause fause witnesses haes come oot agin me, an men braithin ruinage.

13 A haed awmaist gien up howp o seein the sainin o the Laird in the laund o the leevin.

14 Lat yer howp be in the Laird: tak hert an be strang; ay, lat yer howp be in the Laird.

Psaum 28

O Dauvit.

Ma cry gangs up tae ye, O Laird, ma Fundament; dinna haud back yer repone frae me, sae that A dinna come tae be like thaim that gangs doun intae hell.

2 Tak tent tae the vyce o ma prayer, whan A cry tae ye, whan ma haunds is liftit up tae yer sanctuar.

3 Dinna tak me awa wi the sinners an the wirkers o ill, as says wirds o peace tae thair neebours, tho ill is in thair herts.

4 Gie thaim the richt rewaird o thair acts, an thair ill daeins: punish thaim for the warks o thair haunds, lat thaim hae thair fou rewaird.

5 Acause thay hae nae respect for the warks o the Laird or for the things his haunds haes made, thay will be dung doun an no liftit up by him.

6 Lat the Laird be ruised, acause he haes taen tent tae the vyce o ma prayer.

7 The Laird is ma strenth an ma breestplate, ma hert haen faith in him, an A am helpit; for this cause ma hert is fou o raptur, an A will ruise him in ma sang.

8 The Laird is thair strenth, an a stranghaud o salvation for his keeng.

9 Be a saviour tae yer fowk an sain yer heirskip: be thair guide, an lat thaim be liftit up for aye.

Psaum 29

A Psaum o Dauvit.

Gie tae the Laird, ye sons o the michty anes, gie tae the Laird glore an strenth.

2 Gie tae the Laird the fou glore o his name; wirship him in haly robes.

3 The vyce o the Laird is on the watters: the God o glore is thunnerin, the Laird is on the muckle watters.

4 The vyce o the Laird is fou o pouer; the vyce o the Laird haes a noble soond.

5 By the vyce o the Laird the cedar-trees is broke, e'en the cedars o Lebanon is broke by the Laird.

6 He gars thaim gang lowpin aboot like a cauf; Lebanon an Sirion like a young muntain owse.

7 At the vyce o the Laird flames o fire is seen.

8 At the vyce o the Laird the'r a shakkin in the fouthless laund, e'en a shakkin in the fouthless laund o Kadesh.

9 At the vyce o the Laird the raes gies birth, the leafs is taen frae the trees: in his Temple awthing says, Glore.

10 The Laird haen his seat as keeng whan the watters come on the yird; the Laird is seatit as keeng for aye.

11 The Laird will gie strenth tae his fowk; the Laird will gie his fowk the sainin o peace.

Psaum 30

A Psaum. A Sang at the sainin o the Hoose. O Dauvit.

A will ruise an honour ye, O Laird, acause throu ye A hae been liftit up; ye haena gien ma ill-willers cause tae smirk an smue ower me.

2 O Laird ma God, A cried on ye, an ye hae made me weel.

3 O Laird, ye hae gart ma saul come again frae hell: ye hae gien me life an held me frae gaun doun amang the deid.

4 Sing tae the Laird, O ye saunts o his, an ruise his haly name.

5 For his wraith bides na lang; in his grace the'r life; greetin can be for a nicht, but joy comes in the forenuin.

6 Whan things gaen weel for me A said, A will niver be sweyed.

7 Laird, by yer grace ye hae held ma muntain strang: whan yer face wis turnt awa frae me A wis trauchelt.

8 Ma vyce gaen up tae ye, O Laird; A prayed tae the Laird.

9 Whit ootcome ar the in ma bluid gin A gang doun intae hell? Will the stour ruise ye or be a witness tae yer help?

10 Tak tent tae me, O Laird, an hae mercy on me: Laird, be ma helper.

11 By ye ma sorrae is turnt tae dancin; ye hae taen awa ma murnin duds an gien me robes o joy;

12 Sae that ma glore can sing sangs o ruise tae ye an no be quate. O Laird ma God, A will ruise ye for aye.

Psaum 31

Tae the heid musicianer. A Psaum o Dauvit.

In ye, O Laird, A hae pit ma howp; lat me niver be shamed; haud me sauf in yer richtousness.

2 Lat yer lug be turnt tae me; tak me swith oot o danger; be ma strang Fundament, ma place o strenth whaur A can be sauf.

3 For ye ar ma Fundament an ma strang touer; gang afore me an airt me, acause o yer name.

4 Tak me oot the net that thay hae laid ready for me hidlins; for ye ar ma strenth.

5 Intae yer haunds A gie ma speerit; ye ar ma saviour, O Laird God for aye richt.

6 A am fou o ill will for thaim that gangs efter fause gods; but ma howp is in the Laird.

7 A will be gled an delite in yer mercy; acause ye hae seen ma tribble; ye hae taen peety on ma saul in its sorraes;

8 An ye haena gien me up tae ma ill-willer; ye hae set ma feet on braid grund.

9 Hae mercy on me, O Laird, for A am in tribble; ma een is blind wi dule, A am wastit in saul an bouk.

10 Ma life gangs on in sorrae, an ma years in greetin; ma strenth is awmaist gaen acause o ma sin, an ma banes is bruckle.

11 Acause o ma unfreends, A hae come tae be a wird o shame tae ma neebours; a cause o shakkin the heid an a fear tae ma freends: thaim that seen me in the gate flichtit awa frae me.

12 A hae gaen frae men's mynds an myndin like a deid man; A am like a smattert veshel.

13 Fause statements made agin me haes come tae ma lugs; fear wis on ilka side: thay war colloguin agin me, designin tae tak awa ma life.

14 But A haen faith in ye, O Laird; A said, Ye ar ma God.

15 The inlats o ma life is in yer haund; tak me oot the haunds o ma ill-willers, an thaim that gangs efter me.

16 Lat yer servand see the licht o yer face; in yer mercy sauf me.

17 Lat me na be shamed, O Laird, for A hae prayed tae ye; lat the sinners be shamed, an lat thair mous be steekit in hell.

18 Lat the fause lips be steekit, as says ill agin the upricht, leukin doun on him in thair pride.

19 O hou great is yer grace, that ye hae huirdit for yer wirshippers, an that ye hae made clear tae thaim that haen faith in ye, afore the sons o men!

20 Ye will haud thaim sauf in yer hoose frae the designs o man; in the saicret o yer tent ye will haud thaim frae wraith tongues.

21 Lat the Laird be ruised, acause he haes made clear tae me the wunner o his grace in a strang toun.

22 An, as for me, A said in ma fear, A am sned aff frae afore yer een; but ye taen tent tae the vyce o ma prayer whan ma cry gaen up tae ye.

23 O luve the Laird, aw ye his saunts; for the Laird hauds sauf frae danger thaim that's true tae him an gies the wirkers o pride thair richt rewaird.

24 Pit awa fear an lat yer hert be strang, aw ye that's howp is in the Laird.

Psaum 32

O Dauvit. Maschil.

B lythe is him that wins forgieness for his wrangdaein, an that's sin is dernit.

2 Blythe is the man that the Laird sees nae ill in, an that's speerit the'r nae deceivery in.

3 Whan A held ma mou steekit, ma banes wis wastit, acause o ma greetin the lee-lang day.

4 For the wecht o yer haund wis on me day an nicht; ma bouk turnt dry like the yird in the simmer. (Selah.),

5 A made ma wrangdaein clear tae ye an didna haud back ma sin. A said, A will pit it aw afore the Laird; an ye taen awa ma wrangdaein an ma sin. (Selah.),

6 For this cause lat ilka saunt pray tae ye at a time whan ye ar nearhaund: than the skailin o the muckle watters winna owergae him.

7 Ye ar ma hidlin bield; ye will haud me frae tribble; ye will pit sangs o salvation on the lips o thaim aboot me. (Selah.),

8 A will gie ye knawledge, learnin ye the wey tae gang; ma ee will be yer guide.

9 Dinna be like the horse or the cuddy, menseless; thay hae tae hae gear on, or thay'll no come tae ye.

10 The sinner will be fou o tribble; but mercy will circumvene the man that haes faith in the Laird.

11 Be gled in the Laird wi joy, ye upricht men; gie cries o joy, aw ye that's herts is richt.

Psaum 33

B e gled in the Laird, O daers o richtousness; for ruise is bonny for the upricht.

2 Ruise the Laird on the thairm-stringit instrument; mak melody tae him wi instruments o muisic.

3 Sing a new sang tae him; playin skeely wi a lood noise.

4 For the wird o the Laird is upricht, an aw his warks is siccar.

5 His delite is in richtousness an wit; the yird is fou o the mercy o the Laird.

6 By the wird o the Laird the hievens wis made; an aw the airmy o hieven by the braith o his mou.

7 He gars the watters o the sea come thegither in a mass; he hauds the deep seas in thesauries.

8 Lat the yird be fou o the fear o the Laird; lat aw fowk o the warld be in haly fear o him.

9 For he gien the wird, an it wis duin; by his order it wis fixed for aye.

10 The Laird lowses the designs o the nations; he maks the thochts o the peoples 'ithoot ootcome.

11 The Laird's ettle is aye-bidin, the designs o his hert gangs on throu aw the generations o man.

12 Blythe is the nation that's God is the Laird; an the fowk that he haes taen for his heirskip.

13 The Laird leuks doun frae hieven; he sees aw the sons o men;

14 Frae his hoose he wauks on thaim that bides on the yird;

15 He maks aw thair herts; thair warks is clear tae him.

16 A keeng's salvation isna in the pouer o his airmy; a strang man disna gang free throu his great strenth.

17 A horse is a fause howp; his great pouer winna free ony man frae danger.

18 See, the ee o the Laird is on thaim that's herts the fear o him is in, on thaim that's howp is in his mercy;

19 Tae haud thair sauls frae deith; an tae fend for thaim in time o want.

20 Oor sauls waits on the Laird; he is oor help an oor salvation.

21 For in him oor herts haes joy; in his haly name is oor howp.

22 Lat yer mercy be on us, O Laird, as we wait on ye.

Psaum 34

O Dauvit. Whan he cheenged his fashions afore Abimelech, that sent him awa, an he gaen.

A will sain the Laird at aw times; his ruise will aye be in ma mou.

2 Ma saul will say great things o the Laird: the puir in speerit will ken o't an be gled.

3 O ruise the Laird wi me; lat us be witnesses thegither o his great name.

4 A socht the Laird, an he taen tent tae ma vyce an free'd me frae aw ma fears.

5 Lat yer een turn tae him, an ye will hae licht, an yer faces winna be shamed.

6 This puir man's cry come afore the Laird, an he gien him salvation frae aw his tribbles.

7 The angel o the Laird aye wauks ower thaim that fears him for tae haud thaim sauf.

8 By experience ye will see that the Laird is guid; blythe is the man that haes faith in him.

9 Haud yersels in the fear o the Laird, aw ye his saunts; for thaim that dis that will hae nae need o ocht.

10 The young lions is in need an haes nae meat; but thaim that leuks tae the Laird will hae ilka guid thing.

11 Come, bairns, tak tent tae me; A will be yer dominie in the fear o the Laird.

12 Whit man haes a luve o life, an a desire that his days is eikit sae that he can see guid?

13 Haud yer tongue frae ill, an yer lips frae wirds o deceivery.

14 Turn frae ill, an dae guid; seek peace, seekin it wi aw yer hert.

15 The een o the Laird is on the upricht, an his lugs is appen tae thair cry.

16 The face o the Laird is agin thaim that dis ill tae tak awa the myndin o thaim frae the yird.

17 The cry o the upricht comes afore the Laird, an he taks thaim frae aw thair tribbles.

18 The Laird is nearhaund the broke-hertit; he is the saviour o thaim that's speerits is brouselt doun.

19 Undeemous is the tribbles o the upricht body: but the Laird taks him sauf oot thaim aw.

20 He hauds aw his banes: no ane o thaim is broke.

21 Ill will pit an end tae the sinner, an thaim that's ill-willers o richtousness will come tae ruinage.

22 The Laird will sauf the sauls o his servands, an naebody that haes faith in him will be pit tae shame.

Psaum 35

O Dauvit.

O Laird, be on ma side agin thaim that deems me; be at war wi thaim that maks war agin me.

2 Be a breestplate tae me, an gie me yer help.

3 Tak up yer spear an haud back ma ondingers; say tae ma saul, A am yer salvation.

4 Lat thaim be owercome an pit tae shame that ettles at takkin ma saul; lat thaim that wad dae me skaith be turnt back an made daftlike.

5 Lat thaim be like caff frae the corn afore the wind; lat the angel o the Laird pit thaim tae flicht.

6 Lat thair wey be mirk an fou o danger; lat thaim be trauchelt by the angel o the Laird.

7 For for nocht thay hae cuist a net ready for me hidlins tae tak ma saul in.

8 Lat ruinage come upo thaim 'ithoot thair knawledge; lat thaim be taen thairsels in thair hidlin nets, fawin intae the same ruinage.

9 An ma saul will be blythe in the Laird; it will be gled in his salvation.

10 Aw ma banes will say, Laird, wha's like ye? The saviour o the puir man frae the haunds o the strang, o him that's puir an in need frae him that taks his guids an gear.

11 Fause witnesses gat up: thay pit quaistens tae me aboot ill-daeins A kent nocht o.

12 Thay gien me back ill for guid, trauchlin ma saul.

13 But, as for me, whan thay war seek A cled masel in the duds o sorrae: A gaen 'ithoot meat an wis dowie, an ma prayer come back again tae ma hert.

14 Ma fashions wis like it haed been ma freend or ma brither: A wis boued

law in dule like a body that's mither is new kistit.

15 But thay taen pleisur in ma tribble an come thegither, ay, law bodies come thegither agin me 'ithoot ma knawledge; thay niver come tae an end o woundin me.

16 Like men o deceivery thay pit me tae shame; the vyce o thair wraith wis lood agin me.

17 Laird, hou lang will ye be leukin on? Tak ma saul frae thair ruinage, ma life frae the lions.

18 A will ruise ye in the muckle gaitherin; A will gie ye honour amang a strang fowk.

19 Dinna lat ma ill-willers smirk an smue ower me fauselike; latna ma unfreends mak sport o me for nocht.

20 For thay dinna say wirds o peace; in thair deceivery thay design ill things agin the quate anes in the laund.

21 Thair mous wis wide appen agin me, an thay said, Aha, aha, oor een haes seen't.

22 Ye hae seen this, O Laird; binna unmuived: O Laird, binna faur frae me.

23 Wauk, O Laird, be muived tae tak up ma cause, ma God an ma Laird.

24 Be ma juidge, O Laird ma God, in yer richtousness; dinna lat thaim smirk an smue ower me.

25 Lat thaim na say in thair herts, Sae we will hae't: lat thaim na say, We hae pit an end tae him.

26 Lat thaim that taks pleisur in ma tribbles be shamed an come tae nocht: lat thaim that's liftit up agin me be cled in shame an hae nae honour.

27 Lat thaim on ma side gie cries o joy; lat thaim aye say, The Laird be ruised,

for he taks pleisur in the peace o his servand.

28 An ma tongue will talk o yer richtousness an yer ruise the lee-lang day.

Psaum 36

Tae the heid musicianer. O the servand o the Laird. O Dauvit.

The sin o the ill-daer says in ma hert, The'r nae fear o the Laird afore his een.

2 For he finds easement in the thocht that his sin winna be unkivert an seen tae be ill-willed.

3 In the wirds o his mou is ill an deceivery; he haes gien up bein wicelike an daein guid.

4 He thinks on ill on his bed; he taks a wey that isna guid; he isna an ill-willer o ill.

5 Yer mercy, O Laird, is in the hievens, an yer strang ettle is as heich's the cluds.

6 Yer richtousness is like the muntains o God; yer deemin is like the muckle deep; O Laird, ye gie life tae man an beast.

7 Hou guid is yer luvin mercy, O God! The bairns o men is bieldit unner the shaidae o yer weengs.

8 The delites o yer hoose will be shouert on thaim; ye will gie thaim drink frae the watter o yer pleisurs.

9 For wi ye is the funtain o life: in yer licht we will see licht.

10 O lat thare be nae end tae yer luvin mercy tae thaim that kens ye, or yer richtousness tae the upricht in hert.

11 Latna the fit o pride come agin me, or the haunds o the ill-daers cast me oot ma place.

12 Thare the wirkers o ill haes come doun: thay hae been laid law an winna be liftit up.

Psaum 37

O Dauvit.

Hae nae ill thochts acause o the wrangdaers or jeilousy o the wirkers o ill.

2 For thay will swith be cuttit doun like gress an made dry like the green plants.

3 Hae faith in the Laird, an dae guid; be at rest in the laund, an gang efter richtousness.

4 Sae yer delite is in the Laird, an he will gie ye yer hert's desires.

5 Pit yer life in the haunds o the Laird; hae faith in him, an he will dae't.

6 An he will gar yer richtousness be seen like the licht, an yer cause like the sheenin o the sun.

7 Rest in the Laird, waitin lown on him; hae nae ill thochts acause o the man that dis weel in his ill weys an gies ootcome tae his ill designs.

8 Pit an end tae yer wraith an be sair nae mair; dinna gie wey tae ill feelin that causes sin.

9 For the ill-daers will be sned aff: but thaim that haes faith in the Laird will hae the yird for thair heirskip.

10 For in a wee while the ill-daer will be gaen: ye will gang seekin his place, an it winna be thare.

11 But the lown will hae the yird for thair heirskip; thay will delite in peace 'ithoot meisur.

12 The sinner haes ill designs agin the upricht, liftin up the vyce o wraith agin him.

13 He will be leuch at by the Laird, that sees that his day is comin.

14 The ill-daers haes taen oot thair swuirds, thair bowes is boued; for brouslin the puir, an tae pit tae deith thaim that's upricht in thair weys.

15 But thair swuirds will be turnt intae thair herts, an thair bowes will be broke.

16 The wee smaw bit that the guid man haes is better nor the walth o ill-daers.

17 For the airms o the ill-daers will be broke: but the Laird is the uphaud o the guid.

18 The days o the upricht is nummert by the Laird, an thair heirskip will be for aye.

19 Thay winna be shamed in the ill time, an in the days whan awbody is needin meat thay will hae eneuch.

20 But the wrangdaers will come tae ruinage, an the ill-willers o the Laird will be like the fat o laums, thay will be brunt up; thay will gang up in reek an niver be seen again.

21 The sinner taks siller an disna gie it back; but the upricht man haes mercy an gies tae ithers.

22 Thaim that haes his sainin will hae the yird for thair heirskip; but thaim that's bannit by him will be sned aff.

23 The staps o a guid man is ordert by the Laird, an he delites in his wey.

24 E'en gin he faws, he winna be 'ithoot help: for the haund o the Laird uphauds him.

25 A hae been young, an nou A am auld, but A haena seen the guid man 'ithoot help, or his bairns leukin for breid.

26 The lee-lang day he is ready tae shaw mercy an tae gie; his bairns is a sainin.

27 Turn frae ill an dae guid; an yer place will be for aye.

28 For the Laird luves richtousness an taks care o his saunts; thay will be held sauf for aye; but the strynd o the ill-daers will be sned aff.

29 The upricht will hae the yird for thair heirskip an will gang on leevin thare for aye.

30 The mou o the guid man says wirds o wit; the talk o his tongue is o richtousness.

31 The law o his God is in his hert; he will niver mak a fause stap.

32 The sinners wauks the upricht man, seekin tae pit him tae deith.

33 The Laird winna gie him intae thair haunds or be agin him whan he is deemed.

34 Wait on the Laird, an haud his wey; an ye will be liftit up an hae the laund for yer heirskip: whan the ill-daers is sned aff, ye will see't.

35 A hae seen the ill-daer wi great pouer, happin the yird like a muckle tree.

36 But he come tae an end, an the war nae sign o him; A socht him, an he wisna thare.

37 Tak tent tae the guid man an the upricht; acause the weird o that man is peace.

38 But, as for the sinners, thay will be sned aff thegither; the weird o the wrangdaers is ruinage.

39 But the Laird is the saviour o the upricht: he is thair strenth in the time o tribble.

40 An the Laird will be thair help an haud thaim sauf: he will tak thaim oot the haunds o the ill-daers an be thair saviour acause thay haen faith in him.

Psaum 38

A Psaum o Dauvit. Tae myndin.

O Laird, binna sair wi me in yer wraith; latna yer haund be on me in the heat o yer passion.

2 For yer arraes haes gaen intae ma flesh, an A am brouselt unner the wecht o yer haund.

3 Ma flesh is wastit acause o yer wraith; an the'r nae peace in ma banes acause o ma sin.

4 For ma ill-daeins haes owergaen me; thay ar like a muckle wecht that is mair nor ma strenth.

5 Ma wounds is pushiont, wi an ill guff, acause o ma daftlike fashions.

6 A am trauchelt, A am laid law; A gang greetin the lee-lang day.

7 For ma bouk is fou o birnin; aw ma flesh is seek.

8 A am fushionless an brouselt doun; A gien a rair like a lion acause o the dule in ma hert.

9 Laird, aw ma desire is afore ye; ma sorrae isna held hidlin frae ye.

10 Ma hert gangs oot in pyne, ma strenth dwynes; as for the licht o ma een, it haes gaen frae me.

11 Ma luvers an ma freends bides awa frae ma disease; thaim sib tae me bides hyne awa.

12 Thaim that howps tae tak ma life casts nets for me; thaim that designs ma ruinage says ill things agin me,

the lee-lang day thair mynds is fou o deceivery.

13 But A held ma lugs steekit like a man 'ithoot hearin; like a man 'ithoot a vyce, niver appenin his mou.

14 Sae A wis like a man that's lugs is steekit, an that's mou the'r nae shairp wirds in.

15 In ye, O Laird, is ma howp: ye will answer me, O Laird, ma God.

16 A said, Lat thaim na smirk an smue ower me; whan ma fit is muived, lat thaim na be liftit up wi pride agin me.

17 Ma feet is near tae fawin, an ma sorrae is aye afore me.

18 A will cry furth ma wrangdaein wi sorrae in ma hert for ma sin.

19 But thay ar strang as ill-wills me for nocht: ma fause unfreends haes eikit in nummer.

20 Thay gie me back ill for guid; thay ar ma ill-willers acause A gang efter the thing that is richt.

21 Dinna forleet me, O Laird; O ma God, be nearhaund me.

22 Come swith tae help me, O Laird, ma salvation.

Psaum 39

Tae the heid musicianer.
O Jeduthun. A Psaum o Dauvit.

A said, A will tak tent tae ma weys, sae that ma tongue can dae nae wrang; A will haud ma mou unner owerins while the sinner is afore me.

2 A made nae soond, A said nae wird, e'en o guid; an A wis muived wi sorrae.

3 Ma hert brunt in ma breest; while A wis deep in thocht the fire wis lichtit; syne A said wi ma tongue,

4 Laird, gie me knawledge o ma end, an the meisur o ma days, till A see hou fushionless A am.

5 Ye hae made ma days nae mair nor a haund's meisur; an ma years is nocht in yer een; truelins, ilka man is but a braith. (Selah.),

6 Truelins, ilka man gangs on his wey like an eemage; he is trauchelt for nae ettle: he gaithers a muckle huird o walth an disna ken wha will git it.

7 An nou, Laird, whit am A waitin on? Ma howp is in ye.

8 Free me frae aw ma sins; dinna lat me be shamed by the man o ill fashions.

9 A wis quate an held ma mou steekit; acause ye haed duin it.

10 Nae mair lat yer haund be haurd on me; A am wastit by the blaws o yer haund.

11 By the wecht o yer wraith agin man's sin, the glore o his form is wastit awa; truelins ilka man is but a braith. (Selah.),

12 Lat ma prayer come tae yer lugs, O Laird, an tak tent tae ma cry, answer ma greetin: for ma time here is cutty afore ye, an in a wee while A will be gaen like aw ma faithers.

13 Lat yer wraith be turnt awa frae me, till A am comfortit, afore A gang awa frae here an come tae be nocht.

Psaum 40

Tae the heid musicianer. O Dauvit. A Psaum.

Whan A waitit lown on the Laird, his hert wis turnt tae me, an he taen tent tae ma cry.

2 He taen me up oot a deep waste, oot the saft an claggie yird; he pit ma feet on a rock an made ma staps siccar.

3 An he pit a new sang in ma mou, e'en ruise tae oor God; a wheen haes seen it wi fear an pit thair faith in the Laird.

4 Blythe is the man that haes faith in the Laird an disna honour the men o pride or thaim that's turnt awa tae deceivery.

5 O Laird ma God, great is the ferlies ye hae duin in yer thocht for us; it isna possible tae tell thaim ower afore ye; whan A wad gie an accoont o thaim, thair nummer is mair nor A can say.

6 Ye haen nae desire for offerins o beasts or fruits o the yird; lugs ye made for me: for brunt offerins an sin offerins ye made nae seekin.

7 Syne A said, See, A come; it is recordit o me in the rowe o the beuk,

8 Ma delite is tae dae yer pleisur, O ma God; truelins, yer law is in ma hert.

9 A hae gien newins o richtousness in the muckle gaitherin; O Laird, ye ken that A haena held back ma wirds.

10 Yer richtousness haesna been fauldit awa in ma hert; A hae cried furth yer richt wird an yer salvation; A haena held hidlin yer mercy or yer faith frae the muckle gaitherin.

11 Tak na awa yer lown mercies frae me, O Laird; lat yer mercy an yer faith haud me sauf for aye.

12 For ills untellable besets me; ma sins haes owertaen me, sae that A am boued doun wi thair wecht; thay ar mair nor the hairs o ma heid, ma strenth haes meltit acause o thaim.

13 Be pleased, O Laird, tae lead me oot o danger; O Laird, come swith an help me.

14 Lat thaim that gangs efter ma saul for its ruinage hae shame an tribble thegither; lat thaim be turnt back an made daftlike that taks pleisur in ma tribble.

15 Lat thaim that says tae me, Aha, aha! be surpreesed acause o thair shame.

16 Lat thaim that leuks for ye be gled an blythe in ye; lat the luvers o yer salvation aye say, Lat the Laird be great.

17 Tho A am puir an dree puirtith, the Laird haes me in mynd; ye ar ma help an ma saviour; lat thare be nae waitin, O ma God.

Psaum 41

Tae the heid musicianer. A Psaum o Dauvit.

Blythe is the man that thinks on the puir; the Laird will be his saviour in the time o tribble.

2 The Laird will haud him sauf an gie him life; the Laird will lat him be a sainin on the yird an winna gie him up tae his ill-willers.

3 The Laird will be his uphaud on his bed o pyne: by ye aw his dule will be turnt tae strenth.

4 A said, Laird, hae mercy on me; mak ma saul weel, acause ma faith is in ye.

5 Ma ill-willers says ill agin me, Whan will he be deid, an his name end?

67

6 Gin a body comes tae see me, deceivery is in his hert; he huirds ill, that he propales aw airts.

7 Aw ma ill-willers collogues hidlins agin me; thay design ma dounfaw.

8 Thay say, He haes an ill disease, that gars him hirple: an nou that he is doun he winna git up again.

9 E'en ma dearest freend, that A haen faith in, that taen breid wi me, is turnt agin me.

10 But ye, O Laird, haes mercy on me, liftin me up, till A gie thaim thair punishment.

11 By this A see that ye tak pleisur in me, acause ma ill-willer disna owercome me.

12 An, as for me, ye ar ma uphaud in ma richtousness, giein me a place afore yer face for aye.

13 Lat the Laird God o Israel be ruised, throu aye-bidin days an for aye. Sae be't. Sae be't.

Psaum 42

Tae the heid musicianer.
Maschil. O the sons o Korah.

L ike the rae's luve for the linns, sae is ma saul's desire for ye, O God.

2 Ma saul is drouthy for need o God, the leevin God; whan can A come an see the face o God?

3 Ma tears haes been ma meat day an nicht, while thay haud on sayin tae me, Whaur is yer God?

4 Lat ma saul lipper ower wi dule whan thir things comes back tae ma mynd, the wey A gaen in company tae the hoose o God, wi the vyce o joy an ruise, wi the sang o thaim haudin the meal.

5 Whit for ar ye brouselt doun, O ma saul? An whit for ar ye trauchelt at me? Pit yer howp in God; for A will again ruise him that is ma help an ma God.

6 Ma saul is brouselt doun athin me, sae A will haud ye in mynd; frae the laund o Jordan an the Hermons, frae the knowe Mizar.

7 Deep soonds tae deep at the dirdum o yer linns; aw yer swaws haes gaen rowin ower me.

8 But the Laird will send his mercy in the daylicht, an in the nicht his sang will be wi me, a prayer tae the God o ma life.

9 A will say tae God ma Fundament, Whit for hae ye lat me gang frae yer myndin? Whit for dae A gang in sorrae acause o the ondings o ma ill-willers?

10 The ill-kyndit wirds o ma ill-willers is like a brouslin o ma banes; whan thay say tae me ilka day, Whaur is yer God?

11 Whit for ar ye brouselt doun, O ma saul? An whit for ar ye trauchelt at me? Pit yer howp in God; for A will again ruise him that is ma help an ma God.

Psaum 43

B e ma juidge, O God, uphaudin ma cause agin a nation 'ithoot releegion; O haud me frae the fause an ill man.

2 Ye ar the God o ma strenth; whit for hae ye cuist me frae ye? Whit for dae A gang in sorrae acause o the ondings o ma ill-willers?

3 O send oot yer licht an yer richt wird; lat thaim airt me: lat thaim tak me tae yer haly knowe an yer tents.

4 Syne A will gang up tae the altar o God tae the God o ma joy; A will be

gled an ruise ye on an instrument o muisic, O God, ma God.

5 Whit for ar ye brouselt doun, O ma saul? An whit for ar ye trauchelt at me? Pit yer howp in God, for A will again ruise him that is ma help an ma God.

Psaum 44

Tae the heid musicianer.
O the sons o Korah. Maschil.

It haes come tae oor lugs, O God, oor faithers haes gien us the story o the warks ye did in thair days, in the bygaen times,

2 Upruitin the nations wi yer haund, an plantin oor faithers in thair steid; cuttin doun the nations, but eikin the growthe o yer fowk.

3 For thay didna mak the laund thairs by thair swuirds, an it wisna thair airms held thaim sauf; but yer richt haund, an yer airm an the licht o yer face, acause ye taen pleisur in thaim.

4 Ye ar ma Keeng an ma God; orderin salvation for Jaucob.

5 Throu ye we will owercome oor ill-willers; by yer name thay will be brouselt unner oor feet as is royet agin us.

6 A winna pit faith in ma bowe; ma swuird winna be ma salvation.

7 But it is ye that haes been oor saviour frae thaim that wis agin us, an haes pit tae shame thaim that haen ill will for us.

8 Oor pride is in God at aw times; tae his name we gie ruise for aye. (Selah.),

9 But nou ye hae sent us awa frae ye an pit us tae shame; ye dinna gang furth wi oor airmies.

10 Acause o this we ar turnt back by the ondinger: thaim that ill-wills us taks oor guids an gear for thairsels.

11 Ye hae made us like sheep taen for flesh; we ar pit tae flicht amang the nations.

12 Ye lat yer fowk gang for nocht; yer walth wisna eikit by thair price.

13 Ye hae made us tae be leukit doun on by oor neebours, we ar leuch at an shamed by thaim that's roond aboot us.

14 Oor name is a wird o shame amang the nations, a taiken for the shakkin o heids amang the peoples.

15 Ma dounfaw is aye afore me, an A am happit wi the shame o ma face;

16 Acause o the vyce o him that says shairp an soor wirds; acause o the ill-willer an him that's the luim o punishment.

17 Aw this haes come upo us, but aye we hae held ye in oor myndin; an we haena been fause tae yer wird.

18 Oor herts haesna gaen back, an oor staps haesna been turnt frae yer wey;

19 Tho ye hae lat us be brouselt in the steid o jackals, tho we ar happit wi mirkest shade.

20 Gin the name o oor God haes gaen oot o oor mynds, or gin oor haunds haes been raxt up tae a fremmit god,

21 Winna God leuk for't? For he sees the saicrets o the hert.

22 Truelins, acause o ye we ar pit tae deith ilka day; we ar nummert like sheep for ruinage.

23 Whit for ar ye sleepin, O Laird? Wauken! An come tae oor help, dinna gie us up for aye.

24 Whit for is yer face dernit, an whit for dae ye gie nae thocht tae oor tribble an oor ill-kyndit weird?

69

25 For oor sauls is brouselt doun tae the stour: oor corps is streekit oot on the yird.

26 Up! An come tae oor help, an gie us salvation acause o yer mercy.

Psaum 45

Tae the heid musicianer; pit tae Shoshannim. O the sons o Korah. Maschil. A Sang o luves.

M a hert lippers ower wi guid things; ma wirds is o whit A hae made for a keeng; ma tongue is the quill o a ready writer.

2 Ye ar bonnier nor the bairns o men; grace fleets throu yer lips; for this cause the sainin o God is wi ye for aye.

3 Pit on yer swuird, hing it ready at yer side, O strang heid, wi yer glore an pouer.

4 An gang on nobly in yer pouer, acause ye ar guid an richt an 'ithoot pride; an yer richt haund will lear ye things o fear.

5 Yer arraes is shairp in the hert o the keeng's ill-willers; acause o thaim the peoples faws unner ye.

6 Yer seat o pouer, O God, is for iver an aye; the wand o yer kinrick is a wand o honour.

7 Ye hae been a luver o richtousness an an ill-willer o ill: an sae God, yer God, haes slaired the ile o joy on yer heid, liftin ye heich ower aw ither keengs.

8 Yer robes is fou o the waff o aw kin o perfumes an spices; muisic frae the keeng's ivory hooses haes made ye gled.

9 Keengs' dochters is amang yer noble weemen: on yer richt is the queen in gowd o Ophir.

10 O dochter, gie thocht an tent, an lat yer lug be appen; mynd nae mair yer fowk an yer faither's hoose;

11 Sae the keeng will hae great desire for ye, seein hou bonny ye ar; acause he is yer laird, gie him honour.

12 An the dochters o Tyre will be thare wi an offerin; thaim that haes walth amang fowk will be leukin for yer appruival.

13 In the muckle hoose the keeng's dochter is aw sheenin: her claes is wrocht wi gowd.

14 She will come afore the keeng in robes o shewin; the bits o lassies in her train will come afore ye.

15 Wi joy an raptur thay will come; thay will gang ben the keeng's hoose.

16 Yer bairns will tak the steid o yer faithers; sae that ye can mak thaim rulers ower aw the yird.

17 A will haud the myndin o yer name tae the fore throu aw the generations; an acause o this fowk will ruise ye for aye.

Psaum 46

Tae the heid musicianer. O the sons o Korah; pit tae Alamoth. A Sang.

G od is oor herbour an oor strenth, an unco praisent help in tribble.

2 For this cause we will hae nae fear, e'en tho the yird is cheenged, an tho the muntains is muived in the hert o the sea;

3 Tho its watters is soondin an trauchelt, an tho the muntains shaks wi thair royet motion. (Selah.),

4 The'r a river that's streams gleddens the bield o God, the sanctuar o the tents o the Maist Heich.

5 God haes taen his place in her; she

winna be sweyed: he will come tae her help at the daw.

6 The nations wis wraith, the kinricks wis muived; at the soond o his vyce the yird turnt like waux.

7 The Laird o airmies is wi us; the God o Jaucob is oor heich touer. (Selah.),

8 Come, see the warks o the Laird, the ruinage that he haes made on the yird.

9 He pits an end tae wars ower aw the yird; by him the bowe is broke, an the spear cuttit in twa, an the cairiage brunt in the fire.

10 Be at peace in the knawledge that A am God: A will be liftit up amang the nations, A will be honourt throu aw the yird.

11 The Laird o airmies is wi us; the God o Jaucob is oor heich touer. (Selah.)

Psaum 47

Tae the heid musicianer.
A Psaum o the sons o Korah.

O mak a gled noise wi yer haunds, aw ye fowk; lattin yer vyces gang up tae God wi joy.

2 For the Laird Maist Heich is tae be feart; he is a great Keeng ower aw the yird.

3 He will pit doun the peoples unner us, an the nations unner oor feet.

4 He will gie us oor heirskip, the glore o Jaucob that is dear tae him. (Selah.),

5 God haes gaen up wi a gled cry, the Laird wi the soond o the horn.

6 Gie ruises tae God, sing sangs o ruise; gie ruises tae oor Keeng, sing sangs o ruise.

7 For God is the Keeng o aw the yird; sing sangs o ruise wi knawledge.

8 God is the ruler ower the nations; God is on the heich seat o his haly rule.

9 The rulers o the peoples haes come thegither, wi the fowk o the God o Aubraham; acause the pouers o the yird is God's: he is liftit up abuin.

Psaum 48

A Sang. A Psaum o the sons o Korah.

G reat is the Laird an sair tae be ruised, in the toun o oor God, in his haly muntain.

2 Bonny in its heich poseetion, the joy o aw the yird, is Munt Sion, the knowe o God, the toun o the great Keeng.

3 In its biggins God is seen tae be a heich touer.

4 For see! The keengs come thegither by greement, thay war jynt thegither.

5 Thay seen't, an sae wis fou o wunner; thay war trauchelt, an gaen swith awa feart.

6 Shakkin come upo thaim an pyne, as on a wumman in jizzen.

7 By ye the ships o Tarshish is broke as by an east wind.

8 As it come tae oor lugs, sae we hae seen't, in the toun o the Laird o airmies, in the toun o oor God; God will haud it fixed for aye. (Selah.),

9 Oor thochts wis o yer mercy, O God, while we war in yer Temple.

10 As yer name is, O God, sae is yer ruise tae the ends o the yird; yer richt haund is fou o richtousness.

11 Lat thare be joy in Munt Sion, an

lat the dochters o Judah be gled, acause o yer wicelike juidgments.

12 Mak yer wey aboot Sion, an gang roond it, nummerin its touers.

13 Tak tent tae its strang waws, leukin weel at its bonny biggins; sae that ye can gie wird o't tae the neist generation.

14 Acause this God is oor God for iver an aye: he will be oor guide.

Psaum 49

Alamoth. Tae the heid musicianer. O the sons o Korah. A Psaum.

Tak tent tae this, aw ye nations; lat yer lugs be appen, aw ye that bides in the warld.

2 Heich an law thegither, the puir, an thaim wi walth.

3 Frae ma mou will come wirds o wit; an in the thochts o ma hert will be knawledge.

4 A will pit ma lear intae a story; A will mak ma mirk wirds clear wi muisic.

5 Whit cause hae A for fear in the days o ill, whan the ill-daein o thaim that wirks for ma dounfaw besets me?

6 E'en o thaim that's faith is in thair walth, an that's herts is liftit up acause o thair huirds.

7 Truelins, nae man can coff back his saul for siller or gie tae God the peyment for hissel;

8 (Acause it taks a great price tae haud his saul frae deith, an man canna gie't.),

9 Sae that he coud hae aye-bidin life an niver see hell.

10 For he sees that wicelike men comes tae thair end, an daftlike bodies o law fashions comes tae ruinage thegither,

lattin thair walth gang tae ithers.

11 The muild is thair hoose for aye, an thair bield throu aw the generations; thaim that comes efter thaim gies thair names tae thair launds.

12 But man, like the beasts, disna gang on for aye; he ends like the beasts.

13 This is the pad o the daftlike; thair siller is for thaim that comes efter thaim, an thair bairns prees the pleisur o thair gowd. (Selah.),

14 Deith will gie thaim thair meat like sheep; hell is thair weird, an thay will gang doun intae't; thair flesh is meat for wirms; thair form is wastit awa; hell is thair bield for aye.

15 But God will git back ma saul; for he will subvene me frae the pouer o deith. (Selah.),

16 Binna fleyed whan walth comes tae a man an the glore o his hoose haes eikit;

17 For at his deith, he will tak nocht awa; his glore winna gang doun efter him.

18 Tho he coud hae pride in his saul in his lifetime, an men will ruise ye gin ye dae weel for yersel,

19 He will gang tae the generation o his faithers; he winna see the licht again.

20 Man, like the beasts, disna gang on for aye; he ends like the beasts.

Psaum 50

A Psaum o Asaph.

The michty God, e'en the Laird, haes sent oot his vyce, an the yird is sair fleggit; frae the comin up o the sun tae dayligaun.

2 Frae Sion, bonniest o steids, God haes sent oot his licht.

3 Oor God will come, an winna haud his wheesht; wi fire birnin afore him, an storm winds roond him.

4 His vyce will gang furth tae the hievens an tae the yird, for the deemin o his fowk:

5 Lat ma saunts come thegither tae me; thaim that's made a greement wi me by offerins.

6 An lat the hievens cry furth his richtousness; for God hissel is the juidge. (Selah.),

7 Tak tent, O ma fowk, tae ma wirds; O Israel, A will be a witness agin ye; A am God, e'en yer God.

8 A winna tak up a cause agin ye acause o yer offerins, or acause o yer brunt offerins, as is aye afore me.

9 A will tak nae owse oot yer hoose or he-gaits frae yer hirsels;

10 For ilka beast o the shaw is mines, an the kye on a thoosand knowes.

11 A see aw the birds o the muntains, an the beasts o the field is mines.

12 Gin A wis needin meat, A wadna gie ye wird o't; for the yird is mines an aw its walth.

13 Am A tae tak the flesh o the owse for ma meat or the bluid o gaits for ma drink?

14 Mak an offerin o ruise tae God; haud the greements ye hae made wi the Maist Heich;

15 Lat yer vyce come up tae me in the day o tribble; A will be yer saviour sae that ye can gie glore tae me.

16 But tae the sinner, God says, Whit ye daein, talkin o ma laws, or takkin the wirds o ma greement in yer mou?

17 Seein that ye hae nae desire for ma lear, turnin yer back on ma wirds.

18 Whan ye seen a thief, ye war in greement wi him, an ye war jynt wi thaim that taen ither men's guidwifes.

19 Ye hae gien yer mou tae ill, yer tongue tae wirds o deceivery.

20 Ye say ill o yer brither; ye mak fause statements agin yer mither's son.

21 Thir things ye hae duin, an A said nocht; it seemed tae ye that A wis ane sic as yersel; but A will mak a plaint agin ye an pit thaim in order afore yer een.

22 Nou haud this in mynd, ye 'ithoot myndin o God, for fear that ye ar brouselt unner ma haund wi naebody tae help ye:

23 Whaiver maks an offerin o ruise gies glore tae me; an tae the body upricht in his weys A will cry furth the salvation o God.

Psaum 51

Tae the heid musicianer. A Psaum o Dauvit. Whan Nathan the spaeman come tae him, efter he haed gaen ben tae Bath-sheba.

H ae peety on me, O God, in yer mercy; oot o a fou hert, tak awa ma sin.

2 Lat aw ma wrangdaein be dichtit awa, an mak me clean frae ill.

3 For A am awaur o ma mistak; ma sin is aye afore me.

4 Agin ye, ye yer lane, hae A duin wrang, wirkin whit is ill in yer een; sae that yer wirds is seen tae be richt an ye ar clear whan ye ar deemin.

5 Truelins, A wis formed in ill, an in sin ma mither gien me birth.

6 Yer desire is for whit is richt in the intimmers: in the saicrets o ma saul ye will gie me knawledge o wit.

7 Free me frae sin wi hyssop: lat me be wuish whiter nor snaw.

8 Mak me fou o joy an raptur; sae that the broke banes can be gled.

9 Lat yer face turn frae ma wrangdaein, an tak awa aw ma sins.

10 Mak a clean hert in me, O God; gie me a richt speerit again.

11 Dinna pit me awa frae afore ye, or tak yer haly speerit frae me.

12 Gie me back the joy o yer salvation; lat a free speerit uphaud me.

13 Syne A will mak yer weys clear tae wrangdaers; an sinners will turn tae ye.

14 Sauf me frae royet deith, O God, the God o ma salvation; an ma tongue will ruise yer richtousness.

15 O Laird, lat ma lips be appen, sae that ma mou can cry furth yer ruise.

16 Ye hae nae desire for an offerin, or A wad gie it; ye tak nae delite in brunt offerins.

17 The offerins o God is a broke speerit; a broke an sorraein hert, O God, ye winna pit frae ye.

18 Dae guid tae Sion in yer guid pleisur, biggin up the waws o Jerusalem.

19 Syne ye will delite in the offerins o richtousness, in brunt offerins an offerins o beasts; syne thay will mak offerins o owsen on yer altar.

Psaum 52

Tae the heid musicianer. Maschil. O Dauvit; whan Doeg the Edomite come tae Saul, sayin, Dauvit haes come tae the hoose o Ahimelech.

Whit for dae ye tak pride in wrangdaein, liftin yersel up agin the upricht man the lee-lang day?

2 Ettlin ruinage, uisin deceivery; yer tongue is like a shairp blade.

3 Ye hae mair luve for ill nor for guid, for deceivery nor for warks o richtousness. (Selah.),

4 Ruinage is in aw yer wirds, O fause tongue.

5 But God will pit an end tae ye for aye; drivin ye oot frae yer tent, upruitin ye frae the laund o the leevin. (Selah.),

6 The upricht will see't wi fear, an will say, lauchin at ye:

7 See, this is the man that didna mak God his strenth, but haen faith in his guids an gear an made hissel strang in his walth.

8 But A am like a brainchin olive-tree in the hoose o God; A hae pit ma faith in his mercy for iver an aye.

9 A will ruise ye 'ithoot end for whit ye hae duin; A will honour yer name afore yer saunts, for it is guid.

Psaum 53

Tae the heid musicianer; pit tae Mahalath. Maschil. O Dauvit.

The daftlike man haes said in his hert, God winna dae ocht. Thay ar unclean; thay hae duin ill warks; the'r no ane that dis guid.

2 God leukit doun frae hieven on the bairns o men for tae see gin the war ony wi wit, seekin efter God.

3 Ilkane o thaim haes gaen back; thay ar unclean: the'r no ane that dis guid, nae, no ane.

4 Haes the wirkers o ill nae knawledge? Thay tak ma fowk for meat as thay wad tak breid; thay mak nae prayer tae God.

5 Thay war fell fleyed, whaur the war nae cause for fear: for the banes o thaim that maks war on ye haes been broke by God; ye hae pit thaim tae shame, acause God haes nae desire for thaim.

6 Lat the salvation o Israel come frae Sion! Whan the weird o his fowk is cheenged by God, Jaucob will be blythe, an Israel will be gled.

Psaum 54

Tae the heid musicianer; on Neginoth. Maschil. O Dauvit; whan the Ziphites come an said tae Saul, Isna Dauvit haudin hissel hidlin amang us?

L at yer name be ma salvation, O God; lat ma cause be deemed by yer strenth.

2 Lat ma prayer come afore ye, O God; tak tent tae the wirds o ma mou.

3 For men gaun efter me haes come oot agin me; royet men ettles at takkin ma saul; thay haena pit God afore thair een. (Selah.),

4 See, God is ma helper: the Laird is the great uphauder o ma saul.

5 Lat the ill warks o ma ill-willers come back on thaim again; lat thaim be sned aff by yer guid faith.

6 Freely A will mak ma offerins tae ye;

A will ruise yer name, O Laird, for it is guid.

7 Acause it haes been ma saviour frae aw ma tribble; an ma een haes seen the punishment o ma ill-willers.

Psaum 55

Tae the heid musicianer, on Neginoth. Maschil. O Dauvit.

H ear ma prayer, O God; an latna yer lug be steekit tae ma seekin.

2 Think on me, an lat ma prayer be answert: A hae been laid law in sorrae;

3 A am trauchelt acause o the vyce o the ill-kyndit anes, acause o the lood cry o the ill-daers; for thay pit a wecht o ill on me, an thay ar ill-kyndit in thair ill will for me.

4 Ma hert is unco woundit, an the fear o deith haes come upo me.

5 Fear an shakkin haes come ower me, wi deep fear A am happit.

6 An A said, Gin A juist haen weengs like a dou! For than A wad flee frae here an be at rest.

7 A wad gang traikin hyne awa, bidin in the fouthless laund. (Selah.),

8 A wad swith tak kiver frae the drivin storm an frae the royet wind.

9 Send ruinage upo thaim, O Laird, mak a diveesion o tongues amang thaim: for A hae seen fechtin an royet acts in the toun.

10 By day an nicht thay gang roond the toun, on the waws; tribble an sorrae is in the hert o't.

11 Ill is thare; ill-kyndit rule an deceivery is aye in the gates.

12 For it wisna ma ill-willer that said ill o me; thon wadna hae fasht me; it wisna ane ootby the nummer o ma freends that made hissel strang agin me, or A wad hae held masel frae him in a dern steid;

13 But it wis ye, ma equal, ma guide, ma weel-luved freend.

14 We haen luvin talk thegither an gaen tae the hoose o God in company.

15 Lat the haund o deith come upo thaim wi a suddentie, an lat thaim gang doun leevin intae hell; acause ill is in thair hooses an in thair herts.

16 As for me, A will pray tae God, an he will sauf me.

17 In the gloamin an in the forenuin an in the mids o the day A will pray wi soonds o dule; an ma vyce will come tae his lugs.

18 He haes taen ma saul awa frae the onding made agin me, an gien it peace; for the hotterel wis agin me.

19 God will think on me; him that frae early times haes been strang will send pyne an tribble on thaim. (Selah.) Acause thay ar uncheenged, thay hae nae fear o God.

20 He haes raxt oot his haund agin thaim that wis at peace wi him; he haesna held his greement.

21 The wirds o his mou wis safter nor butter, but war wis in his hert; his wirds wis smuither nor ile, but thay war shairp swuirds.

22 Pit yer cares on the Laird, an he will be yer uphaud; he winna lat the upricht man be sweyed.

23 But ye, O God, will send thaim doun intae hell; the ill-kyndit an the fause will be sned aff afore hauf thair days is endit; but A will hae faith in ye.

Psaum 56

Tae the heid musicianer; pit tae Jonath-elem-rechokim. O Dauvit. Michtam: whan the Philistines taen him in Gath.

Hae mercy on me, O God, for man ettles ma ruinage; ilka day he maks ill-kyndit ondings agin me.

2 Ma ill-willers is aye ready tae pit an end tae me; the hotterel upsprings agin me.

3 In the time o ma fear, A will hae faith in ye.

4 In God A will ruise his wird; in God A hae pit ma howp; A will hae nae fear o whit flesh can dae tae me.

5 Ilka day thay mak wrangous uiss o ma wirds; aw thair thochts is agin me for ill.

6 Thay come thegither, thay wait in dern steids, thay tak tent tae ma staps, thay wait on ma saul.

7 By ill-daein thay winna gang free frae punishment. In wraith, O God, lat the peoples be laid law.

8 Ye hae seen ma traikins; pit the draps frae ma een intae yer bottle; ar thay no in yer record?

9 Whan A cry on ye, ma ill-willers will be turnt back; A am shuir o this, for God is wi me.

10 In God A will ruise his wird; in the Laird A will ruise his wird.

11 In God A hae pit ma howp, A will hae nae fear o whit man can dae tae me.

12 A haud the myndin o ma dett tae ye, O God; A will gie ye the offerins o ruise.

13 Acause ye hae taen ma saul frae the pouer o deith; an held ma feet frae fawin, till A walk afore God in the licht o life.

Psaum 57

*Tae the heid musicianer; pit tae Al-taschith.
Michtam. O Dauvit: whan he flichtit
awa frae Saul, in the cove o the rock.*

Hae mercy on me, O God, hae
mercy on me; for the howp o ma
saul is in ye: A will haud masel sauf
unner the shaidae o yer weengs, till thir
tribbles is past an by.

2 A will cry on the Maist Heich God;
tae God that dis aw things for me.

3 He will send frae hieven an subvene
me frae the pouer o him that desires ma
ruinage. God will send oot his mercy an
his guid faith.

4 Ma saul is amang lions; A am streekit
oot amang thaim alowe, e'en the sons o
men, that's teeth is spears an arraes, an
that's tongue is a shairp swuird.

5 O God, be liftit up heicher nor the
hievens; lat yer glore be ower aw the yird.

6 Thay hae made ready a net for ma
staps; ma saul is boued doun; thay hae
howkit a muckle hole afore me an hae
gaen doun intae't thairsels. (Selah.),

7 Ma hert is stieve, O God, ma hert is
stieve; A will sing an gie ruise.

8 Ye ar ma glore; lat the instruments o
muisic be waukrife; A masel will wauk
wi the daw.

9 A will ruise ye, O Laird, amang the
peoples; A will sing tae ye amang the
nations.

10 For yer mercy is great, streekin up
tae the hievens, an yer richtousness
gangs up tae the cluds.

11 Be liftit up, O God, heicher nor the
hievens, lat yer glore be ower aw the
yird.

Psaum 58

*Tae the heid musicianer; pit tae
Al-taschith. Michtam. O Dauvit.*

Ar the richtousness in yer mous, O
ye gods? Ar ye even juidges, O ye
sons o men?

2 The ettles o yer herts is ill; yer haunds
is fou o ill-kyndit daeins on the yird.

3 The ill-daers is fremmit frae the stairt;
frae the oor o thair birth thay gang frae
the richt wey, sayin fause wirds.

4 Thair pushion is like the pushion o a
serpent; thay ar like the ether, that's lugs
is steekit;

5 That winna be sweyed by the vyce o
the chairmer, houiver great his pouers is.

6 O God, lat thair teeth be smattert in
thair mous; lat the muckle teeth o the
young lions be poued oot, O Laird.

7 Lat thaim be turnt tae bree like the
aye-fleetin watters; lat thaim be sned aff
like the gress by the wey.

8 Lat thaim be like an efterbirth that is
turnt tae watter an crines; like the fruit
o a wumman pairtit wi afore its time, lat
thaim na see the sun.

9 Afore thay ar awaur o't, lat thaim be
cuttit doun like thorns; lat a strang wind
tak thaim awa like gurlie foggage.

10 The upricht man will be gled whan
he sees thair punishment; his feet will
be wuish in the bluid o the ill-daer.

11 Sae that men will say, Truelins the'r
a rewaird for richtousness; truelins the'r
a God that is juidge on the yird.

Psaum 59

Tae the heid musicianer; pit tae
At-taschith. Michtam. O Dauvit:
whan Saul sent, an thay war watchin
the hoose for tae pit him tae deith.

Tak me oot the haunds o the ill-kyndit anes, O ma God; haud me sauf frae thaim that comes up agin me.

2 Tak me oot the pouer o the wirkers o ill, an haud me sauf frae the men o bluid.

3 For see, thay wauk hidlins for ma saul; the strang haes come thegither agin me. But no acause o ma sin or ma ill-daein, O Laird.

4 For nae sin o mines thay gang swith an gits thairsels ready; wauk an come tae ma help an see.

5 Ye, O Laird God o airmies, is the God o Israel; come nou an chastifee the nations; hae nae mercy on ony wirkers o deceivery. (Selah.),

6 Thay come back in the forenicht; thay mak a noise like a dug an gang roond the toun.

7 See, ill will dreeps frae thair lips; bans is on thair tongues: thay say, Wha gies tent tae't?

8 But ye lauch at thaim, O Laird; ye will mak sport o aw the nations.

9 O ma strenth, A will pit ma howp in ye; acause God is ma strang touer.

10 The God o ma mercy will gang afore me: God will lat me see ma desire effect upo ma ill-willers.

11 Pit thaim na tae deith, for this wey ma fowk will haud the myndin o thaim: lat thaim be sent aw airts by yer pouer; lay thaim law, O Laird oor saviour.

12 Acause o the sin o thair mous an the wird o thair lips, lat thaim e'en be taen in thair pride; an for thair bans an thair deceivery,

13 Pit an end tae thaim in yer wraith, pit an end tae thaim sae that thay arna seen again; lat thaim see that God rules in Jaucob an tae the ends o the yird. (Selah.),

14 An in the forenicht lat thaim come back an mak a noise like a dug an gang roond the toun.

15 Lat thaim gang traikin up an doun in sairch o meat an be thare the lee-lang nicht gin thay haena eneuch.

16 But A will sing o yer pouer; ay, A will gie cries o joy for yer mercy in the forenuin; acause ye hae been ma strenth an ma heich touer in ma day o tribble.

17 Tae ye, O ma strenth, A will mak ma sang: acause God is ma heich touer, e'en the God o ma mercy.

Psaum 60

Tae the heid musicianer; pit tae Shushan-eduth. Michtam. O Dauvit; for learnin:
whan he wis fechtin agin Aram-naharaim
an Aramzobah, whan Joab come back an
pit twal thoosand o the Edomites tae deith
in the Glen o Saut.

God, ye hae pit us awa frae ye, ye hae sent us aw airts, ye hae been wraith; O turn tae us again.

2 By the pouer o yer haund the yird is shakkin an broke; mak it strang again, for it is muived.

3 Ye hae gart fowk see haurd times; ye hae gien us the wine o shakkin for oor drink.

4 Gie girth an refuge tae thaim that fears ye, whaur thay can flicht awa frae afore the bowe. (Selah.),

5 Sae that yer luved anes can be sauft, lat yer richt haund be ma salvation, an answer me.

6 God haes said in his sanctuar, A will be gled: A will pairt Shechem, an the glen o Succoth will be meisurt oot.

7 Gilead is mines, an Manasseh is mines; an Ephraim is the strenth o ma heid; Judah is ma law-gier;

8 Moab is ma wash-byne; ower Edom A will rax oot ma shae; ower Philistia a gled cry will be soondit.

9 Wha will tak me intae the strang toun? Wha will airt me intae Edom?

10 Haena ye pit us awa, O God? An ye haena gaen furth wi oor airmies.

11 Gie us help in oor tribble; for the'r nae help in man.

12 Throu God we will dae great things, for throu him oor ill-willers will be brouselt unner oor feet.

Psaum 61

Tae the heid musicianer. On a thairm-stringit instrument. O Dauvit.

L at ma cry come tae ye, O God; lat yer lugs be appen tae ma prayer.

2 Frae the end o the yird A will cry on ye, whan ma hert is owercome: tak me tae the muntain that is ower heich for me.

3 For ye hae been ma hidlin steid, an ma heich touer frae thaim that made war on me.

4 A will mak yer tent ma bield for aye: A will haud masel unner the shaidae o

yer weengs. (Selah.),

5 For ye, O God, haes made repone tae ma guid wirds; ye hae gien me the heirskip o thaim that honours yer name.

6 Ye will gie the keeng lang life; an gar his years gang on throu the generations.

7 Lat the seat o his authority be afore God for aye; lat mercy an richtousness haud him sauf.

8 Sae will A sing in ruise o yer name for aye, giein tae God whit is richt day for day.

Psaum 62

Tae the heid musicianer.
Efter Jeduthun. A Psaum o Dauvit.

M a saul, pit aw yer faith in God; for frae him comes ma salvation.

2 He his lane is ma Fundament an ma salvation; he is ma heich touer; A winna be muckle muived.

3 Hou lang will ye gang on designin ill agin a man? Rinnin agin him as agin a broke waw, that is on the pynt o fawin?

4 Thair ae thocht is tae pit him doun frae his place o honour; thair delite is in deceivery: sainin is in thair mous but bannin in thair herts. (Selah.),

5 Ma saul, pit aw yer faith in God; for frae him comes ma howp.

6 He his lane is ma Fundament an ma salvation; he is ma heich touer; A winna be muckle muived.

7 In God is ma salvation, an ma glore; the Fundament o ma strenth, an ma girth an refuge.

8 Hae faith in him at aw times, ye fowk; lat yer herts gang fleetin oot afore him: God is oor bield. (Selah.),

9 Truelins law-sprung men is nocht, an men o heich poseetion isna whit thay seem; gin thay ar pit in the wechts thegither, thay ar less nor a braith.

10 Hae nae faith in the rewairds o ill-daein, or in ootcomes wrangous made: gin yer walth haes eikit, dinna pit yer howps in't.

11 Ance haes God said, twice haes it come tae ma lugs, that pouer is God's:

12 An mercy, O Laird, is yours, for ye gie tae ilka man the rewaird o his wark.

Psaum 63

A Psaum o Dauvit; whan he wis in the fouthless laund o Judah.

O God, ye ar ma God; early A will leuk for ye: ma saul is drouthy for want o ye, ma flesh is wastit wi desire for ye, as a drouthy an birnin laund whaur nae watter is;

2 Tae see yer pouer an yer glore, as A hae seen ye in the sanctuar.

3 Acause yer mercy is better nor life, ma lips will ruise ye.

4 Sae will A gang on sainin ye aw ma life, liftin up ma haunds in yer name.

5 Ma saul will be comfortit as wi guid meat; an ma mou will ruise ye wi sangs o joy;

6 Whan the myndin o ye comes tae me on ma bed, an whan A think on ye in the nicht time.

7 Acause ye hae been ma help, A will be blythe in the shaidae o yer weengs.

8 Ma saul aye bides nearhaund ye: yer richt haund is ma uphaud.

9 But thaim that's desire is ma saul's ruinage will gang doun tae the laicher pairts o the yird.

10 Thay will be sned aff by the swuird; thay will be meat for tods.

11 But the keeng will be blythe in God; awbody that taks an aith by him will hae cause for pride; but the fause mou will be stappit.

Psaum 64

Tae the heid musicianer.
A Psaum o Dauvit.

O God, lat the cry o ma dule come tae yer lug: haud ma life frae the fear o ma unfreends.

2 Haud me sauf frae the hidlin ettle o wrangdaers; frae the baund o the wirkers o ill;

3 As maks thair tongues shairp like a swuird, an that's arraes is pyntit, e'en soor wirds;

4 Sae that hidlins thay can lowse thair arraes at the upricht, wi a suddentie an unseen.

5 Thay mak thairsels strang in an ill ettle; thay howk holes for hidlin nets; thay say, Wha will see't,

6 Or find oor hidlin ettle? The design is girdit wi care; an the dernit thocht o a man, an his hert, is deep.

7 But God sends oot an arrae agin thaim; wi a suddentie thay ar woundit.

8 The ill o thair tongues causes thair dounfaw; thaim that sees thaim shaks thair heids at thaim.

9 An feart men propales the warks o God; an thinkin on his acts thay git wit.

10 The upricht will be gled in the Laird an howp in him; an aw the luvers o richtousness will gie him glore.

Psaum 65

Tae the heid musicianer.
A Psaum o Dauvit. A Sang.

I t is richt for ye, O God, tae hae ruise in Sion: lat the offerin be made ye.

2 Tae ye, O hearer o prayer, lat the wirds o aw flesh come.

3 Ills haes owercome us: but, as for oor sins, ye will tak thaim awa.

4 Blythe is the man o yer wale, that ye gie a bield in yer hoose tae; we will be fou o the guid things frae yer sanctuar.

5 Ye will answer us in richtousness by great acts o pouer, O God o oor salvation; ye that is the howp o aw the ends o the yird, an the hyne-awa launds o the sea;

6 The God that's strenth the muntains is fixed by; that is cled in pouer:

7 That maks the lood vyce o the sea lown an pits an end tae the soond o its swaws.

8 Thaim in the faurdest pairts o the yird is feart whan thay see yer signs: the ootgauns o the forenuin an forenicht is gled acause o ye.

9 Ye hae gien yer sainin tae the yird, watterin it an makkin it growthy; the watter o God is fouthy: an, haein made it ready, ye gie men corn.

10 Ye mak the tilth fou o watter; ye mak snod the braes: ye mak the yird saft wi shouers, sendin yer sainin on its growthe.

11 The year is crount wi the guid ye gie; life-giein rain dreeps frae yer fitstaps,

12 Fawin on the gress o the fouthless laund: an the wee knowes is gled on ilka side.

13 The gress laund is thick wi hirsels; the glens is fou o corn; thay gie gled cries an sangs o joy.

Psaum 66

Tae the heid musicianer. A Sang. A Psaum.

S end up a gled cry tae God, aw the yird:

2 Mak a sang in honour o his name: gie ruise an glore tae him.

3 Say tae God, Hou sair tae be feart is yer warks! Acause o yer great pouer yer ill-willers is forced tae pit thairsels unner yer feet.

4 Lat aw the yird wirship ye an sing tae ye; lat thaim sing tae yer name. (Selah.),

5 Come an see the warks o God: he is tae be feart in aw he dis tae the bairns o men.

6 The sea wis turnt intae drouthy laund: thay gaen throu the watter on fit: thare we war blythe in him.

7 He rules in pouer for aye; his een wauks the nations: lat his ill-willers hae nae strenth agin him. (Selah.),

8 Gie sainins tae oor God, O ye nations, lat the vyce o his ruise be lood;

9 Acause he gies us life an haesna lat oor feet slidder.

10 For ye, O God, haes pit us tae the test: seyin us by fire like siller.

11 Ye lat us be pit in preeson; cheens wis pit on oor shanks.

12 Ye lat men gang drivin ower oor heids; we gaen throu fire an throu watter; but ye taen us oot intae a braid steid.

13 A will come ben yer hoose wi brunt offerins, A will pey ma dett tae ye,

14 Haudin the wird that come frae ma lips, an that ma mou said whan A wis in tribble.

15 A will gie ye brunt offerins o fat beasts, an the reek o sheep; A will mak offerins o owsen an gaits. (Selah.),

16 Come, tak tent tae me, aw ye God-fearin men, till A mak clear tae ye whit he haes duin for ma saul.

17 Ma cry gaen up tae him, an A wis liftit up frae hell.

18 A said in ma hert, The Laird winna tak tent tae me:

19 But truelins God's lug haes been appen; he haes gien tent tae the vyce o ma prayer.

20 Ruise be tae God that haesna taen awa his guid faith an his mercy frae me.

Psaum 67

Tae the heid musicianer. Wi thairm-stringit instruments. A Psaum. A Sang.

L at God gie us mercy an sainins, an lat the licht o his face sheen on us; (Selah.),

2 Sae that men can see yer wey on the yird an yer salvation amang aw nations.

3 Lat the peoples ruise ye, O God; lat aw the peoples ruise ye.

4 O lat the nations be gled an sing sangs o joy; for ye will juidge the peoples in richtousness, guidin the nations o the yird. (Selah.),

5 Lat the peoples ruise ye, O God; lat aw the peoples ruise ye.

6 The yird haes gien her eikin; an God, e'en oor God, will gie us his sainin.

7 God will gie us his sainin; sae lat aw the ends o the yird be feart o him.

Psaum 68

Tae the heid musicianer.
O Dauvit. A Psaum. A Sang.

L at God be seen, an lat his ill-willers be pit tae flicht; lat his unfreends be turnt back afore him.

2 Lat thaim be like reek afore the drivin wind; as waux turnin saft afore the fire, sae lat thaim come tae an end afore the pouer o God.

3 But lat the upricht be gled; lat thaim delite afore God; lat thaim be fou o joy.

4 Sing tae God, sing sangs o ruise tae his name; mak a wey for him that comes throu the fouthless launds; his name is Jah; be gled afore him.

5 A faither tae the faitherless, a juidge o the weedaes, is God in his sanctuar.

6 Thaim 'ithoot freends, God pits in faimilies; he sets free thaim in cheens; but thaim that's turnt awa frae him is gien a drouthy laund.

7 O God, whan ye gaen oot afore yer fowk, reengin the fouthless laund; (Selah.),

8 The yird duddert an the hievens wis streamin, acause God wis praisent; e'en Sinai itsel sheuk afore God, the God o Israel.

9 Ye, O God, freely sent the rain, giein strenth tae the tire o yer heirskip.

10 Thaim that's bield wis thare, e'en the puir, wis comfortit by yer guid things, O God.

11 The Laird gies the wird; great is the nummer o the weemen as maks it public.

12 Keengs o airmies swith gangs in flicht: an the weemen in the hooses pairts thair guids an gear.

13 Will ye rest amang the hirsels? Like the weengs o a dou buskit wi siller, an its feathers wi yellae gowd.

14 Whan the Maist Heich pit the keengs tae flicht, it wis as white's snaw in Salmon.

15 A knowe o God is the knowe o Bashan; a knowe wi heich taps is the knowe o Bashan.

16 Whit for ar ye leukin wi jeilousy, ye heich knowes, on the knowe socht by God as his bield? Truelins, God will mak it his hoose for aye.

17 The chairiot o God is amang Israel's thoosands; the Laird haes come frae Sinai tae the sanctuar.

18 Ye hae gaen up abuin, takkin yer preesoners wi ye; ye hae taen offerins frae men; the Laird God haes taen his place on the seat o his pouer.

19 Ruise be tae the Laird, that is oor uphaud day for day, e'en the God o oor salvation. (Selah.),

20 Oor God is for us a God o salvation; his is the weys oot o deith.

21 The heids o the ill-willers o God will be brouselt; e'en the heid o him that aye gangs on in his ill weys.

22 The Laird said, A will gar thaim come back frae Bashan, an frae the deep pairts o the sea;

23 Sae that yer fit can be reid wi bluid, an the tongues o yer dugs wi the same.

24 We see ye gaun, O God: e'en the gaun o ma God, ma Keeng, intae the sanctuar.

25 The makkers o sangs gangs afore, the players o muisic comes efter, amang the young lassies playin on bress instruments.

26 Ruise God in the muckle gaitherin; e'en the Laird, ye that comes frae the funtain o Israel.

27 The'r wee Benjamin rulin thaim, the heidsmen o Judah an thair airmy, the rulers o Zebulun an the rulers o Naphtali.

28 O God, send oot yer strenth; the strenth, O God, that ye hae duin great things for us wi,

29 Oot yer Temple in Jerusalem.

30 Say shairp wirds tae the beast amang the rashes, the baund o strang anes, wi the lairds o the peoples, pit an end tae fowk that's delite is in war.

31 Keengs will gie ye offerins, thay will come oot o Egypt; frae Pathros will come offerins o siller; Ethiopie will rax oot her haunds tae God.

32 Sing tae God, ye kinricks o the yird; O sing sangs o ruise tae the Laird; (Selah.),

33 Tae him that gangs on the cluds o hieven, the hieven that wis frae earliest times; he sends oot his vyce o pouer.

34 Cry furth that strenth is God's: he is liftit up ower Israel, an his pouer is in the cluds.

35 O God, ye ar tae be feart in yer sanctuar: the God o Israel gies strenth an pouer tae his fowk. Ruise be tae God.

Psaum 69

*Tae the heid musicianer; pit tae
Shoshannim. O Dauvit.*

S auf me, O God; acause the watters
haes come in, e'en tae ma craig.

2 Ma feet is deep in the saft yird, whaur
the'r nae uphaud; A hae come intae
deep watters, the swaws fleets ower me.

3 A am trauchelt wi ma greetin; ma
hause is birnin: ma een is wastit wi
waitin on ma God.

4 Thaim that ill-wills me for nocht
is mair nor the hairs o ma heid; ma
unfreends, fauselike seekin ma ruinage,
is unco strang; A gien back whit A
haedna taen awa.

5 O God, ye see hou daftlike A am; an
ma wrangdaein is clear tae ye.

6 Latna thaim that haes howp in ye be
pit tae shame acause o me, O Laird God
o airmies: latna thaim that waits on ye
be laid law acause o me, O God o Israel.

7 A hae been affrontit wi shairp wirds
acause o ye; ma face haes been cled in
shame.

8 A hae come tae be fremmit tae ma
brithers, an like a man frae a faur kintra
tae ma mither's bairns.

9 A am alowe wi passion for yer hoose;
an the haurd things said aboot ye haes
come upo me.

10 Ma sair greetin an ma gaun 'ithoot
meat wis turnt tae ma shame.

11 Whan A cled masel in the murnin
duds, thay said ill o me.

12 A am a cause o wunner tae thaim in
authority; a sang tae thaim that's gien
tae strang drink.

13 But, as for me, lat ma prayer be
made tae ye, O Laird, at a time whan
ye ar pleased; O God, answer me in yer
great mercy, for yer salvation is siccar.

14 Subvene me frae the grip o the
claggie yird, sae that A dinna gang doun
intae't; lat me be liftit up frae the deep
watters.

15 Lat me na be happit by the fleetin
watters; latna the deep watters gang
ower ma heid, an lat me na be steekit up
in hell.

16 Answer ma wirds, O Laird; for yer
mercy is guid: turn tae me, acause o yer
great peety.

17 Latna yer face be dernit frae yer
servand, for A am in tribble; answer me
swith.

18 Come nearhaund ma saul, for
its salvation: sauf me, acause o ma
unfreends.

19 Ye hae seen ma shame, whit wey A
wis leuch at an laid law; ma ill-willers is
aw afore ye.

20 Ma hert is broke by soor wirds, A
am fou o dule; A socht somebody tae
hae peety on me, but the war nane; A
haen nae comforter.

21 Thay gien me pushion for ma meat;
an soor wine for ma drink.

22 Lat thair buird afore thaim be for
thair ruinage; lat thair mealtiths be a net
tae tak thaim.

23 Lat thair een be blind sae that thay
canna see; lat thair bouks for aye be
shakkin.

24 Lat yer ban come upo thaim; lat the
heat o yer wraith owertak thaim.

25 Gie thair hooses tae ruinage, an lat
thare be naebody in thair tents.

26 Acause thay ar ill-kyndit tae him

that yer haund is turnt agin; thay mak sair the dule o him woundit by ye.

27 Lat thair punishment be eikit; lat thaim na come intae yer richtousness.

28 Lat thair names be taen frae the beuk o the leevin, lat thaim na be nummert wi the upricht.

29 But A am puir an fou o sorrae; lat me be liftit up by yer salvation, O Laird.

30 A will ruise the name o God wi a sang; A will gie glore tae him for whit he haes duin.

31 This will be mair pleasin tae the Laird nor an owse, or a cauf o fou growthe.

32 The puir will see't an be gled: ye that luves God, lat yer herts hae life.

33 For the lugs o the Laird is appen tae the puir, an he thinks on his preesoners.

34 Lat the hievens an the yird ruise him, the seas, an awthing muivin in thaim.

35 For God will sauf Sion an the bigger o the touns o Judah; sae that it can be thair bield an heirskip.

36 The strynd o his servands will hae thair pairt in't, an thare the luvers o his name will hae rest.

Psaum 70

Tae the heid musicianer.
O Dauvit. Tae myndin.

L at yer salvation come swith, O God; come swith tae ma help, O Laird.

2 Lat thaim that gangs efter ma saul hae shame an tribble; lat thaim that haes ill designs agin me be turnt back an made daftlike.

3 Lat thaim that says Aha, aha! be turnt back as a rewaird o thair shame.

4 Lat thaim that leuks for ye be gled an blythe in ye; lat the luvers o yer salvation aye say, Lat God be great.

5 But A am puir an in need; come tae me swith, O God; ye ar ma help an ma saviour; lat thare be nae waitin, O Laird.

Psaum 71

I n ye, O Laird, A hae pit ma howp; lat me niver be shamed.

2 Haud me sauf in yer richtousness an come tae ma help; tak tent tae ma vyce an sauf me.

3 Be ma strang Fundament, the stranghaud o ma salvation; for ye ar ma Fundament an ma girth an refuge.

4 O ma God, tak me oot the haund o the sinner, oot the haund o the ill an bad-myndit man.

5 For ye ar ma howp, O Laird God; A hae haen faith in ye frae A wis young.

6 Ye hae been ma uphaud frae the day o ma birth; ye taen me oot ma mither's wame; ma ruise will aye be o ye.

7 A am a wunner tae aw; but ye ar ma strang touer.

8 Ma mou will be fou o yer ruise an glore the lee-lang day.

9 Dinna forleet me whan A am auld; be ma help e'en whan ma strenth haes meltit.

10 For ma ill-willers waits hidlins on me; an thaim that wauks for ma saul is baundit thegither in thair ill designs,

11 Sayin, God haes renunced him; gang efter him an tak him, for he haes nae helper.

12 O God, binna faur frae me; O ma God, come swith tae ma help.

13 Lat sayers o ill agin ma saul be owercome an pit tae shame; lat ma ill-willers be laid law an hae nae honour.

14 But A will aye gang on howpin an eikin in aw yer ruise.

15 Ma mou will cry furth yer richtousness an yer salvation the lee-lang day; for thay ar mair nor can be meisurt.

16 A will gie newins o the great acts o the Laird God; ma wirds will be o yer richtousness, an yours alane.

17 O God, ye hae been ma dominie frae A wis young; an A hae been talkin o yer warks o wunner e'en till nou.

18 Nou whan A am auld an lyart, O God, dinna forleet me; till A hae cried furth yer strenth tae this generation, an yer pouer tae aw thaim tae come.

19 Yer richtousness, O God, is unco heich; ye hae duin great things; O God, wha's like ye?

20 Ye, that haes sent great an sair tribbles on me, will gie me life again, liftin me up frae the deep watters o hell.

21 Ye will mak me greater nor afore, an gie me easement on ilka side.

22 A will ruise ye wi instruments o muisic, O ma God, for ye ar richt; A will sing tae ye wi muisic, O Haly Ane o Israel.

23 Joy will be on ma lips whan A mak melody tae ye; an in ma saul, that ye hae gien salvation tae.

24 Ma tongue will talk o yer richtousness the lee-lang day; for thaim that's ettle is tae dae me ill haes been brouselt an pit tae shame.

Psaum 72

O Solomon.

G ie the keeng yer authority, O God, an yer richtousness tae the keeng's son.

2 Lat him be a juidge o yer fowk in richtousness an pronunce even juidgments for the puir.

3 Lat the muntains gie peace tae the fowk, an the knowes richtousness.

4 Lat him be a juidge o the puir amang the fowk, lat him gie salvation tae the bairns o thaim in need; by him lat the royet be brouselt.

5 Lat his life gang on as lang's the sun an muin, throu aw the generations.

6 Lat him come doun like rain on the sned gress; like shouers watterin the yird.

7 In his days the upricht can dae weel, leevin in peace as lang's the'r a muin in hieven.

8 Lat his kinrick be frae sea tae sea, frae the Watter tae the ends o the yird.

9 Lat his unfreends gang doun afore him; an lat his ill-willers be laich in the stour.

10 Lat the keengs o Tarshish an the islands come back wi offerins; lat the keengs o Sheba an Seba gie frae thair huirds.

11 Ay, lat aw keengs gang doun afore him; lat aw nations be his servands.

12 For he will be a saviour tae the puir body in repone tae his cry; an tae the body in need, 'ithoot a helper.

13 He will hae peety on the puir, an sauf thaim in need.

14 He will haud thair sauls free frae ill

designs an royet ondings; an thair bluid will be o wirth in his een.

15 Lat him hae lang life, an lat gowd frae Sheba be gien him: lat guid wirds be made for him at aw times; lat sainins be on him ilka day.

16 Lat thare be braid-streekin fields o tilth in the laund, waffin on the tap o the muntains, fou o fruit like Lebanon: lat its ickers be untellable like the gress o the yird.

17 Lat his name gang on for aye, as lang's the sun: lat men sain thairsels by him; lat aw nations sain his name.

18 Ruise be tae the Laird God, the God o Israel, the ae daer o ferlies.

19 Ruise tae the glore o his noble name for aye; lat aw the yird be fou o his glore. Sae be't, Sae be't.

20 The guid wirds o Dauvit, the son o Jesse, is endit.

Psaum 73

A Psaum o Asaph.

Truelins, God is guid tae Israel, e'en tae sic as is clean in hert.

2 But, as for me, ma feet haed awmaist gaen frae unner me; A wis near tae slidderin;

3 Acause o ma jeilousy o the men o pride, whan A seen the weel-bein o the wrangdaers.

4 For thay hae nae pyne; thair bouks is fat an strang.

5 Thay arna in tribble as ithers is; thay hae nae pairt in the dowie weird o men.

6 For this raison pride is roond thaim like a cheen; thay ar cled in royet gates as wi a robe.

7 Thair een birsts wi fat; thay hae mair nor thair hert's desire.

8 Thair thochts is deep wi ill designs; thair talk frae thair seats o pouer is o ill-kyndit acts.

9 Thair mou gangs up tae hieven; thair tongues gangs walkin throu the yird.

10 For this raison thay ar fou o breid; an watter aye fleets for thaim.

11 An thay say, Whit wey will the Laird see this? Ar the knawledge in the Maist Heich?

12 Truelins, sic is the sinners; thay dae weel at aw times, an thair walth haes eikit.

13 As for me, A hae made ma hert clean tae nae ettle, washin ma haunds in richtousness;

14 For A hae been trauchelt the lee-lang day; ilka forenuin A hae dree'd punishment.

15 Gin A made clear whit it is like, A wad say, Ye ar fause tae the generation o yer bairns.

16 Whan ma thochts wis turnt tae see the raison for this, it wis a trauchle in ma een;

17 Till A gaen intae God's sanctuar an seen the end o the ill-daers.

18 Ye pit thair feet whaur the war danger o slidderin, sae that thay gang doun intae ruinage.

19 Hou suddent ar thay wastit! Fears causes thair ruinage.

20 Like a waukin dream, thay ar endit; thay ar like an eemage gaen oot o mynd whan sleep is past.

21 Ma hert wis made sair, an A wis pynt by the bite o dule:

22 As for me, A wis daftlike, an 'ithoot

knawledge; A wis like a beast afore ye.

23 But yet A am aye wi ye; ye hae taen me by ma richt haund.

24 Yer wit will airt me, an later ye will pit me in a place o honour.

25 Wha hae A in hieven but ye? An, haein ye, A hae nae desire for ocht on the yird.

26 Ma flesh an ma hert dwynes: but God is the Fundament o ma hert an ma aye-bidin heirskip.

27 For thaim that's hyne awa frae ye will come tae ruinage: ye will pit an end tae thaim that haesna held faith wi ye.

28 But it is guid for me tae come nearhaund God: A hae pit ma faith in the Laird God, till A cry furth aw his warks.

Psaum 74

Maschil. O Asaph.

O God, whit for hae ye pit us awa frae ye for aye? Whit for dis the fire o yer wraith reek agin the sheep as is yer care?

2 Mynd yer baund o wirshippers, that ye peyed for in days past an by, that ye taen for yersel as the fowk o yer heirskip; e'en this knowe o Sion, that haes been yer bield.

3 Gang up an see the unendin ruinage; aw the ill that yer ill-willers haes duin in the sanctuar;

4 Sendin oot thair vyces like lions amang yer wirshippers; thay hae pit up thair signs tae be seen.

5 Thay cut doun, like a man that's blade is liftit up agin the girthie trees.

6 Yer doors is dung doun wi haimers an airn blades.

7 Thay hae set alowe yer sanctuar; thay hae made the steid o yer name unclean, pouin it doun tae the yird.

8 Thay hae said in thair herts, Lat us pit an end tae thaim aw thegither; thay hae gien ower tae the fire aw God's synagogues in the laund.

9 We dinna see oor signs: the'r nae mair ony spaeman or onybody amang us tae say hou lang.

10 O God, hou lang will thaim that's agin us say ill-kyndit things? Will the ill-willer gang on leukin doun on yer name for aye?

11 Whit for ar ye haudin back yer nieve an happin yer richt haund in yer robe?

12 For frae the bygaen God haes been ma Keeng, wirkin salvation on the yird.

13 The sea wis pairtit in twa by yer strenth; the heids o the muckle sea beasts wis broke.

14 The heids o the muckle serpent wis brouselt by ye; ye gien thaim as meat tae the fish o the sea.

15 Ye made glens for funtains an springs; ye made the aye-fleetin watters dry.

16 The day is yours, an the nicht is yours: ye made the licht an the sun.

17 By ye aw the leemits o the yird wis fixed; ye hae made the simmer an the winter.

18 Haud this in mynd, O Laird, that yer ill-willers haes said ill-kyndit things, an that yer name haes been leukit doun on by fowk o ill fashions.

19 O gie na the saul o yer dou tae the gled; latna the life o the puir man gang frae yer myndin for aye.

20 Mynd yer unnertakkin; for the mirk steids o the yird is fou o pride an ill-kyndit acts.

21 O latna the brouselt be turnt back in shame; lat the law man an the puir ruise yer name.

22 Up! O God, juidge yer cause; mynd the soor things the man o ill fashions says agin ye ilka day.

23 Mynd the vyce o yer ill-willers; the dirdum o thaim that comes agin ye gangs up ilka day.

Psaum 75

Tae the heid musicianer; pit tae Al-taschith. A Psaum o Asaph. A Sang.

T ae ye, O God, we gie ruise: an thaim that honours yer name cries furth yer warks o pouer.

2 Whan the richt time haes come, A will juidge in richtousness.

3 Whan the yird an aw its fowk comes tae be fushionless, A uphaud its stoups. (Selah.),

4 A say tae the men o pride, Lat yer pride be gaen: an tae the sinners, Latna yer horn be liftit up.

5 Latna yer horn be liftit up: lat nae mair wirds o pride come frae yer ootraxt hauses.

6 For honour disna come frae the east or frae the wast, or upliftin frae the sooth;

7 But God is the juidge, pittin doun ane an liftin up anither.

8 For in the haund o the Laird is a caup, an the wine is reid; it is weel mixtur-maxturt, lipperin ower frae his haund: he will gar aw the sinners o the yird tak o't, e'en tae the last drap.

9 But A will aye be fou o joy, makkin sangs o ruise tae the God o Jaucob.

10 By him aw the horns o the sinners will be sned aff; but the horns o the upricht will be liftit up.

Psaum 76

Tae the heid musicianer; pit tae Neginoth. A Psaum o Asaph. A Sang.

I n Judah is the knawledge o God; his name is great in Israel,

2 In Salem is his tent, his bield in Sion.

3 Thare the arraes o the bowe wis broke, thare he pit an end tae targe, swuird, an fecht. (Selah.),

4 Ye ar sheenin an fou o glore, mair nor the aye-bidin muntains.

5 Gaen is the walth o the strang, thair last sleep haes owercome thaim; the men o war haes come tae be fushionless.

6 At the vyce o yer wraith, O God o Jaucob, deep sleep haes owercome cairiage an horse.

7 Ye, ye ar tae be feart; wha can staund afore ye in the time o yer wraith?

8 Frae hieven ye gien yer juidgment; the yird, in its fear, gien nae soond,

9 Whan God taen his place as juidge, for the salvation o the puir on the yird. (Selah.),

10 The wraith o man will ruise ye; the lave o wraith ye will pit aboot ye.

11 Gie tae the Laird yer God whit is his by richt; lat thaim aboot him gie offerins tae him that's tae be feart.

12 He pits an end tae the wraith o rulers; he is feart by the keengs o the yird.

Psaum 77

Tae the heid musicianer. Efter Jeduthun. O Asaph. A Psaum.

A cried tae God wi ma vyce; e'en tae God wi ma vyce, an he taen tent tae me.

2 In ma day o tribble, ma hert wis turnt tae the Laird: ma haund wis raxt oot in the nicht 'ithoot rest; ma saul wadna be comfortit.

3 A will haud God in myndin, wi soonds o dule; ma thochts is trauchelt, an ma speerit is owercome. (Selah.),

4 Ye haud ma een frae sleep; A am that trauchelt that nae wirds comes.

5 Ma thochts gangs back tae the days o the bygaen, tae the years gaen by.

6 The myndin o ma sang comes back tae me in the nicht; ma thochts muives in ma hert; ma speerit seeks tentfu.

7 Will the Laird pit me awa for aye? Will he be couthie nae mair?

8 Is his mercy awthegither gaen for aye? Haes his wird come tae nocht?

9 Haes God pit awa the myndin o his peety? Is his mercies steekit up by his wraith? (Selah.),

10 An A said, It is a wecht on ma speerit; but A will mynd the years o the richt haund o the Maist Heich.

11 A will mynd the warks o Jah: A will haud the myndin o yer ferlies in the bygaen.

12 A will think on aw yer wark while ma mynd gangs ower yer acts o pouer.

13 Yer wey, O God, is haly: whit god is as muckle's oor God?

14 Ye ar the God that dis warks o pouer: ye hae made yer strenth clear tae the nations.

15 Wi yer airm ye hae free'd yer fowk, the sons o Jaucob an Joseph. (Selah.),

16 The watters seen ye, O God; the watters seen ye, thay war feart: e'en the deep wis trauchelt.

17 The cluds sent oot watter; the hievens gien oot a soond; truelins, yer arraes gaen faur an braid.

18 The vyce o yer thunner gaen rowin on; the warld wis ableize wi the licht o the storm; the yird duddert.

19 Yer wey wis in the sea, an yer gate in the muckle watters; the war nae knawledge o yer fitstaps.

20 Ye airtit yer fowk like a hirsel, by the haunds o Moses an Aaron.

Psaum 78

Maschil. O Asaph.

T ak tent, O ma fowk, tae ma law; lat yer lugs be boued doun tae the wirds o ma mou.

2 Appenin ma mou A will cry oot a story, e'en the mirk sayins o bygaen times;

3 As haes come tae oor hearin an oor knawledge, as thay war gien us by oor faithers.

4 We winna haud thaim hidlin frae oor bairns; we will mak clear tae the comin generation the ruises o the Laird an his strenth, an the great warks o wunner that he haes duin.

5 He stelt a witness in Jaucob, an made a law in Israel; that he gien tae oor faithers sae that thay coud gie knawledge o thaim tae thair bairns;

6 Sae that the generation tae come coud ken thaim, e'en the bairns o the futur, as wad gie wird o thaim tae thair bairns;

7 Sae that thay coud pit thair howp in God an no lat God's warks gang frae thair mynds, but haud his laws;

8 An no be like thair faithers, a thrawn an unmaunt generation; a generation that's hert wis haurd, that's speerit wisna true tae God.

9 The bairns o Ephraim, airmed wi bowes, turnt back on the day o the fecht.

10 Thay warna ruled by God's wird, an thay wadna gang in the wey o his law;

11 Thay lat his warks gang frae thair myndin, an the ferlies he haed gart thaim see.

12 He did great warks afore the een o thair faithers, in the laund o Egypt, in the fields o Zoan.

13 The sea wis cuttit in twa sae that thay coud gang throu; the watters wis massed thegither on this side an on that.

14 In the daylicht he wis guidin thaim in the clud, an aw throu the nicht wi a licht o fire.

15 The craigs o the fouthless laund wis broke by his pouer, an he gien thaim drink as oot the deep watters.

16 He gart streams come oot the stane; an watters come fleetin doun like rivers.

17 An thay gaen on sinnin agin him e'en mair, turnin awa frae the Maist Heich in the fouthless laund;

18 Seyin God in thair herts, seekin flesh for thair desire.

19 Thay said soor wirds agin God, sayin, Can God mak ready a buird in the fouthless laund?

20 See, the stane wis cuttit appen by his pouer sae that the watter come breingin oot, an skailin streams; can he gie us breid? Can he git flesh for his fowk?

21 Sae thir things come tae the Laird's lugs, an he wis wraith; an a fire wis lichtit agin Jaucob, an wraith come up agin Israel;

22 Acause thay haen nae faith in God an nae howp in his salvation.

23 An he gien orders tae the cluds abuin, an the doors o hieven wis appen;

24 An he sent doun manna like rain for thair meat, an gien thaim the corn o hieven.

25 Man taen o the meat o strang anes; he sent thaim flesh in fou meisur.

26 He sent an east wind frae hieven, drivin on the sooth wind by his pouer.

27 He sent doun flesh on thaim like stour, an feathert birds like the saund o the sea,

28 An he lat it come doun intae thair bield, roond aboot thair tents.

29 Sae thay haen meat an wis fou; for he gien thaim thair desire;

30 But thay warna turnt frae thair desires; an, while the meat wis aye in thair mous,

31 The wraith o God come upo thaim an pit tae deith the fattest o thaim, an pit an end tae the callants o Israel.

32 For aw this, thay gaen on sinnin e'en mair, an haen nae faith in his great ferlies.

33 Sae thair days wis wastit like a braith, an thair years in tribble.

34 Whan he sent deith on thaim, than thay socht him; turnin tae him an leukin for him tentfu;

35 Myndin that God wis thair Fundament, an the Maist Heich God thair saviour.

36 But thair lips wis fause tae him, an thair tongues wis untrue tae him;

37 An thair herts wisna richt wi him, an thay didna haud thair greement wi him.

38 But he, bein fou o peety, forgies sin an disna pit an end tae man: aften turnin back his wudness an no bein fiercelins wraith.

39 Sae he myndit that thay war anerly flesh; a braith that is swith gaen an winna come again.

40 Hou aften did thay gang agin him in the fouthless laund an gie him cause for dule in the drouthy steids!

41 Again thay pit God tae the test an pynt the Haly Ane o Israel.

42 Thay didna mynd the darg o his haund, or the day whan he taen thaim frae the pouer o thair ill-willers;

43 Whit wey he haed duin his signs in Egypt an his ferlies in the field o Zoan;

44 Sae that thair watters wis turnt tae bluid, an thay coudna git drink frae thair streams.

45 He sent aw kin kynd o flees amang thaim, pushionin thair flesh; an puddocks for thair ruinage.

46 He gien the eikin o thair fields tae wirms, the fruits o thair eydency tae the locusts.

47 He sent hail for the ruinage o thair vines; thair trees wis skaithed by the sair cauld.

48 Hail wis rained doun on thair kye; thunnerstorms sent ruinage amang the hirsels.

49 He sent on thaim the heat o his wraith, his sair scunner, lowsin ill angels amang thaim.

50 He lat his wraith hae its wey; he didna haud back thair saul frae deith, but gien thair life tae disease.

51 He gien tae ruinage aw the first sons o Egypt; the first fruits o thair strenth in the tents o Ham;

52 But he taen his fowk oot like sheep, guidin thaim in the fouthless laund like a hirsel.

53 He taen thaim on sauf sae that thay haen nae fear; but thair ill-willers wis owergaen by the sea.

54 An he wis thair guide tae his haly laund, e'en tae the knowe, that his richt haund haed made his;

55 Drivin oot nations afore thaim, merkin oot the strynd o thair heirskip, an giein the fowk o Israel thair tents for a bield.

56 But thay war soor agin the Maist Heich God, seyin him an no haudin his laws;

57 Thair herts wis turnt back an untrue like thair faithers; thay war turnt tae ae side like a twistit bowe.

58 Thay made him wraith wi thair heich steids; muivin him tae wraith wi thair eemages.

59 Whan this come tae God's lugs he wis unco wraith an gien up Israel awthegither;

60 Sae that he gaen awa frae the sanctuar in Shiloh, the tent that he haed pit amang men;

61 An he lat his strenth be taen preesoner an gien his glore intae the haunds o his ill-willer.

62 He gien his fowk up tae the swuird an wis wraith wi his heirskip.

63 Thair callants wis brunt in the fire; an thair bits o lassies wisna ruised in the bride-sang.

64 Thair priests wis pit tae deith by the swuird, an thair weedaes made nae mane for thaim.

65 Syne the Laird wis like a body waukenin frae sleep an like a strang man golderin oot fou.

66 His ill-willers wis turnt back by his blaws an shamed for aye.

67 An he pit the tent o Joseph tae ae side an taen na the clan o Ephraim;

68 But he taen the clan o Judah for hissel, an Munt Sion, that he taen pleisur in.

69 An he made his sanctuar like the hievens abuin, like the yird that is fixed by him for aye.

70 He taen Dauvit tae be his servand, takkin him frae the fauld;

71 Frae leukin efter the sheep as gien milk, he taen him tae gie meat tae Jaucob his fowk, an tae Israel his heirskip.

72 Sae he gien thaim meat wi an upricht hert, guidin thaim by the skeel o his haunds.

Psaum 79

A Psaum o Asaph.

O God, the nations haes come intae yer heirskip; thay hae made yer haly Temple unclean; thay hae made Jerusalem a rickle o broke waws.

2 Thay hae gien the corps o yer servands as meat tae the birds o the lift, an the flesh o yer saunts tae the beasts o the yird.

3 Thair bluid haes been fleetin like watter roond aboot Jerusalem; the war naebody tae lear thaim.

4 We ar leukit doun on by oor neebours, we ar leuch at an made sport o by thaim aboot us.

5 Hou lang, O Laird? Will ye be wraith for aye? Will yer wraith gang on birnin like fire?

6 Lat yer wraith be on the nations as disna ken ye, an on the kinricks as haesna made a prayer tae yer name.

7 For thay hae taen Jaucob for thair flesh an spulyied his hoose.

8 Dinna coont agin us the sins o oor faithers; lat yer mercy come tae us swith, for we hae been laid unco law.

9 Gie us help, O God o oor salvation, for the glore o yer name; tak us oot o danger an forgie us oor sins, acause o yer name.

10 Whit for can the nations say, Whaur is thair God? Lat peyment for the bluid o yer servands be made appenly amang the nations afore oor een.

11 Lat the cry o the preesoner come afore ye; wi yer strang airm set the bairns free frae deith;

12 An gie punishment seiven times ower intae the breest o oor neebours for the sair wirds thay hae said agin ye, O Laird.

13 Sae we yer fowk an the sheep o yer hirsel will gie ye glore for aye: we will gang on ruisin ye throu aw the generations.

Psaum 80

Tae the heid musicianer; pit tae Shoshannim-eduth. O Asaph. A Psaum.

Tak tent, O Hauder o Israel, guidin Joseph like a hirsel; ye that haes yer seat atween the weengit anes, lat yer glore be seen.

2 Afore Ephraim an Benjamin an Manasseh, lat yer strenth wauk frae sleep, an come as oor salvation.

3 Tak us back again, O God; lat us see the sheenin o yer face, an lat us be sauf.

4 O Laird God o airmies, hou lang will yer wraith birn agin the lave o yer fowk?

5 Ye hae gien thaim the breid o greetin for meat; for thair drink ye hae gien thaim sorrae in great meisur.

6 Ye mak us a cause o war amang oor neebours; oor ill-willers lauchs at us amang thairsels.

7 Tak us back again, O God o airmies; lat us see the sheenin o yer face, an lat us be sauf.

8 Ye taen a vine oot o Egypt: drivin oot the nations an plantin it in thair laund.

9 Ye made ready a steid for't, sae that it coud tak deep ruit, an it sent oot its brainches ower aw the laund.

10 The muntains wis happit wi its shaidae, an the muckle trees wi its brainches.

11 It sent oot its airms tae the Sea, an its brainches tae the Watter.

12 Whit for is its waws dung doun by yer haunds, sae that awbody that gangs by can tak its fruit?

13 It is upruitit by the gryces frae the shaws, the beasts o the field gits thair meat frae't.

14 Come back, O God o airmies: frae hieven lat yer een turn tae this vine, an gie yer mynd tae't,

15 E'en tae the tree that wis plantit by yer richt haund, an tae the brainch that ye made strang for yersel.

16 It is brunt wi fire; it is cuttit doun: thay ar spulyied by the wraith o yer face.

17 Lat yer haund be on the man o yer richt haund, on the son o man that ye made strang for yersel.

18 Sae we dinna turn back frae ye; haud us tae the fore, an we will ruise yer name.

19 Tak us back, O Laird God o airmies; lat us see the sheenin o yer face, an lat us be sauf.

Psaum 81

Tae the heid musicianer;
pit tae the Gittith. O Asaph.

Mak a sang tae God oor strenth: mak a gled cry tae the God o Jaucob.

2 Tak up the melody, playin on an instrument o muisic, e'en on thairm-stringit instruments.

3 Lat the horn be soondit in the time o the new muin, at the clear muin, on oor haly mealtith-day:

4 For this is a rule for Israel, an a law o the God o Jaucob.

5 He gien it tae Joseph as a witness whan he gaen furth ower the laund o Egypt; syne the wirds o a fremmit tongue soondit in ma lugs.

6 A liftit the wecht frae his back; his haunds wis free'd frae the creels.

7 Ye cried in yer tribble, an A set ye free; A answer ye in the dern steid o the thunner; A pit ye tae the test at the watters o Meribah. (Selah.),

8 Tak tent, O ma fowk, an A will gie ye ma wird, O Israel, gin ye will juist dae as A say!

9 The'r tae be nae fremmit god amang ye; ye arna tae wirship ony ither god.

10 A am the Laird yer God, that taen ye up frae the laund o Egypt: lat yer mou be wide appen, till A gie ye meat.

11 But ma fowk didna tak tent tae ma vyce; Israel wad hae nocht tae dae wi me.

12 Sae A gien thaim up tae the desires o thair herts; that thay coud gang efter thair ill ettles.

13 Gin ma fowk wad juist tak tent tae me, walkin in ma weys!

14 A wad swith owercome thair ill-willers: ma haund wad turn agin thaim that maks war on thaim.

15 The ill-willers o the Laird wad be broke, an thair ruinage wad be aye-bidin.

16 A wad gie thaim the best corn for meat; ye wad be fou o hinny frae the craig.

Psaum 82

A Psaum o Asaph.

G od is in the gaitherin steid o God; he deems amang the gods.

2 Hou lang will ye gang on deemin fauselike, leukin up tae the bodies o ill-daers? (Selah.),

3 Tak tent tae the cause o the puir an the faitherless bairns; lat thaim that's trauchelt an in need hae thair richts.

4 Sauf the puir an thaim that haes nocht: tak thaim oot the haunds o the ill-daers.

5 Thay hae nae knawledge or mense; thay gang aboot in the mirk: aw the foonds o the yird is sheuk.

6 A said, Ye ar gods; aw o ye is the sons o the Maist Heich:

7 But ye will come tae deith like men, fawin like ane o the rulers o the yird.

8 Up! O God, come as juidge o the yird; for aw the nations is yer heirskip.

Psaum 83

A Sang. A Psaum o Asaph.

O God, dinna haud yer wheesht: lat yer lips be appen an tak nae rest, O God.

2 For see! Thaim that maks war on ye is ayont owerins; yer ill-willers lifts up thair heids.

3 Thay hae made wicelike designs agin yer fowk, talkin thegither agin thaim that ye haud in a dern steid.

4 Thay hae said, Come, lat us pit an end tae thaim as a nation; sae that the name o Israel gangs frae man's myndin.

5 For thay hae aw come tae a greement; thay ar aw jynt thegither agin ye:

6 The tents o Edom an the Ishmaelites; Moab an the Hagarites;

7 Gebal an Ammon an Amalek; the Philistines an the fowk o Tyre;

8 Assur collogues wi thaim; thay hae come tae uphaud the bairns o Lot. (Selah.),

9 Dae tae thaim whit ye did tae the Midianites; whit ye did tae Sisera an Jabin at the burn o Kishon:

10 As come tae ruinage at En-dor; thair corps come tae be stour an waste.

11 Mak thair heidsmen like Oreb an

Zeeb; an aw thair rulers like Zebah an Zalmunna:

12 As haes said, Lat us tak for oor heirskip the bield o God.

13 O ma God, mak thaim like the rowin stour; like strae afore the wind.

14 As fire birnin a shaw, an as a flame causin fire in the muntains,

15 Sae gang efter thaim wi yer strang wind, an lat thaim be sair fleggit acause o yer storm.

16 Lat thair faces be fou o shame; sae that thay can honour yer name, O Laird.

17 Lat thaim be owercome an trauchelt for aye; lat thaim be pit tae shame an come tae ruinage;

18 Sae that men can see that ye yer lane, that's name is Yahweh, is Maist Heich ower aw the yird.

Psaum 84

Tae the heid musicianer; pit tae the Gittith. A Psaum o the sons o Korah.

H ou dear is yer tents, O Laird o airmies!

2 The passion o ma saul's desire is for the hoose o the Laird; ma hert an ma flesh golders oot for the leevin God.

3 The wee birds haes nests for thairsels whaur thay can pit thair young, e'en yer altars, O Laird o airmies, ma Keeng an ma God.

4 Blythe is thaim that dwalls in yer hoose: thay will aye ruise ye. (Selah.),

5 Blythe is the man that's strenth is in ye; that's hert the hieroads tae Sion is in.

6 Gaun throu the Glen o Baca, thay mak it a steid o springs; it is cled wi sainins by the early rain.

7 Thay gang frae strenth tae strenth; ilkane o thaim comes afore God in Sion.

8 O Laird God o airmies, lat ma prayer come tae ye: tak tent, O God o Jaucob. (Selah.),

9 O God, lat yer een be on him that's oor bield, an lat yer hert turn tae yer keeng.

10 For a day in yer hoose is better nor a thoosand itherwhaurs. It is better tae be an usher in the hoose o ma God nor tae bide in the tents o sin.

11 The Laird God is oor sun an oor strenth: the Laird will gie grace an glore: he winna haud back ony guid thing frae thaim that's weys is upricht.

12 O Laird o airmies, blythe is the man that's howp is in ye.

Psaum 85

Tae the heid musicianer. A Psaum o the sons o Korah.

L aird, ye war guid tae yer laund: cheengin the weird o Jaucob.

2 The wrangdaein o yer fowk fund forgieness; aw thair sin haed been dernit. (Selah.),

3 Ye war wraith nae mair: ye war turnt frae the heat o yer wraith.

4 Come back tae us, O God o oor salvation, an be wraith wi us nae mair.

5 Will ye gang on bein wraith wi us for aye? Will ye haud yer wraith agin us throu aw the lang generations?

6 Will ye no gie us life again, sae that yer fowk can be gled in ye?

7 Lat us see yer mercy, O Laird, an gie us yer salvation.

8 A will tak tent tae the vyce o the Laird; for he will say wirds o peace tae his fowk an his saunts; but lat thaim na gang back tae thair daftlike weys.

9 Truelins, his salvation is nearhaund his wirshippers; sae that glore can be in oor laund.

10 Mercy an faith haes come thegither; richtousness an peace haes gien ither a kiss.

11 Faith breirds frae the yird like a plant; richtousness leuks doun frae hieven.

12 The Laird will gie whit is guid; an oor laund will gie its eikin.

13 Richtousness will gang afore him, makkin a wey for his fitstaps.

Psaum 86

A Prayer o Dauvit.

L at yer lugs be appen tae ma vyce, O Laird, an answer me; for A am puir an in need.

2 Haud ma saul, for A am true tae ye; O ma God, gie salvation tae yer servand, that's howp is in ye.

3 Hae mercy on me, O Laird; for ma cry gangs up tae ye the lee-lang day.

4 Gledden the saul o yer servand; for it is liftit up tae ye, O Laird.

5 Ye ar guid, O Laird, an fou o forgieness; yer mercy is great tae thaim that cries on ye.

6 O Laird, tak tent tae ma prayer; an tak tent tae the soond o ma seekins.

7 In ma day o tribble A cry on ye; for ye will answer me.

8 The'r nae god like ye, O Laird; the'r nae warks like yer warks.

9 Lat aw the nations ye hae made come an wirship ye, O Laird, giein glore tae yer name.

10 For ye ar great, an dae great warks o wunner; ye yer lane is God.

11 Shaw me yer wey, O Laird; A will gang on ma wey in yer faith: lat ma hert be gled in the fear o yer name.

12 A will ruise ye, O Laird ma God, wi aw ma hert; A will gie glore tae yer name for aye.

13 For yer mercy tae me is great; ye hae taen ma saul up frae the howe o hell.

14 O God, men o pride haes come up agin me, an the airmy o royet men wad tak ma life; thay haena pit ye afore thaim.

15 But ye, O Laird, is a God fou o peety an forgieness, slaw tae git wraith, fouthy in mercy an wit.

16 O turn tae me an hae mercy on me: gie yer strenth tae yer servand, an yer salvation tae the son o her that's yer servand.

17 Gie me a taiken for guid; sae that ma ill-willers can see't an be shamed; acause ye, Laird, haes been ma help an easement.

Psaum 87

O the sons o Korah. A Psaum. A Sang.

T his hoose sits on the haly knowe.

18 The Laird haes mair luve for the doors o Sion nor for aw the tents o Jaucob.

2 Noble things is said o ye, O toun o God. (Selah.),

3 Rahab an Babylon will be named amang thaim that kens me; see, Philistia an Tyre, wi Ethiopie; this man wis born thare.

4 An o Sion it will be said, This or that man wis born thare; an the Maist Heich will mak her strang.

5 The Laird will mynd, whan he is writin the records o the fowk, that this man wis born thare. (Selah.),

6 The musicianers will be thare, an the dancers will say, Aw ma springs is in ye.

Psaum 88

A Sang. A Psaum for the sons
o Korah. Tae the heid musicianer;
pit tae Mahalath Leannoth. Maschil.
O Heman the Ezrahite.

O Laird, God o ma salvation, A hae been cryin tae ye for help by day an by nicht:

2 Lat ma prayer come afore ye; tak tent tae ma cry:

3 For ma saul is fou o ills, an ma life haes come nearhaund hell.

4 A am nummert amang thaim that gangs doun intae the yird; A hae come tae be like a man that the'r nae help for:

5 Ma saul is amang the deid like thaim in hell that ye gie nae mair thocht tae; for thay ar sned aff frae yer care.

6 Ye hae cuist me in the laichest deep, e'en in mirk steids.

7 The wecht o yer wraith brousles me, aw yer swaws haes owergaen me. (Selah.),

8 Ye hae sent ma freends hyne awa frae me; ye hae made me a scunnerin thing in thair een: A am steekit up an canna come oot.

9 Ma een is wastin awa acause o ma tribble: Laird, ma cry haes gaen up tae ye ilka day, ma haunds is raxt up tae ye.

10 Will ye dae warks o wunner for the deid? Will the shades come back tae ruise ye? (Selah.),

11 Will the story o yer mercy be gien in the hoose o the deid? Will newins o yer faith come tae the steid o ruinage?

12 Can thare be knawledge o yer ferlies in the mirk or o yer richtousness whaur myndin is deid?

13 But tae ye A sent up ma cry, O Laird; in the forenuin ma prayer come afore ye.

14 Laird, whit for hae ye sent awa ma saul? Whit for is yer face dernit frae me?

15 A hae been trauchelt an feart o deith frae A wis young; yer wraith is haurd on me, an A hae nae strenth.

16 The heat o yer wraith haes owergaen me; A am broke by yer ill-kyndit punishments.

17 Thay ar roond me the lee-lang day like watter; thay hae beset me.

18 Ye hae sent ma freends an luvers faur frae me; A am gaen frae the myndin o thaim that's dear tae me.

Psaum 89

Maschil. O Ethan the Ezrahite.

M a sang will be o the mercies o the Laird for aye: wi ma mou A will mak his faith clear tae aw the generations.

2 For ye hae said, Mercy will be made strang for aye; ma faith will be uncheengin in the hievens.

3 A hae made a greement wi the man o

98

ma wale, A hae made an aith tae Dauvit ma servand;

4 A will gar yer strynd gang on for aye, yer kinrick will be strang throu aw the generations. (Selah.),

5 In hieven lat thaim ruise yer ferlies, O Laird; an yer uncheengin faith amang the saunts.

6 For wha ar the in the hievens tae compear wi the Laird? Wha's like the Laird amang the sons o the michty?

7 God is sair tae be feart amang the saunts, an tae be honourt ower thaim that's aboot him.

8 O Laird God o airmies, wha's strang like ye, O Jah? An yer uncheengin faith is roond aboot ye.

9 Ye rule ower the gowsty sea; whan its swaws is trauchelt, ye mak thaim lown.

10 Rahab wis brouselt by ye like a body woundit tae deith; wi yer strang airm ye pit tae flicht aw yer ill-willers.

11 Yours is the hievens, an the yird is yours; ye hae made the warld an awthing in't.

12 Ye hae made the north an the sooth; Tabor an Hermon soonds wi joy at yer name.

13 Yours is an airm o pouer; strang is yer haund, an heich yer richt haund.

14 The fundament o yer kinrick is richtousness an even deemin: mercy an guid faith comes afore yer face.

15 Blythe is the fowk that kens the haly cry: the licht o yer face, O Laird, will sheen on thair wey.

16 In yer name thay will be blythe the lee-lang day: in yer richtousness thay will be liftit up.

17 For ye ar the glore o thair strenth; in yer pleisur oor horn will be liftit up.

18 For oor breestplate is the Laird; an oor keeng is the Haly Ane o Israel's.

19 Syne yer vyce come tae yer haly ane in a veesion, sayin, A hae set the croun on a strang ane, liftin up a body taen frae amang the fowk.

20 A hae fund Dauvit ma servand; A hae slaired ma haly ile on his heid.

21 Ma haund will be his uphaud; ma airm will gie him strenth.

22 The deceivery o his unfreends winna owercome him; he winna be trauchelt by the sons o ill.

23 A will hae his unfreends broke afore his face, an his ill-willers will be brouselt unner ma blaws.

24 But ma faith an ma mercy will be wi him; an in ma name his horn will be liftit up.

25 A will pit his haund in the sea, an his richt haund in the watters.

26 He will say tae me, Ye ar ma faither, ma God, an the Fundament o ma salvation.

27 An A will mak him the first o ma sons, heichest ower the keengs o the yird.

28 A will haud ma mercy for him for aye; ma greement wi him winna cheenge.

29 His strynd will haud thair place for aye; his kinrick will be aye-bidin like the hievens.

30 Gin his bairns gies up ma law an isna ruled by ma juidgments;

31 Gin ma rules is broke, an ma orders isna held;

32 Syne A will send punishment on

thaim for thair sin; ma wand will be the rewaird o thair ill-daein.

33 But A winna tak awa ma mercy frae him an winna be fause tae ma faith.

34 A will be true tae ma greement; whit haes gaen frae ma lips winna cheenge.

35 A made an aith ance by ma haly name that A wadna be fause tae Dauvit.

36 His strynd will niver end; the seat o his kinrick will be like the sun afore me.

37 It will be fixed for aye like the muin; an the witness in hieven is richt. (Selah.),

38 But ye hae pit him awa in scunner; ye hae been wraith wi the keeng o yer wale.

39 Ye hae made yer greement wi yer servand o nae ootcome: ye hae shawn nae respect for his croun; it haes come doun e'en tae the yird.

40 Aw his waws is dung doun; ye hae gien his strang touers tae ruinage.

41 Fowk comin by cairts aff his guids an gear; he is leuch at by his neebours.

42 Ye hae gien pouer tae the richt haund o his ill-willers; ye hae gleddent his unfreends.

43 His swuird is turnt back; ye haena upheld him in the fecht.

44 Ye hae pit an end tae his glore: the seat o his kinrick haes been leveled tae the yird.

45 Ye hae made him auld afore his time; he is cled in shame. (Selah.),

46 Hou lang, O Laird, will ye aye haud yersel frae oor een? Hou lang will yer wraith birn like fire?

47 See hou cutty ma time is; whit for hae ye made aw men for nae ettle?

48 Whit man nou tae the fore winna see deith? Can he haud back his saul frae hell? (Selah.),

49 Laird, whaur is yer earlier mercies? Whaur is the aith that ye made tae Dauvit in uncheengin faith?

50 Mynd, O Laird, the shame o yer servands, an whit wey the soor wirds o aw the fowk haes come intae ma hert;

51 The soor wirds o yer ill-willers, O Laird, shamin the fitstaps o yer keeng.

52 Lat the Laird be ruised for aye. Sae be't, Sae be't.

Psaum 90

A Prayer o Moses, the man o God.

Laird, ye hae been oor bield in aw the generations.

2 Afore the muntains wis made, afore ye haed gien birth tae the yird an the warld, afore time wis, an for aye, ye ar God.

3 Ye send man back tae the stour; an say, Gang back, ye bairns o men.

4 For tae ye a thoosand year is nae mair nor yesterday whan it is past an by, an like a wauk in the nicht.

5 Ye tak thaim awa like a muckle flowe o watters; thay ar like a sleep: in the forenuin thay ar like breirdit gress:

6 In the forenuin it is green; in the forenicht it is cuttit doun an comes tae be dry.

7 We ar brunt up by the heat o yer passion an trauchelt by yer wraith.

8 Ye hae set oor ill daeins afore ye, oor hidlin sins in the licht o yer face.

9 For aw oor days haes gaen by in yer wraith; oor years ends like a braith.

10 The meisur o oor life is seiventy year; an, gin throu strenth it is aichty, its pride is anerly tribble an sorrae, for it ends, an we ar swith gaen.

11 Wha kens the pouer o yer wraith, or wha taks tent tae the wecht o yer passion?

12 Sae lat us ken the nummer o oor days till we git a hert o wit.

13 Come back, O Laird; hou lang? Lat yer ettle for yer servands be cheenged.

14 In the forenuin gie us yer mercy in fou meisur; till we ar blythe an delite aw oor days.

15 Mak us gled in rewaird for the days o oor sorrae, an for the years we hae seen ill in.

16 Mak yer wark clear tae yer servands, an yer glore tae thair bairns.

17 Lat the pleisur o the Laird oor God be on us: O Laird, gie strenth tae the darg o oor haunds.

Psaum 91

Blythe is him that dwalls in the saicret o the Laird an unner the shaidae o the weengs o the Maist Heich;

2 That says o the Laird, He is ma girth an refuge an ma touer o strenth: he is ma God, that ma howp is in.

3 He will tak ye oot the bird-net an haud ye sauf frae wastin disease.

4 Ye will be happit by his feathers; unner his weengs ye will be sauf: his guid faith will be yer salvation.

5 Ye will hae nae fear o the ill things o the nicht or the arrae in flicht by day,

6 Or the disease that taks men in the mirk, or the ruinage that maks waste whan the sun is heich.

7 Ye will see a thoosand fawin by yer side, an ten thoosand at yer richt haund; but it winna come nearhaund ye.

8 Anerly wi yer een will ye see the rewaird o the ill-daers.

9 Acause ye hae said, A am in the haunds o the Laird, the Maist Heich is ma sauf dwallin;

10 Nae ill will come upo ye, an nae disease will come nearhaund yer tent.

11 For he will gie ye intae the care o his angels tae haud ye whauriver ye gang.

12 In thair haunds thay will haud ye up, sae that yer fit isna brouselt agin a stane.

13 Ye will pit yer fit on the lion an the serpent; the young lion an the muckle serpent will be trampit unner yer feet.

14 Acause he haes gien me his luve, A will tak him oot o danger: A will pit him in a place o honour, acause he haes held ma name in his hert.

15 Whan his cry comes up tae me, A will answer him: A will be wi him in tribble; A will free him frae danger an gie him honour.

16 Wi lang life he will be rewairdit; an A will lat him see ma salvation.

Psaum 92

A Psaum. A Sang for the Saubath.

It is a guid thing tae ruise the Laird an tae mak melody tae yer name, O Maist Heich;

2 Tae cry furth yer mercy in the forenuin, an yer uncheengin faith ilka nicht;

3 On a ten-thairmed instrument, an on an instrument o muisic wi a quate soond.

4 For ye, O Laird, haes made me gled throu yer wark; A will be blythe in the warks o yer haunds.

5 O Laird, hou great is yer warks! An yer thochts is unco deep.

6 A man 'ithoot mense disna ken this; an a daftlike man canna lift it.

7 Whan the sinners breirds like the gress, an aw the wirkers o ill dis weel for thairsels, it is sae that thair end is aye-bidin ruinage.

8 But ye, O Laird, is abuin for aye.

9 For see! Yer ill-willers, O Laird, will be pit tae deith; aw the wirkers o ill will be pit tae flicht;

10 But ma horn is liftit up like the horn o the owse: the best ile anynts ma heid.

11 Ma een haes seen tribble come upo ma ill-willers; ma lugs haes newins o the weird o the ill-daers as haes come up agin me.

12 The guid man will be like a lang tree in his strenth; his growthe will be like the braid-streekin trees o Lebanon.

13 Thaim that's plantit in the hoose o the Laird will breird lang an strang in his gairdens.

14 Thay will gie fruit e'en whan thay ar auld; thay will be growthy an breird;

15 For a taiken that the Laird is upricht; he is ma Fundament, the'r nae deceivery in him.

Psaum 93

T he Laird is Keeng; he is cled in glore; the Laird is cled in strenth; pouer is the towe o his robe; the warld is fixed, sae that it canna be muived.

2 The seat o yer pouer haes been frae the bygaen; ye ar aye-bidin.

3 The watters sends up, O Laird, the watters sends up thair vyces; thay send thaim up wi a lood cry.

4 The Laird in hieven is stranger nor the dirdum o muckle watters, ay, he is stranger nor the muckle swaws o the sea.

5 Yer witness is maist siccar; it is richt for yer hoose tae be haly, O Laird, for aye.

Psaum 94

O God, that's haunds punishment is in, O God o punishment, lat yer sheenin face be seen.

2 Be liftit up, O juidge o the yird; lat thair rewaird come tae the men o pride.

3 Hou lang will sinners, O Laird, hou lang will sinners be blythe ower us?

4 Wirds o pride comes frae thair lips; aw the wirkers o ill says great things o thairsels.

5 Yer fowk is brouselt by thaim, O Laird, yer heirskip is trauchelt,

6 Thay pit tae deith the weedae an the guest, thay tak the lifes o faitherless bairns;

7 An thay say, Jah winna see't, the God o Jaucob winna think on't.

8 Gie yer mynd tae ma wirds, ye 'ithoot wit amang the fowk; ye daftlike men, whan will ye be wicelike?

9 Haes him that yer lugs wis plantit by nae hearin? Or is he blind that yer een wis shapit by?

10 Him that's the juidge o the nations,

102

will he no gie men the rewaird o thair acts, e'en him that gies knawledge tae man?

11 The Laird kens the thochts o man, for thay ar but a braith.

12 Blythe is the man guidit by ye, O Jah, an that ye lear frae yer law;

13 Sae that ye can gie him rest frae the days o ill, till a hole is howkit ready for the ruinage o the sinners.

14 The Laird winna gie up his fowk or tak awa his uphaud frae his heirskip;

15 But juidgments will again be made in richtousness; an thay will be held by aw that's herts is richt.

16 Wha will help me agin the sinners? An wha will uphaud me agin the wirkers o ill?

17 Gin the Laird haedna been ma helper, ma saul wad swith hae gaen doun intae deith.

18 Gin A say, Ma fit slidders; yer mercy, O Laird, is ma uphaud.

19 Amang aw ma trauchelt thochts, yer easements is the delite o ma saul.

20 Whit pairt wi ye haes the seat o sin, that maks ill intae a law?

21 Thay ar baundit thegither agin the saul o the upricht tae deem agin the sakeless.

22 But the Laird is ma sauf dwallin; ma God is the Fundament whaur A am sauf.

23 An he haes gart thair ill designs come back on thairsels, sneddin thaim aff in thair sin; the Laird oor God will pit an end tae thaim.

Psaum 95

O come, lat us sing tae the Laird; sendin up gled vyces tae the Fundament o oor salvation.

2 Lat us come afore his face wi ruise; an mak melody wi haly sangs.

3 For the Laird is a great God an a great Keeng ower aw gods.

4 The howe o the yird is in his haund; an the taps o the muntains is his.

5 The sea is his, an he made it; an the dry laund wis shapit by his haunds.

6 O come, lat us wirship, fawin doun on oor knees afore the Laird oor Makker.

7 For he is oor God; an we ar the fowk that he gies meat tae an the sheep o his hirsel. The day, gin ye wad anerly tak tent tae his vyce!

8 Latna yer herts be haurd, as at Meribah, as in the day o Massah in the fouthless laund;

9 Whan yer faithers pit me tae the test an seen ma pouer an ma wark.

10 For fowerty year A wis wraith wi this generation an said, Thay ar fowk that's herts is turnt awa frae me, for thay hae nae knawledge o ma weys;

11 An A made an aith in ma wraith that thay wadna come intae ma place o rest.

Psaum 96

O sing a new sang tae the Laird; lat aw the yird mak melody tae the Laird.

2 Sing tae the Laird, sainin his name; gie the guid newins o his salvation day for day.

3 Cry furth his glore tae the nations, an his ferlies tae aw the peoples.

4 For the Laird is great, an sair tae be ruised; he is mair tae be feart nor aw ither gods.

5 For aw the gods o the nations is fause gods; but the Laird made the hievens.

6 Honour an glore is afore him: strang an bonny is his sanctuar.

7 Gie tae the Laird, O ye faimilies o the peoples, gie tae the Laird glore an strenth.

8 Gie tae the Laird the glore o his name; tak wi ye an offerin an come ben his hoose.

9 O wirship the Laird in haly robes; be feart afore him, aw the yird.

10 Say amang the nations, The Laird is Keeng; ay, the warld is ordert sae that it canna be muived; he will be an even juidge o the peoples.

11 Lat the hievens be blythe an the yird be gled; lat the sea thunner wi aw its watters;

12 Lat the field be gled, an awthing in't; ay, lat aw the trees o the shaw soond wi joy,

13 Afore the Laird, for he haes come; he haes come tae juidge the yird; the yird will be deemed in richtousness, an the peoples wi uncheengin faith.

Psaum 97

The Laird is Keeng, lat the yird be blythe; lat aw the sea launds be gled.

2 Mirk cluds is roond him; his kinrick is grundit on richtousness an even deemin.

3 Fire gangs afore him, birnin up his unfreends roond aboot.

4 His bricht flames lichts the warld; the yird seen it wi fear.

5 The muntains turnt tae waux at the comin o the Laird, at the comin o the Laird o aw the yird.

6 The hievens cried furth the newins o

his richtousness, an aw the fowk seen his glore.

7 Shamed be thaim that wirships eemages an taks pride in fause gods; wirship him, aw ye gods.

8 Sion taen tent an wis gled; an the dochters o Judah wis fou o joy acause o yer juidgments, O Laird.

9 For ye, Laird, is heichest ower the yird; ye ar liftit up ower aw ither gods.

10 Ye luvers o the Laird, be ill-willers o ill; he hauds the sauls o his saunts; he taks thaim oot the haunds o sinners.

11 Licht sheens on the luvers o richtousness, an for the upricht in hert the'r joy.

12 Be gled in the Laird, ye upricht men; ruisin the myndin o his haly name.

Psaum 98

A Psaum.

O sing a new sang tae the Laird, acause he haes duin warks o wunner; wi his richt haund an wi his haly airm he haes owercome.

2 The Laird haes gien awbody the knawledge o his salvation; he haes made clear his richtousness in the een o the nations.

3 He haes myndit the hoose o Israel o his mercy an his uncheengin faith; aw the ends o the yird haes seen the salvation o oor God.

4 Lat aw the yird send oot a gled cry tae the Laird; soondin wi a lood vyce an ruisin him wi sangs o joy.

5 Mak melody tae the Laird wi instruments o muisic; wi a thairm-stringit instrument an the vyce o sang.

6 Wi wind instruments an the soond o the horn, mak a gled cry afore the Laird, the Keeng.

7 Lat the sea thunner wi aw its watters; the warld, an thaim bidin in't;

8 Lat the burns mak soonds o joy wi thair haunds; lat the muntains be gled thegither,

9 Afore the Laird, for he haes come as juidge o the yird; deemin the warld in richtousness, an pronuncin even juidgments for the peoples.

Psaum 99

The Laird is Keeng; lat the peoples be feart: his seat is atween the weengit anes; lat the yird be muived.

2 The Laird is great in Sion; he is heich ower aw the nations.

3 Lat thaim ruise yer name, for it is great an tae be feart; haly is he.

4 The keeng's pouer is uised for richtousness; ye pronunce even juidgments, deemin even in the laund o Jaucob.

5 Gie heich honour tae the Laird oor God, wirshippin at his feet; haly is he.

6 Moses an Aaron amang his priests, an Samuel amang thaim that honourt his name; thay made guid wirds tae the Laird, an he answert thaim.

7 His vyce come tae thaim frae the pillar o clud; thay held his witness an the law that he gien thaim.

8 Ye answert thaim, O Laird oor God; ye taen awa thair sin, tho ye punished thaim for thair wrangdaein.

9 Gie heich honour tae the Laird oor God, wirshippin wi yer faces turnt tae his haly knowe; for the Laird oor God is haly.

Psaum 100

A Psaum o Ruise.

Mak a gled soond tae the Laird, aw the yird.

2 Wirship the Laird wi joy; come afore him wi a sang.

3 Be siccar that the Laird is God; it is him that haes made us, an we ar his; we ar his fowk an the sheep he gies meat tae.

4 Come throu his doors wi joy, an ben his hoose wi ruise; gie him honour, sainin his name.

5 For the Laird is guid, an his mercy is niver-endin; his faith is uncheengin throu aw the generations.

Psaum 101

A Psaum o Dauvit.

A will mak a sang o mercy an richtousness; tae ye, O Laird, A will mak melody.

2 A will dae wicelike in the wey o richtousness: O whan will ye come tae me? A will walk in ma hoose wi an aefauld hert.

3 A winna hae ony ill thing afore ma een; A am agin aw turnin back; A winna hae't nearhaund me.

4 The fause hert A will send awa frae me: A winna hae an ill-daer for a freend.

5 A will pit tae deith onybody that says ill o his neebour hidlins; the man wi a vauntie leuk an a hert o pride is scunnerin tae me.

6 Ma een will be on thaim o guid faith in the laund, sae that thay bide in ma hoose; him that walks in the richt wey will be ma servand.

7 The wirker o deceivery winna come ben ma hoose; the fause man will hae nae place afore ma een.

8 Morn for morn A will pit tae deith aw the sinners in the laund, sae that aw ill-daers can be sned aff frae Jerusalem.

Psaum 102

A Prayer o the man in tribble, whan he is owercome an sets his dule afore the Laird.

T ak tent tae ma prayer, O Laird, an lat ma cry come tae ye.

2 Latna yer face be dernit frae me in ma day o tribble; tak tent tae me, an lat ma cry be answert swith.

3 Ma days is wastit like reek, an ma banes is brunt up as in a fire.

4 Ma hert is broke; it haes turnt dry an deid like strae, sae that A gie nae thocht tae meat.

5 Acause o the vyce o ma sorrae, ma flesh is wastit tae the bane.

6 A am like a bird bidin its lane in the hirstie fields; like the houlet in a waste o saund.

7 A wauk like an ae bird on the hoose-tap.

8 Ma ill-willers says ill o me the lee-lang day; thaim that's royet agin me uises ma name as a ban.

9 A hae haen stour for breid, an ma drink haes been mixtur-maxturt wi greetin:

10 Acause o yer passion an yer wraith, for A hae been liftit up an syne laid law by ye.

11 Ma days is like a shaidae streekit oot; A am dry like the gress.

12 But ye, O Laird, is aye-bidin; an yer name will niver end.

13 Ye will git up again an hae mercy on Sion: for the time haes come for her tae be comfortit.

14 For yer servands taks pleisur in her stanes, leukin wi luve on her stour.

15 Sae the nations will honour the name o the Laird, an aw the keengs o the yird will be fleggit at his glore:

16 Whan the Laird haes biggit the waws o Sion an haes been seen in his glore;

17 Whan he haes taen tent tae the prayer o the puir body an haesna pit his seekin tae ae side.

18 This will be pit in writin for the comin generation, an the fowk o the futur will ruise the Laird.

19 For frae his sanctuar the Laird haes seen, leukin doun on the yird frae hieven;

20 Hearin the cry o the preesoner, freein thaim that deith is ordert for;

21 Sae that thay cry oot the name o the Laird in Sion, an his ruise in Jerusalem;

22 Whan the peoples haes come thegither, an the kinricks, for tae wirship the Laird.

23 He haes taen ma strenth frae me in the wey; he haes made cutty ma days.

24 A will say, O ma God, tak me na awa afore ma time; yer years gangs on throu aw the generations:

25 In the bygaen ye set the yird on its foonds, an the hievens is the darg o yer haunds.

26 Thay will come tae an end, but ye will aye gang on; thay will aw growe auld like a coat, an like a robe thay will be cheenged:

27 But ye ar the uncheengin Ane, an yer years will hae nae end.

28 The bairns o yer servands will hae a sauf place tae dwall, an thair strynd will aye be afore ye.

Psaum 103

O Dauvit.

Ruise the Laird, O ma saul; lat awthing in me ruise his haly name.

2 Ruise the Laird, O ma saul; latna aw his sainins gang frae yer myndin.

3 He forgies aw yer sins; he taks awa aw yer diseases;

4 He hauds back yer life frae ruinage, crounin ye wi mercy an grace.

5 He maks yer mou fou o guid things, sae that yer strenth is made new again like the earn's.

6 The Laird deems in richtousness for thaim in tribble.

7 He gien knawledge o his wey tae Moses an made his acts clear tae the bairns o Israel.

8 The Laird is couthie an fou o peety, no swith made wraith, but aye ready tae shaw mercy.

9 His feelin will be soor nae mair; he winna nurse his wraith for aye.

10 He haesna gien us the punishment for oor sins or the rewaird o oor wrangdaein.

11 For, as the hieven is heich ower the yird, that great is his mercy tae his wirshippers.

12 Sae faur's the east is frae the wast, that faur he haes pit oor sins frae us.

13 As a faither taks peety on his bairns, sae the Laird taks peety on his wirshippers.

14 For he kens oor fushionless frame; he sees that we ar but stour.

15 As for man, his days is like gress: his bonny growthe is like the flouer o the field.

16 The wind gangs ower it, an it is gaen; an its steid sees it nae mair.

17 But the mercy o the Laird is aye-bidin for his wirshippers, an thair bairns' bairns will see his richtousness;

18 Gin thay haud his greement an hae his laws in mynd tae dae thaim.

19 The Laird haes made ready his heich seat in the hievens; his kinrick rules ower aw.

20 Ruise the Laird, ye his angels, as is great in strenth, daein his orders an waitin on his vyce.

21 Ruise the Laird, aw ye his airmies; an ye his servands as dis his pleisur.

22 Ruise the Laird, aw his warks, aw airts unner his rule: ruise the Laird, O ma saul.

Psaum 104

Ruise the Laird, O ma saul. O Laird ma God, ye ar unco great; ye ar cled in honour an pouer.

2 Ye ar cled wi licht as wi a robe; streekin oot the hievens like a tent:

3 The pend o yer hoose is grundit on the watters; ye mak the cluds yer cairiage; ye gang on the weengs o the wind:

4 He maks winds his angels, an flames o fire his servands.

5 He haes made the yird strang on its foonds, sae that it can niver be muived;

6 Happin it wi the sea as wi a robe: the watters wis heich ower the muntains;

7 At the vyce o yer wird thay flichtit; at the soond o yer thunner thay gaen awa feart;

8 The muntains come up, an the glens gaen doun intae the steid that ye haed made ready for thaim.

9 Ye made a leemit that thay coudna gang ower, sae that the yird wad niver again be happit by thaim.

10 Ye sent the springs intae the glens; thay fleet atween the knowes.

11 Thay gie drink tae ilka beast o the field; the muntain cuddies comes tae thaim for watter.

12 The birds o the lift nests by thaim an maks thair sang amang the brainches.

13 He sends doun rain frae his thesaury on the knowes: the yird is fou o the fruit o his warks.

14 He gars the gress breird for the kye, an plants for the uiss o man; sae that breid can come oot the yird;

15 An wine tae gledden the hert o man, an ile tae mak his face sheenin, an breid giein strenth tae his hert.

16 The trees o the Laird breirds, the cedars o Lebanon o his plantin;

17 Whaur the birds nests; as for the stork, the lang trees is her hoose.

18 The heich knowes is girth an refuge for the muntain gaits, an the craigs for the smaw beasts.

19 He made the muin for a sign o the diveesions o the year; learnin the sun the time o its gaun doun.

20 Whan ye mak it mirk, it is nicht, whan aw the beasts o the shaws comes lown oot thair dern steids.

21 The young lions gangs thunnerin efter thair meat; seekin thair flesh frae God.

22 The sun rises, an thay come thegither an gang back tae thair dern steids for tae tak thair rest.

23 Man gangs oot tae his wark, an tae his business, till the forenicht.

24 O Laird, hou great is the nummer o yer warks! In wit ye hae made thaim aw; the yird is fou o the things ye hae made.

25 The'r the muckle, braid sea, whaur the'r leevin things, muckle an smaw, mair nor can be nummert.

26 Thare gangs the ships; thare is that muckle beast, that ye hae made as a wheerum.

27 Aw o thaim waits on ye tae gie thaim thair meat in its time.

28 Thay tak whit ye gie thaim; thay ar fou o the guid things as comes frae yer appen haund.

29 Gin yer face is dernit, thay ar trauchelt; whan ye tak awa thair braith, thay come tae an end an gang back tae the stour.

30 Gin ye send oot yer speerit, thay ar gien life; ye mak new the face o the yird.

31 Lat the glore o the Laird be for aye; lat the Laird be blythe in his warks:

32 That's leuk the yird shaks at; that's titch the muntains sends oot reek at.

33 A will sing tae the Laird aw ma life; A will mak melody tae ma God while aye tae the fore.

34 Lat ma thochts be sweet tae him: A will be gled in the Laird.

35 Lat sinners be sned aff frae the yird, an lat aw ill-daers come tae an end. Ruise the Laird, O ma saul. Ruise the Laird.

Psaum 105

O ruise the Laird; honour his name, talkin o his daeins amang the peoples.

2 Lat yer vyce soond in sangs an melody; lat aw yer thochts be o the wunner o his warks.

3 Hae glore in his haly name; lat the herts o thaim seekin efter the Laird be gled.

4 Lat yer sairch be for the Laird an for his strenth; lat yer herts aye be turnt tae him.

5 Mynd the great warks he haes duin; his ferlies an the juidgments o his mou;

6 O ye strynd o Aubraham, his servand, ye bairns o Jaucob, his luved anes.

7 He is the Laird oor God: he is juidge o aw the yird.

8 He haes held his greement in mynd for aye, the wird that he gien for a thoosand generations;

9 The greement that he made wi Aubraham, an his aith tae Isaac;

10 An he gien it tae Jaucob for a law, an tae Israel for an aye-bidin greement;

11 Sayin, Tae ye A will gie the laund o Canaan, the meisurt strynd o yer heirskip:

12 Whan thay war aye smaw in nummer an fremmit in the laund;

13 Whan thay gaen aboot frae ae nation tae anither, an frae ae kinrick tae anither people.

14 He wadna lat onybody dae thaim wrang; he e'en held back keengs acause o thaim,

15 Sayin, pit na yer haund on thaim that's been merkit wi ma haly ile, an dae ma spaemen nae wrang.

16 An he taen awa aw meat frae the laund, sae that fowk wis 'ithoot breid.

17 He sent a man afore thaim, e'en Joseph, that wis gien as a servand for siller:

18 His feet wis fixed in cheens; his hause wis pit in airn baunds;

19 Till the time whan his wird come richt; he wis seyed by the wird o the Laird.

20 The keeng sent men tae tak aff his cheens; e'en the ruler o the fowk, that lat him gang free.

21 He made him laird o his hoose, an ruler ower awthing he haen;

22 Tae lear his heidsmen at his pleisur, an sae that his law-giers coud git wit frae him.

23 Syne Israel come intae Egypt, an Jaucob bade in the laund o Ham.

24 An his fowk wis unco eikit an come tae be stranger nor thair unfreends.

25 Thair herts wis turnt tae ill will agin his fowk, sae that thay made hidlin designs agin thaim.

26 He sent Moses, his servand, an Aaron, the man o his wale.

27 He lat his signs be seen amang the fowk, an his ferlies in the laund o Ham.

28 He sent black nicht an made it mirk; an thay didna gang agin his wird.

29 At his wird thair watters wis turnt tae bluid, an he sent deith on aw thair fish.

30 Thair laund wis hotchin wi puddocks, e'en in the rooms o the keeng.

31 He gien the wird, an thare come the dug-flee, an beasties ower aw the laund.

32 He gien thaim hail for rain, an lowin fire in thair laund.

33 He gien thair vines an thair fig-trees tae ruinage, an the trees o thair laund wis dung doun.

34 At his wird the locusts come, an young locusts mair nor coud be nummert,

35 An pit an end tae aw the plants o thair laund, takkin aw the fruit o the yird for meat.

36 He pit tae deith the first bairn o ilka faimily in the laund, the first fruits o thair strenth.

37 He taen his fowk oot wi siller an gowd: the warna ae fushionless body amang thaim.

38 Egypt wis gled whan thay gaen; for the fear o thaim haed come doun on thaim.

39 A clud wis streekit ower thaim for a hap; an he sent fire tae gie licht in the nicht.

40 At fowk's seekin he sent birds, an gien thaim the breid o hieven for meat.

41 His haund gart the stane appen, an the watters come streamin oot; thay gaen doun throu the drouthy steids like a river

42 For he myndit his haly wird, an Aubraham, his servand.

43 An he taen his fowk oot wi joy, the men o his wale wi gled cries:

44 An gien thaim the launds o the nations; an thay taen the darg o the peoples for a heirskip;

45 Sae that thay coud haud his orders, an be true tae his laws. Ruise the Laird.

Psaum 106

L at the Laird be ruised. O ruise the Laird, for he is guid: for his mercy is uncheengin for aye.

2 Wha can gie an accoont o the great acts o the Laird or mak clear aw his ruise?

3 Blythe is thaim that's juidgments is upricht, an him that acts in richtousness at aw times.

4 Haud me in mynd, O Laird, whan ye ar guid tae yer fowk; O lat yer salvation come tae me;

5 Till A see the weel-bein o the fowk o yer wale an hae a pairt in the joy o yer nation, an tak pride in yer heirskip.

6 We ar sinners like oor faithers, we hae duin wrang, oor acts is ill.

7 Oor faithers didna think on yer ferlies in Egypt; thay didna mynd the fouth o yer mercies, but gien ye cause for wraith at the sea, e'en at the Reid Sea.

8 But he wis thair saviour acause o his name, sae that men coud see his great pouer.

9 By his wird the Reid Sea wis made dry: an he taen thaim throu the deep watters as throu the fouthless laund.

10 An he taen thaim sauf oot the haunds o thair ill-willers an bieldit thaim frae the ondings o thair unfreends.

11 An the watters gaen ower thair ill-willers; aw o thaim come tae an end.

12 Syne thay haen faith in his wirds; thay gien him sangs o ruise.

13 But thair myndin o his warks wis cutty; no waitin tae be guidit by him,

14 Thay gien wey tae thair ill desires in

110

the fouthless laund an pit God tae the test in the drouthy steids.

15 An he gien thaim thair seekin, but sent a wastin disease intae thair sauls.

16 Thay war fou o jeilousy agin Moses amang the tents, an agin Aaron, the haly ane o the Laird.

17 The yird appenin pit an end tae Dathan, happin Abiram an his baund.

18 An a fire wis lichtit amang thair tents; the sinners wis brunt up by the flames.

19 Thay made a cauf in Horeb, an gien wirship tae an eemage o gowd.

20 An thair glore wis cheenged intae the eemage o an owse, that's meat is gress.

21 Thay haen nae myndin o God thair saviour, that haed duin great things in Egypt;

22 Warks o wunner in the laund o Ham an things o fear by the Reid Sea.

23 An he wad hae ettelt at pittin an end tae thaim gin Moses, his byordinar servand, haedna gaen up afore him, atween him an his fowk, turnin back his wraith tae bield thaim frae ruinage.

24 Thay war scunnert wi the guid laund; thay didna lippen on his wird;

25 Colloguin agin him hidlins in thair tents, thay didna tak tent tae the vyce o the Laird.

26 Sae he made an aith agin thaim tae pit an end tae thaim in the fouthless laund:

27 That thair bairns wad be mixtur-maxturt amang the nations an sent awa intae ither launds.

28 An thay war jynt tae Baal-peor an taen pairt in the offerins tae the deid.

29 Sae thay made him wraith by thair fashions; an he sent disease on thaim.

30 Syne Phinehas gat up an made a prayer for thaim; an the disease gaen nae faurder.

31 An aw the generations comin efter him held the myndin o his richtousness for aye.

32 Thay made God wraith again at the watters o Meribah, sae that Moses wis trauchelt acause o thaim;

33 For thay made his speerit sair, an he said menseless things.

34 Thay didna pit an end tae the peoples, as the Laird haed said;

35 But thay war jynt tae the nations, learnin thair warks.

36 An thay gien wirship tae eemages; that wis a danger tae thaim:

37 Thay e'en made offerins o thair sons an thair dochters tae ill speerits,

38 An gien the bluid o thair sakeless sons an dochters, offerin thaim tae the eemages o Canaan; an the laund wis fyled wi bluid.

39 Sae thay come tae be unclean throu thair warks, gaun efter thair ill desires.

40 Syne the wraith o the Laird brunt agin his fowk, an he wis wraith wi his heirskip.

41 An he gien thaim intae the haunds o the nations; an thay war ruled by thair ill-willers.

42 By thaim thay war brouselt, an laid law unner thair haunds.

43 Again an again he set thaim free; but thair herts wis turnt agin his ettle, an thay war owercome by thair sins.

44 But whan thair cry come tae his lugs, he taen peety on thair tribble:

45 An myndit his greement wi thaim, an in his great mercy shawed thaim forgieness.

46 He pit peety intae the herts o thaim that made thaim preesoners.

47 Be oor saviour, O Laird oor God, an lat us come back thegither frae amang the nations till we honour yer haly name an find glore in yer ruise.

48 Ruise be tae the Laird God o Israel for iver an aye; an lat aw fowk say, Sae be't. Ruise the Laird.

Psaum 107

O ruise the Laird, for he is guid: for his mercy is uncheengin for aye.

2 Lat thaim that's cause the Laird haes taen up say thon, his fowk that he haes taen oot the haunds o thair ill-willers;

3 Garrin thaim come thegither frae aw the airts, frae the east an frae the wast, frae the north an frae the sooth.

4 Thay war traikin in the hirstie fields; thay seen nae wey tae a bield.

5 Thair sauls come tae be fushionless for want o meat an drink.

6 Syne thay cried on the Laird in thair sorrae, an he gien thaim salvation frae aw thair tribbles;

7 Guidin thaim in the richt wey, sae that thay coud come intae the toun o thair bield.

8 Lat men ruise the Laird for his mercy an for the ferlies he dis for the bairns o men!

9 He gies its desire tae the wanrestfu saul, sae that it is fou o guid things.

10 Thaim that wis in the mirk, in the black nicht, in cheens o sorrae an airn;

11 Acause thay gaen agin the wirds o God an gien nae thocht tae the laws o the Maist Heich:

12 Sae that he wechtit doun thair herts wi dule; thay fell an haen nae helper.

13 Syne thay cried on the Laird in thair sorrae, an he gien thaim salvation frae aw thair tribbles.

14 He taen thaim oot the mirk an the black nicht, an aw thair cheens wis smattert.

15 Lat men ruise the Laird for his mercy an for the ferlies he dis for the bairns o men!

16 The doors o bress is broke by his airm, an the baunds o airn is cuttit in twa.

17 Daftlike men, acause o thair sins, an acause o thair wrangdaein, is trauchelt;

18 Thay ar scunnert by aw meat, an thay come nearhaund the doors o deith.

19 Syne thay cry on the Laird in thair sorrae, an he gies thaim salvation frae aw thair tribbles.

20 He sent his wird an made thaim weel, an held thaim sauf frae hell.

21 Lat men ruise the Laird for his mercy an for the ferlies he dis for the bairns o men!

22 Lat thaim mak offerins o ruise, giein newins o his warks wi cries o joy.

23 Thaim that gangs doun tae the sea in ships, an trokes in the muckle watters;

24 Thay see the warks o the Laird, an his ferlies in the deep.

25 For at his wird the storm wind blaws, liftin heich the swaws.

26 The sailors gangs up tae hieven an doun intae the deep; thair sauls is wastit acause o thair tribble.

27 Thay ar turnt here an thare, rowin like a man fou o wine; an aw thair wit comes tae nocht.

28 Syne thay cry on the Laird in thair sorrae, an he gies thaim salvation frae aw thair tribbles.

29 He maks the storm lown, sae that the swaws is at peace.

30 Syne thay ar gled, acause the sea is quate, an he taks thaim tae the herbour o thair desire.

31 Lat men ruise the Laird for his mercy an for the ferlies he dis for the bairns o men!

32 Lat thaim gie glore tae him in the gaitherin o the fowk, an ruise amang the heidsmen.

33 He maks watters intae hirstie fields an springs o watter intae a drouthy laund;

34 He maks a growthy kintra intae a saut waste, acause o the sins o thaim that bides thare.

35 He maks a fouthless laund intae a steid o watter an a drouthy laund intae watter-springs.

36 An thare he gies the puir a bield, sae that thay can mak thairsels a toun;

37 An saw seed in the fields an mak wine-yairds tae gie thaim fruit.

38 He gies thaim his sainin sae that thay ar unco eikit, an thair kye disna dwyne.

39 An whan thay ar laid law an brouselt by tribble an sorrae,

40 He scomfishes the pride o keengs an sends thaim reengin the fouthless launds whaur the'r nae gate.

41 But he lifts the puir man abuin his tribbles an gies him faimilies like a hirsel.

42 The upricht sees it an is gled: the mou o the sinner is stappit.

43 Lat the wicelike think on thir things, an see the mercies o the Laird.

Psaum 108

A Sang. A Psaum o Dauvit.

O God, ma hert is stieve; A will mak sangs an melody, e'en wi ma glore.

2 Mak yer soonds, O thairm-stringit instruments: the daw will wauken wi ma sang.

3 A will ruise ye, O Laird, amang the peoples; A will mak melody tae ye amang the nations.

4 For yer mercy is heicher nor the hievens: an yer uncheengin faith nor the cluds.

5 Be liftit up, O God, heicher nor the hievens; lat yer glore be ower aw the yird.

6 Lat yer richt haund be raxt oot for salvation, an answer me, sae that yer luved anes can be sauf frae danger.

7 This is the wird o the haly God: A will be gled; A will mak Shechem a heirskip, meisurin oot the glen o Succoth.

8 Gilead is mines; Manasseh is mines; Ephraim is the strenth o ma heid; Judah is ma law-gier;

9 Moab is ma wash-byne; on Edom is the grund unner ma shae; ower Philistia A will send oot a gled cry.

10 Wha will tak me intae the strang toun? Wha will airt me intae Edom?

11 Hae ye no sent us awa frae ye, O God? An ye gang na oot wi oor airmies.

12 Gie us help in oor tribble; for the'r nae help in man.

113

13 Wi God we will dae great things; for by him oor ill-willers will be trampit unnerfit.

Psaum 109

Tae the heid musicianer. O Dauvit. A Psaum.

God o ma ruise, lat ma prayer be answert;

2 For the mou o the sinner is appen agin me in deceivery: his tongue haes said fause things agin me.

3 Wirds o ill will besets me; thay hae made war agin me for nocht.

4 For ma luve thay gie me back ill will; but A hae gien masel tae prayer.

5 Thay hae pit on me ill for guid; ill will in excheenge for ma luve.

6 Pit an ill man ower him; an lat a body be placed at his richt haund tae say ill o him.

7 Whan he is deemed, lat the juidgment gang agin him; an lat his prayer come tae be sin.

8 Lat his life be cutty; lat anither tak his poseetion o authority.

9 Lat his bairns hae nae faither an his guidwife be made a weedae.

10 Lat his bairns gang stravaigin, leukin tae ithers for thair meat; lat thaim be sent awa frae the company o thair freends.

11 Lat his creeditor poind aw his guids an gear; an lat ithers hae the ootcome o his wark.

12 Lat nae man hae peety on him or gie help tae his bairns whan he is deid.

13 Lat his strynd be sned aff; in the comin generation lat thair name gang frae myndin.

14 Lat the Laird mynd the wrangdaein o his faithers; an lat the sin o his mither find nae forgieness.

15 Lat thaim aye be afore the een o the Laird, sae that the myndin o thaim is sned aff frae the yird.

16 Acause he haen nae mercy, but wis ill-kyndit tae the law an the puir, designin the deith o the broke-hertit.

17 As he taen pleisur in bannin, sae lat it come upo him; an as he didna delite in sainin, lat it be faur frae him.

18 He cled hissel in bannin like a robe, an it haes flowed intae his bouk like watter, an intae his banes like ile.

19 Lat it be tae him as a robe that he pits on, lat it be like a baund roond him at aw times.

20 Lat this be the rewaird gien tae ma ill-willers frae the Laird, an tae thaim that says ill o ma saul.

21 But, O Laird God, gie me yer help, acause o yer name; lead me oot o danger, acause yer mercy is guid.

22 For A am puir an dree puirtith, an ma hert is woundit athin me.

23 A am gaen like a shaidae streekit oot: A am forced oot ma place like a locust.

24 Ma knees is fushionless for want o meat; the'r nae fat on ma banes.

25 As for me, thay mak sport o me; shakkin thair heids whan thay see me.

26 Help me, O Laird ma God; in yer mercy sauf me;

27 Sae that thay see that it is the darg o yer haund; that ye, Laird, haes duin it.

28 Thay can gie bans, but ye gie sainin;

whan thay come up agin me, pit thaim tae shame; but lat yer servand be gled.

29 Lat ma ill-willers be cled in shame, happin thairsels wi shame as wi a robe.

30 A will gie the Laird great ruise wi ma mou; ay, A will ruise him amang aw the fowk.

31 For he is aye at the richt haund o the puir man for tae tak him oot the haunds o thaim that gangs efter his saul.

Psaum 110

A Psaum o Dauvit.

The Laird said tae ma laird, Be seatit at ma richt haund till A tramp yer unfreends unner yer feet.

2 The Laird will send oot the wand o yer strenth frae Sion; be keeng ower yer ill-willers.

3 Yer fowk gies thairsels blythely in the day o yer pouer; like the weet o the forenuin on the haly muntains is the airmy o yer callants.

4 The Laird haes taen an aith an winna forsweir't. Ye ar a priest for aye, efter the order o Melchizedek.

5 In the day o his wraith keengs will be woundit by the Laird at yer richt haund.

6 He will be juidge amang the nations, the glens will be fou o corps; the heid o a great kintra will be woundit by him.

7 He will tak o the burn by the wey; sae his heid will be liftit up.

Psaum 111

Lat the Laird be ruised. A will ruise the Laird wi aw ma hert, amang the upricht, an in the gaitherin o the fowk.

2 The warks o the Laird is great, socht oot by thaim that delites in thaim.

3 His wark is fou o honour an glore; an his richtousness is uncheengin for aye.

4 Siccar for aye is the myndin o his ferlies: the Laird is fou o peety an mercy.

5 He haes gien meat tae his wirshippers; he will haud his greement in mynd for aye.

6 He haes made clear tae his fowk the pouer o his warks, giein thaim the heirskip o the nations.

7 The warks o his haunds is faith an richtousness; aw his laws is uncheengin.

8 Thay ar fixed for iver an aye, thay ar duin in faith an richtousness.

9 He haes sent salvation tae his fowk; he haes gien his wird for aye: haly is his name an sair tae be feart.

10 The fear o the Laird is the best pairt o wit: thaim that hauds tae his laws is wicelike: his ruise is aye-bidin.

Psaum 112

Lat the Laird be ruised. Blythe is the man that honours the Laird an taks great delite in his laws.

2 His strynd will be strang on the yird; sainins will be on the generation o the upricht.

3 A huird o walth will be in his hoose, an his richtousness will be for aye.

4 For the upricht the'r a licht sheenin in the mirk; he is fou o grace an peety.

5 Aw's weel for the man that's couthie an gies freely tae ithers; he will mak guid his cause whan he is deemed.

6 He winna iver be sweyed; the myndin o the upricht will be tae the fore for aye.

7 He will hae nae fear o ill newins; his hert is stieve, for his howp is in the Laird.

8 His hert rests sauf, he will hae nae fear, till he sees tribble come upo his ill-willers.

9 He haes gien wi an appen luif tae the puir; his richtousness is for aye; his horn will be liftit up wi honour.

10 The sinner will see't wi dule; he will be wastit awa wi jeilousy; the desire o the ill-daers will come tae nocht.

Psaum 113

L at the Laird be ruised. O ye servands o the Laird, ruise the name o the Laird.

2 Lat a sainin be on the name o the Laird, frae this time an for aye.

3 Frae day-daw tae dayligaun, the Laird's name is tae be ruised.

4 The Laird is heich ower aw nations, an his glore is heicher nor the hievens.

5 Wha's like the Laird oor God, that is seatit abuin,

6 Leukin doun on the hievens an the yird?

7 He taks the puir man oot the stour, liftin him up frae his law poseetion;

8 Tae gie him a place amang the rulers, e'en wi the rulers o his fowk.

9 He gies the unfruitfu wumman a faimily, makkin her a blythe mither o bairns. Ruise the Laird.

Psaum 114

W han Israel come oot o Egypt, the bairns o Jaucob frae fowk that's langage wis fremmit tae thaim;

2 Judah come tae be his sanctuar, an Israel his kinrick.

3 The sea seen't, an flichtit; Jordan wis turnt back.

4 The muntains lowpit like gaits, an the wee knowes like laums.

5 Whit wis wrang wi ye, O sea, that ye flichtit? O Jordan, that ye war turnt back?

6 Ye muntains, whit for did ye lowp like gaits, an ye wee knowes like laums?

7 Be trauchelt, O yird, afore the Laird, afore the God o Jaucob;

8 That made the stane intae a wall-ee, an the haurd stane intae a funtain.

Psaum 115

N o tae us, O Laird, no tae us, but tae yer name lat glore be gien, acause o yer mercy an yer uncheengin faith.

2 Whit for can the nations say, Whaur is thair God nou?

3 But oor God is in hieven: he haes duin whitiver pleased him.

4 Thair eemages is siller an gowd, the darg o men's haunds.

5 Thay hae mous but nae vyce; thay hae een, but thay see na;

6 Thay hae lugs but nae hearin; thay hae nebs, but nae sense o smell;

7 Thay hae haunds 'ithoot feelin, an feet 'ithoot pouer o walkin; an nae soond comes frae thair hause.

8 Thaim that maks thaim is like thaim; an sae's awbody that pits his faith in thaim.

9 O Israel, hae faith in the Laird: he is thair help an thair breestplate.

10 O hoose o Aaron, hae faith in the Laird: he is thair help an thair breestplate.

11 Ye wirshippers o the Laird, hae faith in the Laird: he is thair help an thair breestplate.

12 The Laird haes held us in mynd an will gie us his sainin; he will send sainins on the hoose o Israel an on the hoose o Aaron.

13 He will send sainins on the wirshippers o the Laird, on the gentle an semple.

14 Lat the Laird gie ye an yer bairns iver mair eikin.

15 Hae the sainin o the Laird, that made hieven an yird.

16 The hievens is the Laird's; but the yird he haes gien tae the bairns o men.

17 The deid disna ruise the Laird; or thaim that gangs doun tae hell.

18 But we will ruise the Laird nou an for aye. Ruise be tae the Laird.

Psaum 116

A hae gien ma luve tae the Laird, acause he haes taen tent tae ma cry an ma prayer.

2 He haes lat ma seekin come afore him, an A will pray tae him aw ma days.

3 The nets o deith wis roond me, an the pynes o hell haen me in thair grip; A wis fou o tribble an sorrae.

4 Syne A prayed tae the Laird, sayin, O Laird, lead ma saul oot o tribble.

5 The Laird is fou o grace an richtousness; truelins, he is a God o mercy.

6 The Laird hauds the semple; A wis laid law, an he wis ma saviour.

7 Come back tae yer rest, O ma saul; for the Laird haes gien ye yer rewaird.

8 Ye hae taen ma saul frae the pouer o deith, haudin ma een frae greetin an ma feet frae fawin.

9 A will gang afore the Laird in the laund o the leevin.

10 A aye haen faith, tho A said, A am in great tribble;

11 Tho A said in ma fear, Aw men is fause.

12 Whit can A gie tae the Laird for aw the guid things he haes duin for me?

13 A will tak the caup o salvation an ruise the name o the Laird.

14 A will mak the offerin o ma aith tae the Laird, e'en afore aw his fowk.

15 Dear in the een o the Laird is the deith o his saunts.

16 O Laird, truelins A am yer servand; A am yer servand, the son o her that's yer servand; ma towes haes been reft by ye.

17 A will gie an offerin o ruise tae ye an pray in the name o the Laird.

18 A will mak the offerins o ma aith, e'en afore aw his fowk;

19 In the Laird's hoose, e'en in Jerusalem. Ruise be tae the Laird.

Psaum 117

L at aw the nations ruise the Laird: lat aw fowk ruise him.

2 For great is his mercy tae us, an his faith is uncheengin for aye. Ruise be tae the Laird.

117

Psaum 118

O ruise the Laird, for he is guid: for his mercy is uncheengin for aye.

2 Lat Israel nou say that his mercy is uncheengin for aye.

3 Lat the hoose o Aaron nou say that his mercy is uncheengin for aye.

4 Lat aw wirshippers o the Laird nou say that his mercy is uncheengin for aye.

5 A prayed tae the Laird in ma tribble: an the Laird answert me an set me on braid grund.

6 The Laird is on ma side; A will hae nae fear: whit can man dae tae me?

7 The Laird is ma great help: A will see ma desire agin ma ill-willers.

8 It is better for a body tae hae faith in the Laird nor tae pit his howp in man.

9 It is better for a body tae hae faith in the Laird nor tae pit his howp in rulers.

10 Aw the nations haes come roond me; but in the name o the Laird A will hae thaim cuttit doun.

11 Thay ar roond me, ay, thay ar aw aboot me; but in the name o the Laird A will hae thaim cuttit doun.

12 Thay ar roond me like bees; but thay ar pit oot like a fire amang thorns; for in the name o the Laird A will hae thaim cuttit doun.

13 A hae been haurd pushed by ye, sae that A wis near tae fawin: but the Laird wis ma helper.

14 The Laird is ma strenth an ma sang; he haes come tae be ma salvation.

15 The soond o joy an salvation is in the tents o the upricht; the richt haund o the Laird dis warks o pouer.

16 The richt haund o the Laird is liftit up; the richt haund o the Laird dis warks o pouer.

17 Life an no deith will be ma pairt, an A will cry oot the story o the warks o the Laird.

18 The haund o Jah haes been haurd on me; but he haesna gien me up tae deith.

19 Lat the doors o richtousness be appen tae me; A will gang ben an ruise the Laird.

20 This is the door o the Laird's hoose; the wirkers o richtousness will gang ben throu't.

21 A will ruise ye, for ye hae answert me an come tae be ma salvation.

22 The stane that the biggers pit tae ae side haes come tae be the capestane o the biggin.

23 This is the Laird's daein; it is a wunner in oor een.

24 This is the day that the Laird haes made; we will be fou o joy an delite in't.

25 Send salvation nou, O Laird; Laird, send us yer sainin.

26 A sainin be on him that comes in the name o the Laird; we bring ye sainins frae the hoose o the Laird.

27 The Laird is God, an he haes gien us licht; lat the haly dance be ordert wi brainches, e'en up tae the horns o the altar.

28 Ye ar ma God, an A will ruise ye; ma God, an A will honour yer name.

29 O ruise the Laird, for he is guid: for his mercy is uncheengin for aye.

Psaum 119

Aleph

B lythe is thaim 'ithoot sin in thair weys, walkin in the law o the Laird.

2 Blythe is thaim that hauds his uncheengin wird, seekin efter him wi aw thair hert.

3 Thay dae nae ill; thay gang in his weys.

4 Ye hae pit yer orders intae oor herts, sae that we haud thaim wi care.

5 Gin ma weys wis juist ordert sae that A coud haud yer rules!

6 Syne A wadna be pit tae shame, as lang's A respect aw yer lear.

7 A will ruise ye wi an upricht hert in learnin yer even juidgments.

8 A will haud yer rules: O dinna forleet me awthegither.

Beth

9 Whit wey can a young man mak his wey clean? By guidin it efter yer wird.

10 A hae socht ye wi aw ma hert: O lat me na gang traikin faur frae yer lear.

11 A hae held yer wirds hidlin in ma hert, sae that A wadna sin agin ye.

12 Ruise be tae ye, O Laird: gie me knawledge o yer rules.

13 Wi ma lips A hae cried furth aw the juidgments o yer mou.

14 A hae taen as muckle delite in the wey o yer uncheengin wird as in aw walth.

15 A will think on yer orders an respect yer weys.

16 A will delite in yer rules; A winna lat yer wird gang frae ma mynd.

Gimel

17 Gie me, yer servand, the rewaird o life, till A haud yer wird;

18 Lat ma een be appen tae see the ferlies o yer law.

19 A bide in a fremmit laund: dinna lat yer lear be held hidlin frae me.

20 Ma saul is broke wi desire for yer juidgments at aw times.

21 Yer haund haes been agin the men o pride, a ban is on thaim that gangs traikin frae yer wey.

22 Tak awa frae me shame an soor wirds; for A hae held yer uncheengin wird in ma hert.

23 Rulers maks ill designs agin me; but yer servand thinks on yer rules.

24 Yer uncheengin wird is ma delite an the guide o ma fitstaps.

Daleth

25 Ma saul is jynt tae the stour: O gie me life, conform tae yer wird.

26 A set the record o ma weys afore ye, an ye answert me: O gie me knawledge o yer rules.

27 Mak the pad o yer orders clear tae me; syne ma thochts will aye be on yer ferlies.

28 Ma saul is wastit wi sorrae; gie me strenth again conform tae yer wird.

29 Tak frae me ilka fause wey; an in mercy gie me yer law.

30 A hae taen the pad o faith: A hae held yer juidgments afore me.

31 A hae been true tae yer uncheengin wird; O Laird, dinna pit me tae shame.

32 A will gang swith in the wey o yer lear, acause ye hae gien me a free hert.

He

33 O Laird, lat me see the pad o yer rules, an A will haud it tae the end.

34 Gie me wit, till A haud yer law; gaun efter it wi aw ma hert.

35 Gar me gang in the wey o yer lear; for it is ma delite.

36 Lat ma hert be turnt tae yer uncheengin wird an no tae ill desire.

37 Lat ma een be turnt frae whit is fause; gie me life in yer weys.

38 Gie ootcome tae yer wird tae yer servand, that's hert the fear o ye's in.

39 Tak awa the shame that is ma fear; for yer juidgments is guid.

40 See hou sair A desire yer orders: gie me life in yer richtousness.

Vau

41 Lat yer mercies come tae me, O Laird, e'en yer salvation, as ye hae said.

42 Till A hae a repone for the man that wad pit me tae shame; for A hae faith in yer wird.

43 Tak na yer richt wird awthegither oot ma mou; for A hae pit ma howp in yer juidgments.

44 Till A haud yer law for iver an aye;

45 Sae that ma wey can be on braid grund: acause ma sairch haes been for yer orders.

46 Till A gie knawledge o yer uncheengin wird afore keengs an sae that A'm no pit tae shame.

47 An till A delite in yer lear, that A hae gien ma luve tae.

48 An sae that ma haunds is raxt up tae yer lear; an A think on yer rules.

Zain

49 Mynd yer wird tae yer servand, for on it ma howp haes been fixed.

50 This is ma easement in ma tribble; that yer wirds haes gien me life.

51 The men o pride haes made great sport o me; but A haena been turnt frae yer law.

52 A hae held the myndin o yer juidgments frae times past an by, O Laird; an thay hae been ma easement.

53 A birn wi wraith acause o the sinners as haes gien up yer law.

54 Yer rules haes been melodies tae me while A hae bade in fremmit launds.

55 A hae thocht on yer name in the nicht, O Laird, an hae held tae yer law.

56 This haes been true o me, that A hae held yer orders in ma hert.

Cheth

57 The Laird is ma heirskip: A hae said that A wad be ruled by yer wirds.

58 A hae gien ma mynd tae dae yer pleisur wi aw ma hert; hae mercy on me, as ye hae said.

59 A thocht on ma staps, an ma feet wis turnt intae the pad o yer uncheengin wird.

60 A wis swith tae dae yer orders an lat nae time be wastit.

61 The towes o ill-daers is roond me; but A hae myndit yer law.

62 In the howe o the nicht A will rise tae ruise ye, acause o aw yer even juidgments.

63 A haud company wi aw yer wirshippers an thaim that haes yer orders in thair myndin.

64 The yird, O Laird, is fou o yer mercy: gie me knawledge o yer rules.

Teth

65 Ye hae duin guid tae yer servand, O Laird, conform tae yer wird.

66 Gie me knawledge an mense; for A hae pit ma faith in yer lear.

67 Afore A wis in tribble A gaen frae the wey; but nou A haud yer wird.

68 Ye ar guid, an yer warks is guid; gie me knawledge o yer rules.

69 The men o pride haes said fause things aboot me; but A will haud yer orders in ma hert.

70 Thair herts is steekit up wi fat; but ma delite is in yer law.

71 It is guid for me tae hae been throu tribble; sae that A come tae the knawledge o yer rules.

72 The law o yer mou is better tae me nor thoosands in gowd an siller.

Jod

73 Yer haunds haes made me an gien me form: gie me wit till A ken yer lear.

74 Yer wirshippers will see me an be gled; acause ma howp haes been in yer wird.

75 A hae seen, O Laird, that yer juidgments is even, an that in uncheengin faith ye hae sent tribble on me.

76 Lat yer mercy nou be ma easement, as ye hae said tae yer servand.

77 Lat yer lown mercies come tae me till A hae life; for yer law is ma delite.

78 Lat the men o pride be shamed; acause thay hae pronunced fause juidgment agin me; but A will think on yer orders.

79 Lat yer wirshippers turn tae me, an thaim that kens yer wirds.

80 Lat aw ma hert be gien tae yer orders sae that A'm no pit tae shame.

Caph

81 Ma saul is wastit wi desire for yer salvation: but A howp in yer wird.

82 Ma een is trauchelt wi seekin yer wird, sayin, Whan will ye gie me easement?

83 For A hae turnt like a wine-skin black wi reek; but A aye hauds the myndin o yer rules.

84 Hou cutty is the life o yer servand! Whan will ye deem agin thaim that dings me?

85 The men o pride, as is turnt frae yer law, haes cuist nets for me.

86 Aw yer lear is siccar; thay gang efter me wi ill design; gie me yer help.

87 Thay haed awmaist pit an end tae me on the yird; but A didna gie up yer orders.

88 Gie me life in yer mercy; till A am ruled by the uncheengin wird o yer mou.

Lamed

89 For aye, O Laird, yer wird is fixed in hieven.

90 Yer faith is uncheengin frae generation tae generation: ye hae pit the yird in its steid, an it isna muived.

91 Thay ar ruled this day by yer juidgments; for aw things is yer servands.

92 Gin yer law haedna been ma delite, ma tribbles wad hae pit an end tae me.

93 A will aye haud yer orders in mynd; for in thaim A hae life.

94 A am yours, O sauf me; for ma desire haes been for yer rules.

95 The sinners haes waitit on me tae gie me up tae ruinage; but A will gie aw ma mynd tae yer uncheengin wird.

96 A hae seen that nocht on the yird is hale; but yer lear is unco braid.

Mem

97 O whit luve A hae for yer law! A think on't the lee-lang day.

98 Yer lear haes made me wicer nor ma ill-willers: for it is mines for aye.

99 A hae mair knawledge nor aw ma dominies, acause A think on yer uncheengin wird.

100 A hae mair wit nor the auld, acause A hae held tae yer orders.

101 A hae held back ma feet frae aw ill weys, sae that A wis true tae yer wird.

102 Ma hert haesna been turnt frae yer juidgments; for ye hae been ma dominie.

103 Hou sweet is yer wirds tae ma gust! Truelins, thay ar sweeter nor hinny in ma mou!

104 Throu yer orders A git wit; for this raison A am an ill-willer o ilka fause wey.

Nun

105 Yer wird is a licht for ma feet, aye sheenin on ma wey.

106 A hae made an aith an held it, tae be airtit by yer even juidgments.

107 A am sair trauchelt, O Laird, gie me life conform tae yer wird.

108 Tak, O Laird, the free offerins o ma mou, an gie me knawledge o yer juidgments.

109 Ma saul is aye in danger; but A aye hauds the myndin o yer law.

110 Sinners haes cuist a net tae tak me; but A wis true tae yer orders.

111 A hae taen yer uncheengin wird as an aye-bidin heirskip; for it is the joy o ma hert.

112 Ma hert is aye ready tae haud yer rules, e'en tae the end.

Samech

113 A am an ill-willer o men o doutin mynd; but A luve yer law.

114 Ye ar ma hidlin steid an ma breestplate agin danger; ma howp is in yer wird.

115 Gang faur frae me, ye ill-daers; till A haud the lear o ma God.

116 Uphaud me as ye hae said, an gie me life; latna ma howp be turnt tae shame.

117 Lat me na be sweyed, an A will be sauf an aye delite in yer rules.

118 Ye hae owercome thaim that wanders frae yer rules; for aw thair thochts is fause.

119 Aw the sinners o the yird is like drush in yer een; an for this cause A gie ma luve tae yer uncheengin wird.

120 Ma flesh is muived for fear o ye; A honour yer juidgments.

Ain

121 A hae duin whit is guid an richt: ye winna gie me intae the haunds o thaim that wirks agin me.

122 Tak yer servand's interests intae accoont; lat me na be brouselt by the men o pride.

123 Ma een is wastit wi desire for

yer salvation, an for the wird o yer richtousness.

124 Be guid tae yer servand in yer mercy, an lear me in yer rules.

125 A am yer servand; gie me wit till A ken yer uncheengin wird.

126 It is time, O Laird, for ye tae lat yer wark be seen; for thay hae made yer law 'ithoot ootcome.

127 For this raison A hae mair luve for yer lear nor for gowd, e'en for sheenin gowd.

128 Acause o't A haud straucht by yer orders in aw things; an A am an ill-willer o ilka fause wey.

Pe

129 Yer uncheengin wird is fou o wunner; for this raison ma saul hauds tae't.

130 The appenin o yer wirds gies licht; it gies mense tae the semple.

131 Ma mou wis agaunt, waitin on yer lear wi great desire.

132 Lat yer een turn tae me, an hae mercy on me, as it is richt for ye tae dae tae thaim that luves yer name.

133 Lat ma staps be airtit by yer wird; an lat sin hae nae owerins ower me.

134 Free me frae the ill-kyndit rule o man; than A will haud yer orders.

135 Lat yer servand see the sheenin o yer face; gie me knawledge o yer rules.

136 Rivers o watter fleets frae ma een, acause men disna haud yer law.

Tzade

137 O Laird, great is yer richtousness, an even yer juidgments.

138 Ye hae gien yer uncheengin wird in richtousness, an it is for aye.

139 Ma passion haes owercome me; acause ma ill-willers is turnt frae yer wirds.

140 Yer wird is o testit wirth; an it is dear tae yer servand.

141 A am smaw an o nae accoont; but A haud yer orders in mynd.

142 Yer richtousness is an uncheengin richtousness, an yer law is siccar.

143 Pyne an tribble haes owercome me: but yer lear is ma delite.

144 The richtousness o yer uncheengin wird is aye-bidin; gie me wit till A hae life.

Koph

145 A hae prayed wi aw ma hert; answer me, O Laird: A will haud yer rules.

146 Ma cry haes gaen up tae ye; lead me oot o tribble, an A will be airtit by yer uncheengin wird.

147 Afore the sun is up, ma cry for help comes tae yer lug; ma howp is in yer wirds.

148 In the nicht wauks A am waukrife, till A think on yer wirds.

149 Lat ma vyce come tae ye, in yer mercy; O Laird, by yer juidgments gie me life.

150 Thaim that haes ill designs agin me comes nearhaund; thay ar faur frae yer law.

151 Ye ar nearhaund, O Laird; an aw yer lear is richt.

152 A hae lang kent that yer uncheengin wird is for aye.

Resh

153 O see ma tribble, an sauf me; for A haud yer law in ma mynd,

154 Tak up ma cause, an come tae ma

help, gie me life, as ye hae said.

155 Salvation is faur frae ill-daers; for thay haena socht yer rules.

156 Undeemous is the nummer o yer mercies, O Laird; gie me life conform tae yer juidgments.

157 Undeemous is the nummer o ma unfreends; but A haena been turnt frae yer uncheengin wird.

158 A seen wi ill will thaim that wis untrue tae ye; for thay didna haud yer wirds.

159 See hou great ma luve is for yer orders: gie me life, O Laird, conform tae yer mercy.

160 Yer wird haes been true frae the beginnin; an yer even juidgment is uncheengin for aye.

Shin

161 Rulers haes been ill-kyndit tae me for nocht; but A hae the fear o yer wird in ma hert.

162 A am delitit by yer wirds, like a man that finds great walth.

163 A am fou o ill will an scunner for fause wirds; but A luve yer law.

164 Seiven times a day A ruise ye acause o yer even juidgments.

165 Great peace haes luvers o yer law; thay hae nae cause tae faw.

166 Laird, ma howp haes been in yer salvation; an A hae held tae yer lear.

167 Ma saul haes held tae yer uncheengin wird; great is ma luve for't.

168 A hae been ruled by yer orders; for aw ma weys is afore ye.

Tau

169 Lat ma cry come afore ye, O Laird; gie me wit conform tae yer wird.

170 Lat ma prayer come afore ye; lead me oot o tribble, as ye hae said.

171 Lat ma lips fleet wi ruise, acause ye hae gien me knawledge o yer rules.

172 Lat ma tongue sing in ruise o yer wird; for aw yer lear is richtousness.

173 Lat yer haund be nearhaund for ma help; for A hae gien ma hert tae yer orders.

174 Aw ma desire haes been for yer salvation, O Laird; an yer law is ma delite.

175 Gie life tae ma saul sae that it can ruise ye; an lat yer juidgments uphaud me.

176 A hae gaen frae the wey like a forwandert sheep; seek oot yer servand; for A aye hauds yer lear in mynd.

Psaum 120

A Sang o the gaun up.

I n ma tribble ma cry gaen up tae the Laird, an he answert me.

2 O Laird, sauf ma saul frae fause lips, an frae the tongue o deceivery.

3 Whit punishment will he gie ye? Whit mair will he dae tae ye, ye fause tongue?

4 Shairp arraes o the strang an birnin fire.

5 Sorrae is mines acause A am fremmit in Meshech an bide in the tents o Kedar.

6 Ma saul haes lang bade wi the ill-willers o peace.

7 A am for peace: but whan A say it, thay ar for war.

Psaum 121

A Sang o the gaun up.

M a een is liftit up tae the knowes: O whaur will ma help come frae?

2 Yer help comes frae the Laird, that made hieven an yird.

3 Lat him na lat yer fit be muived: nae need o sleep haes him that hauds ye.

4 See, the een o Israel's hauder winna be steekit in sleep.

5 The Laird is yer hauder; the Laird is yer shaidae on yer richt haund.

6 Ye winna be titcht by the sun in the day or by the muin at nicht.

7 The Laird will haud ye sauf frae aw ill; he will ser yer saul.

8 The Laird will wauk ower ye gaun oot an comin in, frae this time an for aye.

Psaum 122

A Sang o the gaun up. O Dauvit.

A wis gled acause thay said tae me, We will gang ben the hoose o the Laird.

2 At last oor feet wis throu yer doors, O Jerusalem.

3 O Jerusalem, ye ar like a toun that is weel jynt thegither;

4 That the clans gaen up tae, e'en the clans o the Laird, for a witness tae Israel, tae ruise the name o the Laird.

5 For thare seats for the juidges wis placed, e'en the rulers' seats o the strynd o Dauvit.

6 O indyte guid wirds for the peace o Jerusalem; lat thaim that's luve is gien ye dae weel.

7 Lat peace be inby yer waws, an walth in yer noble hooses.

8 Acause o ma brithers an freends, A will nou say, Lat peace be wi ye.

9 Acause o the hoose o the Laird oor God, A will wirk for yer guid.

Psaum 123

A Sang o the gaun up.

T ae ye ma een is liftit up, e'en tae ye that's seat is in the hievens.

2 See! As the een o servands is turnt tae the haunds o thair maisters, an the een o a servand lass tae her awner, sae oor een waits on the Laird oor God, till he haes mercy on us.

3 Hae mercy on us, O Laird, hae mercy on us: for aw men leuks doun on us.

4 For lang eneuch men o pride haes made sport o oor saul.

Psaum 124

A Sang o the gaun up. O Dauvit.

G in it haedna been the Laird that wis on oor side (lat Israel nou say);

2 Gin it haedna been the Laird that wis on oor side, whan men come up agin us;

3 Thay wad hae made a mealtith o us while aye leevin, in the heat o thair wraith agin us:

4 We wad hae been happit by the watters; the streams wad hae owergaen oor saul;

5 Ay, the watters o pride wad hae owergaen oor saul.

6 Ruise be tae the Laird, that haesna lat us be woundit by thair teeth.

7 Oor saul haes gaen free like a bird oot the net o thaim that wad tak her: the net is reft, an we ar free.

8 Oor help is in the name o the Laird, the makker o hieven an yird.

Psaum 125

A Sang o the gaun up.

T haim that's howp is in the Laird is like Munt Sion, that canna be muived, but hauds its steid for aye.

2 As the muntains is roond aboot Jerusalem, sae the Laird will be roond aboot his fowk, frae this time an for aye.

3 For the wand o sinners winna rest on the heirskip o the upricht; sae that the upricht canna rax oot thair haunds tae ill.

4 Dae guid, O Laird, tae thaim that's guid, an tae thaim that's upricht in hert.

5 But, as for sic as is turnt frae the straucht wey, the Laird will tak thaim awa wi the wirkers o ill. Lat peace be on Israel.

Psaum 126

A Sang o the gaun up.

W han the Laird cheenged Sion's weird, we war like men in a dream.

2 Syne oor mous wis fou o lauchin, an oor tongues gien a gled cry; thay said amang the nations, The Laird haes duin great things for thaim.

3 The Laird haes duin great things for us; as we ar gled acause o.

4 Lat oor weird be cheenged, O Laird, like the burns in the sooth.

5 Thaim that saws seed wi greetin will hairst the corn wi cries o joy.

6 Tho a man can gang furth greetin, takkin his veshel o seed wi him; he will come again in joy, wi the fettelt strae in his airms.

Psaum 127

A Sang o the gaun up. O Solomon.

G in the Laird disna help the biggers, than the biggin o a hoose is tae nae ettle: gin the Laird disna haud the toun, the waukman hauds his wauk for nocht.

2 It is nae uiss for ye tae rise early an gang late tae yer bed wi the breid o sorrae for yer meat; for the Laird gies tae his luved anes in sleep.

3 See, sons is a heirskip frae the Laird; the fruit o the bouk is his rewaird.

4 Like arraes in the haund o a man o war is the bairns o the young.

5 Blythe is the man wi a guid huird o thaim; he winna be pit tae shame, but his cause will be upheld by thaim agin his ill-willers.

Psaum 128

A Sang o the gaun up.

B lythe is the wirshipper o the Laird, that walks in his weys.

2 Ye will hae the fruit o the darg o yer haunds: blythe ye will be, an aw will be weel for ye.

3 Yer guidwife will be like a growthy vine in the benmaist pairts o yer hoose: yer bairns will be like olive plants roond yer buird.

4 See! This is the sainin o the wirshipper o the Laird.

5 Lat the Laird send ye sainins frae Sion: mey ye see the guid o Jerusalem aw the days o yer life.

6 Mey ye see yer bairns' bairns. Peace be on Israel.

Psaum 129

A Sang o the gaun up.

G reat haes ma tribbles been frae A wis young (lat Israel nou say);

2 Great haes ma tribbles been frae A wis young, but ma tribbles haesna owercome me.

3 The ploumen wis plouin on ma back; lang wis the wounds thay made.

4 The Laird is richt: the towes o the ill-daers is reft in twa.

5 Lat aw the ill-willers o Sion be shamed an turnt back.

6 Lat thaim be like the thack on the hoose-taps, that is dry afore it wins tae fou growthe.

7 Him that hairsts the corn haes nae uiss for't; an thay dinna mak threaves o't for the ickers.

8 An thaim that gangs by disna say, The sainin o the Laird be on ye; we gie ye sainins in the name o the Laird.

Psaum 130

A Sang o the gaun up.

O ot the deep A hae cried on ye, O Laird.

2 Laird, lat ma vyce come afore ye: lat yer lugs wauken tae the vyce o ma prayer.

3 O Jah, gin ye taen tent tae ilka sin, wha wad gang free?

4 But the'r forgieness wi ye, sae that ye ar feart.

5 A wait on the Laird, ma saul waits on him, an ma howp is in his wird.

6 Ma saul wauks for the Laird mair nor thaim that wauks for the forenuin; ay, mair nor the waukers for the forenuin.

7 O Israel, howp in the Laird; for wi the Laird is mercy an fou salvation.

8 An he will set Israel free frae aw his sins.

Psaum 131

A Sang o the gaun up. O Dauvit.

L aird, the'r nae pride in ma hert, an ma een isna liftit up; an A haena taen pairt in great haundlins or in things ower haurd for me.

2 See, A hae made ma saul lown an quate, like a soukin bairn; ma saul is like a soukin bairn.

3 O Israel, howp in the Laird, frae this time an for aye.

Psaum 132

A Sang o the gaun up.

L aird, think on Dauvit, an aw his tribbles;

2 Whit wey he made an aith tae the Laird an gien his wird tae the great God o Jaucob, sayin,

3 Truelins, A winna come ben ma hoose or gang tae ma bed,

4 A winna gie sleep tae ma een, or slummer tae ma winkers,

5 Till A hae gat a steid for the Laird, a bield for the great God o Jaucob.

6 We haen newins o't at Ephrathah: we come tae't in the fields o Jaar.

7 Lat us gang ben his tent; lat us wirship at his feet.

8 Come back, O Laird, tae yer bield; ye an the airk o yer strenth.

9 Lat yer priests be cled in richtousness; an lat yer saunts gie cries o joy.

10 Acause o yer servand Dauvit, dinna forleet yer keeng.

11 The Laird gien an aefauld aith tae Dauvit, that he winna forsweir, sayin, A will gie yer kinrick tae the fruit o yer bouk.

12 Gin yer bairns hauds ma wird, an the lear that A will gie thaim, thair bairns will be rulers o yer kinrick for aye.

13 For the Laird's hert is set on Sion, seekin it for his bield.

14 This is ma rest for aye: here A will aye be; for this is ma desire.

15 Ma sainin will be on her meat; an her puir will be fou o breid.

16 Her priests will be cled in salvation; an her saunts will gie cries o joy.

17 Thare A will mak the horn o Dauvit growthy: A hae made ready a licht for ma keeng.

18 His ill-willers will be cled in shame; but A will gar his croun sheen.

Psaum 133

A Sang o the gaun up. O Dauvit.

S ee hou guid an hou pleasin it is for brithers tae be leevin thegither in hairmony!

2 It is like ile o great wirth on the heid, fleetin doun ower the face, e'en Aaron's face: comin doun tae the skirts o his robe;

3 Like the weet o Hermon, that comes doun on the muntains o Sion: for thare the Laird gien orders for the sainin, e'en life for aye.

Psaum 134

A Sang o the gaun up.

R uise the Laird, aw ye servands o the Laird as taks yer places in the hoose o the Laird by nicht.

2 Ruise the Laird, liftin up yer haunds in his sanctuar.

3 Lat the Laird, that made hieven an yird, send ye sainins frae Sion.

Psaum 135

L at the Laird be ruised. O ye servands o the Laird, ruise the name o the Laird.

2 Ye in the hoose o the Laird, an in the appen rooms o the hoose o oor God,

3 Ruise Jah, for he is guid: mak melody tae his name, for it is pleasin.

4 For the Laird haes taen Jaucob for hissel, an Israel for his ain treisur.

5 A ken that the Laird is great, an that oor Laird is greater nor aw ither gods.

6 The Laird haes duin whitiver pleased him, in hieven an on the yird, in the seas an in aw the deep watters.

7 He gars the rouks gang up frae the ends o the yird; he maks fire-flaucht for the rain; he sends oot the winds frae his thesaury.

8 He pit tae deith the first fruits o Egypt, o man an beast.

9 He sent signs an ferlies amang ye, O Egypt, on Pharaoh an on aw his servands.

10 He owercome great nations an pit strang keengs tae deith;

11 Sihon, keeng o the Amorites, an Og, keeng o Bashan, an aw the kinricks o Canaan;

12 An gien thair laund for a heirskip, e'en for a heirskip tae Israel his fowk.

13 O Laird, yer name is aye-bidin; an the myndin o ye will hae nae end.

14 For the Laird will be juidge o his fowk's cause; his feelins will cheenge tae his servands.

15 The eemages o the nations is siller an gowd, the darg o men's haunds.

16 Thay hae mous but nae vyce, thay hae een, but thay dinna see;

17 Thay hae lugs but nae hearin; an the'r nae braith in thair mous.

18 Thaim that maks thaim is like thaim; an sae's awbody that pits his howp in thaim.

19 Ruise the Laird, O bairns o Israel: ruise the Laird, O sons o Aaron:

20 Ruise the Laird, O sons o Levi: lat aw the wirshippers o the Laird ruise him.

21 Ruise be tae the Laird frae Sion, e'en tae the Laird that's hoose is in Jerusalem, Lat the Laird be ruised.

Psaum 136

O ruise the Laird, for he is guid: for his mercy is uncheengin for aye.

2 O ruise the God o gods: for his mercy is uncheengin for aye.

3 O ruise the Laird o lairds: for his mercy is uncheengin for aye.

4 Tae him that his lane dis great ferlies: for his mercy is uncheengin for aye.

5 Tae him that by wit made the hievens: for his mercy is uncheengin for aye.

6 Tae him that the yird wis streekit oot ower the watters by: for his mercy is uncheengin for aye.

7 Tae him that made great lichts: for his mercy is uncheengin for aye.

8 The sun tae rule by day: for his mercy is uncheengin for aye.

9 The muin an the starns tae rule by nicht: for his mercy is uncheengin for aye.

10 Tae him that pit tae deith the first fruits o Egypt: for his mercy is uncheengin for aye:

11 An taen Israel oot frae amang thaim: for his mercy is uncheengin for aye:

12 Wi a strang haund an an ootraxt airm: for his mercy is uncheengin for aye.

13 Tae him that shed the watters o the Reid Sea: for his mercy is uncheengin for aye:

14 An lat Israel gang throu't: for his mercy is uncheengin for aye:

15 By him Pharaoh an his airmy wis cowpit in the Reid Sea: for his mercy is uncheengin for aye.

16 Tae him that taen his fowk throu the fouthless laund: for his mercy is uncheengin for aye.

17 Tae him that owercome great keengs: for his mercy is uncheengin for aye:

18 An pit noble keengs tae deith: for his mercy is uncheengin for aye:

19 Sihon, keeng o the Amorites: for his mercy is uncheengin for aye:

20 An Og, keeng o Bashan: for his mercy is uncheengin for aye:

21 An gien thair laund tae his fowk for a heirskip: for his mercy is uncheengin for aye.

22 E'en a heirskip for his servand Israel: for his mercy is uncheengin for aye.

23 That held us in mynd whan we war in tribble: for his mercy is uncheengin for aye.

24 An haes taen us oot the haunds o oor ill-willers: for his mercy is uncheengin for aye.

25 That gies meat tae aw flesh: for his mercy is uncheengin for aye.

26 O ruise the God o hieven: for his mercy is uncheengin for aye.

Psaum 137

B y the watters o Babylon we war seatit, greetin at the myndin o Sion,

2 Hingin oor instruments o muisic on the sauchs by the watterside.

3 For thare thaim that haed taen us preesoners socht a sang; an thaim that haed taen awa aw we haen gien us orders tae be gled, sayin, Gie us ane o the sangs o Sion.

4 Whit wey can we sing the Laird's sang in a fremmit laund?

5 Gin A haud na yer myndin, O Jerusalem, latna ma richt haund haud the myndin o its airt.

6 Gin A lat ye gang frae ma thochts, gin A dinna pit Jerusalem afore ma greatest joy, lat ma tongue tack tae the ruif o ma mou.

7 O Laird, coont agin the bairns o Edom the day o Jerusalem; whit wey thay said, Lat it be unkivert, unkivert e'en tae its foonds.

8 O dochter o Babylon, that's weird is ruinage; blythe is the man that dis tae ye whit ye hae duin tae us.

9 Blythe is the man that taks yer wee anes, brouslin thaim agin the craigs.

Psaum 138

O Dauvit.

A will ruise ye wi aw ma hert: A will mak melody tae ye afore the gods.

2 A will wirship afore yer haly Temple, ruisin yer name for yer mercy an for yer uncheengin faith: for ye hae made yer wird greater nor aw yer name.

3 Whan ma cry come tae yer lugs, ye answert me an made me great wi strenth in ma saul.

4 Aw the keengs o the yird will ruise ye, O Laird, whan the wirds o yer mou comes tae thair lugs.

5 Thay will sing aboot the weys o the Laird; for great is the glore o the Laird.

6 Tho the Laird is heich, he sees thaim that's law; an he kens frae hyne awa o thaim that's liftit up.

7 E'en whan tribble is roond me, ye will gie me life; yer haund will be raxt oot agin the wraith o ma ill-willers, an yer richt haund will be ma salvation.

8 The Laird will mak aw things hale for me: O Laird, yer mercy is aye-bidin; dinna gie up the warks o yer haunds.

Psaum 139

Tae the heid musicianer. A Psaum o Dauvit.

O Laird, ye ken me, seekin oot aw ma saicrets.

2 Ye ken whan A am seatit an whan A rise, ye see ma thochts frae hyne awa.

3 Ye wauk ower ma staps an ma sleep an kens aw ma weys.

4 For the'r no a wird on ma tongue that isna clear tae ye, O Laird.

5 A am steekit in by ye on ilka side, an ye hae pit yer haund on me.

6 Sic knawledge is a wunner greater nor ma pouers; that heich that A canna win near it.

7 Whaur can A gang frae yer speerit? Whit wey can A flicht awa frae ye?

8 Gin A gang up tae hieven, ye ar thare: or gin A mak ma bed in hell, ye ar thare.

9 Gin A tak the weengs o the forenuin an gang tae the faurdest pairts o the sea;

10 E'en thare A will be airtit by yer haund, an yer richt haund will haud me.

11 Gin A say, Juist lat me be happit by the mirk, an the licht aboot me be nicht;

12 E'en the mirk isna mirk tae ye; the nicht is as bricht's the day: for licht an daurk is aw ane tae ye.

13 Ma flesh wis made by ye, an ma pairts jynt thegither in ma mither's wame.

14 A will ruise ye, for A am orra an delicate formed; yer warks is great ferlies, an o this ma saul is awthegither awaur.

15 Ma frame wisna unseen by ye whan hidlins A wis made an orra formed in the laichest pairts o the yird.

16 Yer een seen ma unformed substance; in yer beuk aw ma days wis telt ower, e'en thaim that wis ettelt afore thay haed come intae bein.

17 Hou dear is yer thochts tae me, O God! Hou great is the nummer o thaim!

18 Gin A made up thair nummer, it wad be mair nor the corns o saund; whan A am waukrife, A am aye wi ye.

19 Gin ye wad juist pit the sinners tae deith, O God; gang faur frae me, ye men o bluid.

20 For thay gang agin ye wi ill designs, an yer ill-willers maks sport o yer name.

21 Isna yer ill-willers ill-willed by me, O Laird? Isna thaim that's gaithert agin ye a cause o dule tae me?

22 Ma ill will for thaim is evendoun; ma thochts o thaim is like thay war makkin war on me.

23 O God, lat the saicrets o ma hert be unkivert, an lat ma wanderin thochts be seyed:

24 See gin the'r ony wey o sorrae athin me, an airt me in the aye-bidin wey.

Psaum 140

Tae the heid musicianer. A Psaum o Dauvit.

O Laird, tak me oot the pouer o the ill man; haud me sauf frae the royet man:

2 For thair herts is fou o ill designs; an thay ar aye makkin ready causes o war.

3 Thair tongues is shairp like the tongue o a serpent; the pushion o serpents is unner thair lips. (Selah.),

4 O Laird, tak me oot the haunds o sinners; haud me sauf frae the royet man: for thay design ma dounfaw.

5 The men o pride haes set hidlin towes for ma feet; castin nets in ma wey, sae that thay can tak me wi thair swicks. (Selah.),

6 A hae said tae the Laird, Ye ar ma God: tak tent, O Laird, tae the vyce o ma prayer.

7 O Laird God, the strenth o ma salvation, ye hae been a bield ower ma heid in the day o the fecht.

8 O Laird, gie na the wrangdaer his desire; gie him nae help in his ill designs, or he will be upliftit in pride. (Selah.),

9 As for thaim that comes roond me, lat thair heids be happit by the ill o thair lips.

10 Lat birnin flames come doun on thaim: lat thaim be pit intae the fire, an intae deep watters, sae that thay canna git up again.

11 Latna a man o ill tongue be sauf on the yird: lat ruinage owertak the royet man wi blaw efter blaw.

12 A am siccar that the Laird will uphaud the cause o the puir, an the richts o thaim that's trauchelt.

13 Truelins, the upricht will ruise yer name: the haly will hae a bield in yer hoose.

Psaum 141

A Psaum o Dauvit.

Laird, A hae cried on ye; come tae me swith; tak tent tae ma vyce whan it gangs up tae ye.

2 Lat ma prayer be ordert afore ye like a sweet waff; an lat the liftin up o ma haunds be like the forenicht offerin.

3 O Laird, wauk ower ma mou; haud the door o ma lips.

4 Haud ma hert frae seekin ony ill thing, or frae takkin pairt in the sins o the ill-daers wi men as dis wrang: an lat me hae nae pairt in thair guid things.

5 Lat the upricht punish me; an lat the God-fearin man pit me richt; but A winna lat the ile o sinners anynt ma heid: whan thay dae ill, A will gie masel tae prayer.

6 Whan ruinage comes tae thair juidges aside the craig, thay will tak tent tae ma wirds, for thay ar sweet.

7 Oor banes is broke up at the yetts o hell as the yird is broke by the plou.

8 But ma een is turnt tae ye, O Laird God: ma howp is in ye; latna ma saul be gien up tae deith.

9 Haud me frae the net that thay hae cuist for me, an frae the designs o the wirkers o ill.

10 Lat the sinners be catched in the nets thay thairsels haes cuist, while A gang free.

Psaum 142

Maschil. O Dauvit. A prayer whan he wis in the cove o the muntain.

The soond o ma cry gaen up tae the Laird; wi ma vyce A prayed for grace tae the Laird.

2 A set aw ma sorraes afore him; an cried furth tae him aw ma tribble.

3 Whan ma speerit is owercome, yer een is on ma pad; nets haes been cuist hidlins afore me.

4 Leukin tae ma richt side, A seen nae man that wis ma freend: A haen nae girth or refuge; naebody wis fasht for ma saul.

5 A hae cried on ye, O Laird; A hae

said, Ye ar ma bield an ma heirskip in the laund o the leevin.

6 Tak tent tae ma cry, for A am laid unco law: tak me oot the haunds o ma ill-willers, for thay ar stranger nor me.

7 Lead ma saul oot o preeson till A ruise yer name: the upricht will gie ruise acause o me; for ye hae gien me a fou rewaird.

Psaum 143

A Psaum o Dauvit.

Lat ma prayer come tae ye, O Laird; tak tent tae ma seekins for yer grace; haud faith wi me, an answer me in yer richtousness;

2 Latna yer servand come afore ye tae be deemed; for nae man tae the fore is upricht in yer een.

3 The ill man haes gaen efter ma saul; ma life is brouselt doun tae the yird: he haes cuist me in the mirk, like thaim lang deid.

4 Acause o this ma speerit is owercome; an ma hert is sair fleggit.

5 A mynd the early days o the bygaen, thinkin on aw yer acts, e'en the darg o yer haunds.

6 Ma haunds is raxt up tae ye: ma saul is turnt tae ye like a laund in need o watter. (Selah.),

7 Be swith answerin me, O Laird, for the strenth o ma speerit haes gaen: lat me see yer face sae that A'm no like thaim that gangs doun intae hell.

8 Lat the story o yer mercy come tae me in the forenuin, for ma howp is in ye: gie me knawledge o the wey that A am tae gang in; for ma saul is liftit up tae ye.

9 O Laird, tak me oot the haunds o ma ill-willers; ma saul waits on ye.

10 Lear me till A dae yer pleisur; for ye ar ma God: lat yer guid Speerit airt me intae the laund o richtousness.

11 Gie me life, O Laird, acause o yer name; in yer richtousness lead ma saul oot o tribble.

12 An in yer mercy pit an end tae ma ill-willers, an send ruinage upo thaim that's agin ma saul; for A am yer servand.

Psaum 144

A Psaum o Dauvit.

Ruise be tae the God o ma strenth, learnin ma haunds the uiss o the swuird an ma fingers the airt o fechtin:

2 He is ma strenth an ma Fundament; ma heich touer an ma saviour; ma hauder an ma howp: he gies me authority ower ma fowk.

3 Laird, whit is man, that ye haud him in mynd? Or the son o man that ye tak him intae accoont?

4 Man is like a braith: his life is like a shaidae swith gaen.

5 Come doun, O Laird, frae yer hievens: at yer titch lat the muntains spew furth reek.

6 Wi yer fire-flaucht pit thaim tae flicht: send oot yer arraes for thair ruinage.

7 Rax oot yer haund frae abuin; free me, tak me sauf oot the muckle watters, an oot the haunds o fremmit men;

8 That's mous fause wirds is in, an that's richt haund is a richt haund o deceivery.

9 A will sing a new sang tae ye, O God; A will mak melody tae ye on an instrument o ten thairms.

10 It is God that gies salvation tae keengs; an that held his servand Dauvit frae the woundin swuird.

11 Free me an tak me oot the haunds o fremmit men, that's mous fause wirds is in, an that's richt haund is a richt haund o deceivery.

12 Oor sons is like growthy young plants; an oor dochters like the sheenin stanes o a keeng's hoose;

13 Oor thesaury is fou o ilka guid thing; an oor sheep gies birth tae thoosands an ten thoosands in oor fields.

14 Oor owsen is weel wechtit doun; oor kye gies birth sauf; the'r nae gaun oot, an the'r nae screich o sorrae in the gate.

15 Blythe is the nation that's weys is ordert like thon: ay, blythe is the nation that's God is the Laird.

Psaum 145

A Sang o ruise. O Dauvit.

L at me gie glore tae ye, O God, ma Keeng; an sainins tae yer name for iver an aye.

2 Ilka day A will gie ye sainins, ruisin yer name for iver an aye.

3 Great is the Laird, an sair tae be ruised; his pouer can niver be socht oot.

4 Ae generation efter anither will ruise yer great acts an cry furth the operation o yer strenth.

5 Ma thochts will be o the honour an glore o yer rule, an the wunner o yer warks.

6 Men will talk o the pouer an fear o yer acts; A will gie wird o yer glore.

7 Thair wirds will be fou o the myndin o aw yer mercy, an thay will sing o yer richtousness.

8 The Laird is fou o grace an peety; no swith wraith, but fouthy in mercy.

9 The Laird is guid tae aw men; an his mercies is ower aw his warks.

10 Aw the warks o yer haunds ruises ye, O Laird; an yer saunts sains ye.

11 Thair wirds will be o the glore o yer kinrick, an thair talk o yer strenth;

12 Sae that the sons o men can ken his acts o pouer, an the great glore o his kinrick.

13 Yer kinrick is aye-bidin, an yer rule is throu aw the generations.

14 The Laird is the uphaud o the brouselt an the lifter up o the dounhauden.

15 The een o aw men waits on ye; an ye gie thaim thair meat in its time.

16 Frae yer appen luif, ilka leevin thing haes its desire in fou meisur.

17 The Laird is upricht in aw his weys, an couthie in aw his warks.

18 The Laird is nearhaund thaim that honours his name; e'en thaim that honours him wi aefauld herts.

19 Tae his wirshippers, he will gie thair desire; thair cry comes tae his lugs, an he gies thaim salvation.

20 The Laird will haud aw his wirshippers frae danger; but he will send ruinage upo aw sinners.

21 Ma mou will ruise the Laird; lat aw flesh sain his haly name for iver an aye.

Psaum 146

L at the Laird be ruised. Ruise the Laird, O ma saul.

2 While A hae braith A will ruise the Laird: A will mak melody tae ma God while aye tae the fore.

3 Pit na yer faith in rulers, or in the son o man, that the'r nae salvation in.

4 Man's braith gangs oot, he is turnt back again tae stour; in that day aw his ettles ends.

5 Blythe is the man wi the God o Jaucob for his helper, that's howp is in the Laird his God:

6 That made hieven an yird, the sea, an aw things in thaim; that hauds faith for aye:

7 That gies thair richts tae the dounhauden; an gies meat tae thaim in need o't: the Laird sets the preesoners free;

8 The Laird appens the een o the blind; the Laird is the lifter up o the dounhauden; the Laird luves the upricht;

9 The Laird tents fremmit bodies hyne frae thair hames; he gies help tae the weedae an tae the faitherless bairn; but he sends ruinage upo the pad o sinners.

10 The Laird will be Keeng for aye; yer God, O Sion, will be Keeng throu aw the generations. Ruise be tae the Laird.

Psaum 147

R uise the Laird; for it is guid tae mak melody tae oor God; ruise is pleasin an bonny.

2 The Laird bigs up Jerusalem; he gars aw the ootlins o Israel come thegither.

3 He maks the broke-hertit weel an slairs ile on thair wounds.

4 He sees the nummer o the starns; he gies thaim aw thair names.

5 Great is oor Laird, an great his pouer; his wit is boondless.

6 The Laird gies help tae the puir in speerit; but he sends sinners doun in shame.

7 Sing sangs o ruise tae the Laird; mak melody tae oor God wi instruments o muisic.

8 By his haund the hieven is happit wi cluds, an rain is huirdit up for the yird; he maks the gress lang on the muntains.

9 He gies meat tae ilka beast, an tae the young corbies in repone tae thair cry.

10 He disna delite in the strenth o a horse; he taks nae pleisur in the shanks o a man.

11 The Laird taks pleisur in his wirshippers an in thaim that's howp is in his mercy.

12 Ruise the Laird, O Jerusalem; ruise yer God, O Sion.

13 He haes made strang the airn baunds o yer doors; he haes sent sainins on yer bairns inby yer waws.

14 He spreids peace throu aw yer laund, stowin yer huirds wi fat corn.

15 He sends oot his orders tae the yird; his wird gangs oot swith.

16 He sends furth snaw like oo; he sends oot ice-draps like stour.

17 He sends doun hail like raindraps: watter is gealt by his cauld.

18 At the ootgaun o his wird, the hail is turnt tae watter; whan he sends oot his wind, the'r a fleetin o watters.

19 He maks his wird clear tae

Jaucob, learnin Israel his laws an his juidgments.

20 He haesna duin thir things for ony ither nation: an, as for his laws, thay hae nae knawledge o thaim. Lat the Laird be ruised.

Psaum 148

Ruise the Laird. Lat the Laird be ruised frae the hievens: ruise him in the hievens.

2 Ruise him, aw ye his angels: ruise him, aw his airmies.

3 Ruise him, ye sun an muin: ruise him, aw ye starns o licht.

4 Ruise him, ye heichest hievens, an ye watters ower the hievens.

5 Lat thaim ruise the name o the Laird: for he gien the order, an thay war made.

6 He haes set thaim in thair steids for aye; he haes gien thaim thair leemits as canna be broke.

7 Ruise the Laird frae the yird, ye muckle sea beasts, an howes:

8 Fire an rain o hail, snaw an rouks; storm wind, daein his wird:

9 Muntains an aw knowes; fruit-trees an aw trees o the muntains:

10 Beasts an aw kye; beasties an weengit birds:

11 Keengs o the yird an aw nations; rulers an aw juidges o the yird:

12 Callants an bits o lassies; auld men an bairns:

13 Lat thaim gie glore tae the name o the Laird: for his name its lane is tae be ruised: his kinrick is ower the yird an the hieven.

14 He haes set abuin the horn o his fowk, for the ruise o aw his saunts; e'en the bairns o Israel, fowk that is nearhaund him. Lat the Laird be ruised.

Psaum 149

Lat the Laird be ruised. Sing a new sang tae the Laird, lat his ruise be in the gaitherin o his saunts.

2 Lat Israel be blythe in his makker; lat the bairns o Sion be gled in thair Keeng.

3 Lat thaim ruise his name in the dance: lat thaim mak melody tae him wi instruments o bress an thairm-stringit instruments o muisic.

4 For the Laird taks pleisur in his fowk: he gies the puir in speerit a croun o salvation.

5 Lat the saunts be blythe an hae glore: lat thaim gie cries o joy on thair beds.

6 Lat the heich ruises o God be in thair mous, an a twa-cannelt swuird in thair haunds;

7 Tae gie the nations the rewaird o thair sins, an the peoples thair punishment;

8 Tae pit thair keengs in cheens, an thair rulers in baunds o airn;

9 Tae gie thaim the punishment in the haly writins: this honour is gien tae aw his saunts. Ruise be tae the Laird.

Psaum 150

Lat the Laird be ruised. Ruise God in his sanctuar: ruise him in the hieven o his pouer.

2 Ruise him for his acts o pouer: ruise him in the meisur o his great strenth.

3 Ruise him wi the soond o the horn: ruise him wi thairm-stringit instruments o muisic.

4 Ruise him wi instruments o bress an in the dance: ruise him wi horns an thairm-stringit instruments.

5 Ruise him wi the lood bress: ruise him wi the heich-soondin bress.

6 Lat awthing wi braith ruise the Laird. Lat the Laird be ruised.

PROVERBS

T he wicelike wirds o Solomon, the
son o Dauvit, keeng o Israel.

2 Tae ken wicelike lear; tae be clear
aboot the wirds o raison:

3 Tae be fuish up in the weys o wit, in
richtousness an deemin richt an straucht
fashions:

4 Tae mak the semple-myndit shairp
an gie the young man knawledge an
sairious ettle:

5 (The wicelike man, hearin, will git
mair lear, an the acts o the man o mense
will be airtit wicelike:)

6 Tae git the sense o wicelike saws an
saicrets, an o the wirds o the wicelike an
thair mirk sayins.

7 The fear o the Laird is the stairt o
knawledge: but the daftlike haes nae
uiss for wit or lear.

8 Ma son, tak tent tae the upbring o
yer faither, an dinna gie up the lear o yer
mither:

9 For thay will be a croun o grace for
yer heid, an cheens aboot yer hause.

10 Ma son, gin sinners wad wile
ye frae the richt wey, dinna gang wi
thaim.

11 Gin thay say, Come wi us; lat us
mak designs agin the guid, waitin
hidlins for the upricht, for nocht;

12 Lat us owercome thaim leevin, like
hell, an in thair strenth, as thaim that
gangs doun tae deith;

13 Guids an gear o great wirth will
be oors, oor hooses will be stowed wi
walth;

14 Tak yer chance wi us, an we will aw
hae ae pootch:

15 Ma son, dinna gang wi thaim; haud
yer feet frae thair weys:

16 For thair feet rins efter ill, an thay ar
swith tae tak a man's life.

17 Truelins, tae nae ettle is the net
cuist afore the een o the bird:

18 An thay wait hidlins on thair
bluid an mak ruinage ready for thairsels.

19 Sic is the weird o awbody that
gangs in sairch o siller; it taks the life o
its awners.

20 Wit cries oot in the gate; her vyce
is lood ootby;

21 Her wirds soonds in the mercats,
an in the door-cheeks o the toun:

22 Hou lang, ye semple anes, will
daftlike things be dear tae ye? An pride
a delite tae the ill-willers o authority?
Hou lang will the daftlike gang on hatin
knawledge?

23 Be turnt again by ma shairp
wirds: see, A will send the flowe o ma
speerit on ye, an mak ma wirds clear tae
ye.

24 Acause yer lugs wis steekit tae ma
vyce; naebody gien tent tae ma ootraxt
haund;

25 Ye warna controlled by ma guidin,
an wad hae nocht tae dae wi ma shairp
wirds:

26 Sae in yer day o tribble A will
lauch; A will mak sport o yer fear;

27 Whan yer fear comes on ye like
a storm, an yer tribble like a breingin
wind; whan pyne an sorrae comes on ye.

28 Syne A will gie nae repone tae thair
cries; seekin me early, thay winna see me:

29 For thay war ill-willers o knawledge,
an didna gie thair herts tae the fear o
the Laird:

30 Thay haen nae desire for ma lear,
an ma wirds o plaint wis as nocht tae
thaim.

31 Sae the fruit o thair wey will be thair
meat, an wi the designs o thair herts
thay will be made fou.

32 For the turnin back o the semple
frae lear will haste thair deith, an
the peace o the daftlike will be thair
ruinage.

33 But whaiver taks tent tae me will
rest sauf, bidin in peace 'ithoot fear o ill.

Chaipter 2

Ma son, gin ye will tak ma wirds
tae yer hert, huirdin ma laws in
yer mynd;

2 Sae that yer lug gies tent tae wit, an
yer hert is turnt tae knawledge;

3 Truelins, gin ye cry oot for mense, an
yer seekin is for knawledge;

4 Gin ye leuk for her as for siller, an
seek for her as for huirdit-up walth;

5 Syne the fear o the Laird will be
clear tae ye, an knawledge o God will be
yours.

6 For the Laird gies wit; oot his mou
comes knawledge an raison:

7 He haes salvation huirdit up for the
upricht, he is a shield tae thaim 'ithoot
ill;

8 He wauks on the richt weys, an tents
thaim that fears him.

9 Syne ye will ken richtousness an actin
richt, an upricht fashions, e'en o ilka
guid wey.

10 For wit will come athin yer hert, an
knawledge will be pleasin tae yer saul;

11 Wicelike ettles will wauk ower ye,
an knawledge will haud ye;

12 Giein ye salvation frae the ill man,
frae thaim that's wirds is fause;

13 As gies up the pad o richtousness,
tae gang by mirk gates;

14 As taks pleisur in wrangdaein, an
finds joy in the ill designs o the sinner;

15 That's weys isna straucht, an that's
fitstaps is turnt tae ill:

16 Tae tak ye oot the pouer o the
fremmit wumman, that says glib wirds
wi her tongue;

17 That is fause tae the guidman o her
early years, an disna haud the greement
o her God in mynd:

18 For her hoose is on the wey doun
tae deith; her fitstaps gangs doun tae the
shaidaes:

19 Thaim that gangs tae her disna come
back again; thair feet disna bide athin
the weys o life:

20 Sae that ye can gang in the wey o
guid men, an bide athin the fitstaps o
the upricht.

21 For the upricht will bide in the laund, an the guid will hae't for thair heirskip.

22 But sinners will be sned aff frae the laund, an thaim that's acts is fause will be upruitit.

Chaipter 3

M a son, haud ma lear in yer myndin, an ma rules in yer hert:

2 For thay will gie ye eikin o days, years o life, an peace.

3 Latna mercy an guid faith gang frae ye; lat thaim hing roond yer hause, inscrieved on yer hert;

4 Sae ye will hae grace an a guid name in the een o God an men.

5 Pit aw yer howp in God, no leukin tae yer raison for uphaud.

6 In aw yer weys tak tent tae him, an he will mak straucht yer fitstaps.

7 Pit nae heich wirth on yer wit: lat the fear o the Laird be afore ye, an haud yersel frae ill:

8 This will gie strenth tae yer flesh, an new life tae yer banes.

9 Honour the Laird wi yer walth, an wi the first fruits o aw yer eikin:

10 Sae yer byres will be stowed wi corn, an yer veshels lipper ower wi new wine.

11 Ma son, dinna mak yer hert haurd agin the Laird's lear; dinna be made wraith by his upbring:

12 For tae thaim that's dear tae him the Laird says shairp wirds an gars the son that he delites in dree pyne.

13 Blythe is the man that finds wit, an him that comes tae knawledge.

14 For trokin in't is better nor trokin in siller, an its ootcome greater nor bricht gowd.

15 She is wirth mair nor jewels, an nocht that ye desire is bonny in compear wi her.

16 Lang life is in her richt haund, an in her left is walth an honour.

17 Her weys is the weys o delite, an aw her pads is peace.

18 She is a tree o life tae aw thaim that taks her in thair haunds, an blythe is awbody that hauds her.

19 The Laird by wit set in poseetion the foonds o the yird; by raison he pit the hievens in thair steid.

20 By his knawledge the deep wis pairtit, an weet come dreepin frae the hievens.

21 Ma son, keep a haud o mense, an dinna lat wicelike ettle gang frae yer een.

22 Sae thay will be life for yer saul, an grace for yer hause.

23 Syne ye will gang sauf on yer wey, an yer feet will hae nae cause tae slidder.

24 Whan ye rest ye will hae nae fear, an on yer bed sleep will be sweet tae ye.

25 Hae nae fear o suddent danger, or o the storm that will come upo ill-daers:

26 For the Laird will be yer howp an haud yer fit frae bein taen in the net.

27 Dinna haud back the guid frae thaim that haes a richt tae't, whan it is in the pouer o yer haund tae dae't.

28 Say na tae yer neebour, Gang, an come again, an the morn A will gie; whan ye hae't wi ye at the time.

29 Dinna mak ill designs agin yer neebour, whan he bides wi ye 'ithoot fear.

30 Dinna tak up a cause at law agin a man for nocht, gin he haes duin ye nae wrang.

31 Binna chawed at the royet man, or tak ony o his weys as an exemplar.

32 For the wrang-hertit man is ill-willed by the Laird, but he is a freend tae the upricht.

33 The ban o the Laird is on the hoose o the ill-daer, but his sainin is on the tent o the upricht.

34 He maks sport o the men o pride, but he gies grace tae the lown-hertit.

35 The wicelike will hae glore for thair heirskip, but shame will be the rewaird o the daftlike.

Chaipter 4

Hearken, ma sons, tae the lear o a faither; tak tent sae that ye ken:

2 For A gie ye guid lear; dinna gie up the knawledge ye git frae me.

3 For A wis a son tae ma faither, a lown an an ae ane tae ma mither.

4 An he gien me lear, sayin tae me, Haud ma wirds in yer hert; haud ma rules sae that ye hae life:

5 Git wit, git richt knawledge; haud it in myndin, dinna turn awa frae the wirds o ma mou.

6 Dinna gie her up, an she will haud ye; gie her yer luve, an she will mak ye sauf.

7 The first sign o wit is tae git wit; gang, gie aw ye hae tae git richt knawledge.

8 Pit her in a heich steid, an ye will be liftit up by her; she will gie ye honour, whan ye gie her yer luve.

9 She will set a croun o grace on yer heid, giein ye a chaiplet o glore.

10 Hearken, O ma son, an lat yer hert be appen tae ma wirds; an lang life will be yours.

11 A hae gien ye lear in the wey o wit, guidin yer staps in the straucht wey.

12 Whan ye gang, yer wey winna be nairae, an in rinnin ye winna faw.

13 Tak lear in yer haunds, dinna lat her gang: haud her, for she is yer life.

14 Dinna gang the gate o sinners, or walk in the wey o ill men.

15 Bide faur frae't, dinna gang nearhaund; turn frae't, an gang on yer wey.

16 For thay tak nae rest till thay hae duin ill; thair sleep is wanrestfu gin thay haena caused somebody's faw.

17 The breid o ill-daein is thair meat, the wine o royet acts thair drink.

18 But the pad o the upricht is like the licht o the dawin, gittin brichter an brichter till the fou day.

19 The pad o sinners is mirk; thay see na the cause o thair dounfaw.

20 Ma son, tak tent tae ma wirds; lat yer lug be turnt tae ma saws.

21 Lat thaim na gang frae yer een; haud thaim deep in yer hert.

22 For thay ar life tae him that gits thaim, an strenth tae aw his flesh.

23 An wauks ower yer hert wi ilka care; sae ye will hae life.

24 Pit awa frae ye an ill tongue, an lat fause lips be faur frae ye.

25 Haud yer een on whit is afore ye, leukin straucht afore ye.

26 Wauk on yer fashions; lat aw yer weys be ordert richt.

27 Lat thare be nae turnin tae the richt or tae the left; haud yer feet frae ill.

Chaipter 5

M a son, tak tent tae ma wit; lat yer lug be turnt tae ma lear:

2 Sae that ye ar ruled by a wicelike ettle, an yer lips can haud knawledge.

3 For hinny dreeps frae the lips o the fremmit wumman, an her mou is smuither nor ile;

4 But her end is soor as wirmit an shairp as a twa-cannelt swuird;

5 Her feet gangs doun tae deith, an her staps tae hell;

6 She niver hauds her mynd on the gate o life; her weys is unshuir, she haes nae knawledge.

7 Tak tent tae me than, ma sons, an dinna pit awa ma wirds frae ye.

8 Gang hyne awa frae her, dinna come near the door o her hoose;

9 For fear that ye gie yer honour tae ithers, an yer walth tae fremmit men:

10 An fremmit men is fou o yer walth, an the fruit o yer wark gangs tae the hoose o ithers;

11 An ye will be fou o dule at the end o yer life, whan yer flesh an yer bouk is wastit;

12 An ye will say, Hou wis lear ill-willed by me, an ma hert seen nae wirth in upbring;

13 A didna tak tent tae the vyce o ma dominies; ma lug wisna turnt tae thaim that wis guidin me!

14 A wis in awmaist aw ill in the company o the fowk.

15 Lat watter frae yer ain bowie an no that o ithers be yer drink, an rinnin watter frae yer funtain.

16 Latna yer springs fleet in the gates, or yer burns in the appen steids.

17 Lat thaim be for yersel yer lane, no for ither men wi ye.

18 Fair faw yer funtain; be blythe in the guidwife o yer early years.

19 As a luvin hind an a lown dae, lat her breests aye gie ye raptur; lat yer passion at aw times be sweyed by her luve.

20 Whit for lat yersel, ma son, gang frae the wey wi a fremmit wumman an tak anither wumman in yer airms?

21 For a man's weys is afore the een o the Laird, an he pits aw his gauns in the wechts.

22 The ill-daer will be taen in the net o his ill deeds an preesoned in the towes o his sin.

23 He will come tae his end for want o lear; he is that daftlike that he will gang traikin frae the richt wey.

Chaipter 6

M a son, gin ye hae made yersel responsible for yer neebour, or gien yer wird for anither,

2 Ye ar taen as in a net by the wirds o yer mou, the sayins o yer lips haes owercome ye.

3 Dae this, ma son, an mak yersel free, acause ye hae come intae the pouer o yer neebour; gang 'ithoot waitin, an mak a strang seekin tae yer neebour.

4 Gie nae sleep tae yer een, or slummer tae thaim;

5 Mak yersel free, like the rae frae the haund o the aircher, an the bird frae the ane that casts a net for her.

6 Gang tae the eemock, ye sweirt body; think on her weys an be wicelike:

7 Haein nae heid, owersman, or ruler,

8 She gits her flesh in the simmer, huirdin meat at the hairst.

9 Hou lang will ye sleep, O sweirt body? Whan will ye rise frae yer sleep?

10 A wee sleep, a wee rest, a wee fauldin o the haunds in sleep:

11 Syne loss will come upo ye like an ootlin, an yer need like an airmed man

12 A wanwirth man is an ill-daer; he gangs on his wey causin tribble wi fause wirds;

13 Makkin signs wi his een, rubbin wi his feet an newsin wi his fingers;

14 His mynd is aye designin ill: he lowses royet acts.

15 For this cause his dounfaw will be suddent; he will swith be broke, an the'll be nae help for him.

16 Sax things is ill-willed by the Laird; seiven things is scunnerin tae him:

17 Een o pride, a fause tongue, haunds as taks life for nocht;

18 A hert fou o ill designs, feet swith in rinnin efter sin;

19 A fause witness, braithin oot untrue wirds, an a body that lowses royet acts amang brithers.

20 Ma son, haud the rule o yer faither, an hae in myndin the lear o yer mither:

21 Aye haud thaim fauldit in yer hert, an hae thaim hingin roond yer hause.

22 Whan ye walk, it will be yer guide; whan ye sleep, it will wauk ower ye; whan ye ar waukrife, it will collogue wi ye.

23 For the rule is a licht, an the lear a sheenin licht; an the guidin wirds o upbring is the pad o life.

24 Thay will haud ye frae the ill wumman, frae the glib tongue o the fremmit wumman.

25 Latna yer hert's desire gang efter her bonny bouk; latna her een tak ye preesoner.

26 For a lowse wumman leuks for a bannock, but anither man's guidwife gangs efter a body's verra life.

27 Can a man haud fire tae his breest 'ithoot birnin his claes?

28 Or can a body gang on lichtit coals, an his feet no be brunt?

29 Sae it is wi him that gangs ben tae his neebour's guidwife; him that haes ocht tae dae wi her winna gang free frae punishment.

30 Men disna hae a law conceit o a thief that taks meat whan he is in want o't:

31 But gin he is taen in the act, he will hae tae gie back seiven times as muckle, giein up aw his guids an gear in his hoose.

32 Him that taks anither man's guidwife is 'ithoot aw sense: him that dis it causes ruinage tae his saul.

33 Wounds will be his an loss o honour, an his shame winna be dichtit awa.

34 For sair is the wraith o a wraith guidman; in the day o punishment he will hae nae mercy.

35 He winna tak ony peyment; an he winna mak peace wi ye, tho yer siller offerins is eikit.

Chaipter 7

M a son, haud ma wirds, an lat ma rules be huirdit up wi ye.

2 Haud ma rules, an ye will hae life; lat ma lear be tae ye as the licht o yer een;

3 Lat thaim be fixed tae yer fingers, an inscrieved in yer hert.

4 Say tae wit, Ye ar ma sister; lat knawledge be cried yer byordinar freend:

5 Sae that thay haud ye frae the fremmit wumman, e'en frae her that's wirds is glib.

6 Leukin oot frae ma hoose, an watchin throu the winnock,

7 A seen amang the callants ane wantin gumption,

8 Walkin in the gate nearhaund her corner, gaun on the wey tae her hoose,

9 At dayligaun, in the forenicht o the day, in the black howe o the nicht.

10 An the wumman come oot tae him in the buskin o a lowse wumman, wi a souple hert;

11 She is fou o noise an no maunt; her feet hauds na in her hoose.

12 Nou she is in the gate, nou in the appen rooms, waitin at ilka corner.

13 Sae she taen him by his haund, kissin him, an 'ithoot a sign o shame she said tae him:

14 A hae a mealtith o peace offerins, for the day ma aiths haes been effect.

15 Sae A come oot in the howp o ingaitherin ye, leukin for ye tentfu, an nou A hae ye.

16 Ma bed is happit wi cods o shewin, wi colourt claiths o the waddin threid o Egypt;

17 A hae made ma bed sweet wi perfumes an spices.

18 Come, lat us tak oor pleisur in luve till the morn, haein joy in luve's delites.

19 For the maister o the hoose is awa on a lang gate:

20 He haes taen a pootch o siller wi him; he is comin back at the clear muin.

21 Wi her bonny wirds she owercome him, forcin him wi her birnin lips.

22 The semple man gangs efter her, like an owse gaun tae its deith, like a rae poued wi a towe;

23 Like a bird fawin intae a net; wi nae thocht that his life is in danger, till an arrae gangs intae his side.

24 Sae nou, ma sons, tak tent tae me; tak tent tae the wirds o ma mou;

25 Latna yer hert turn tae her weys, dinna gang traikin in her fitstaps.

26 For thaim woundit an laid law by her is mony in nummer; an thaim that haes come tae thair deith throu her is a great airmy.

27 Her hoose is the wey tae hell, gaun doun tae the rooms o deith.

Chaipter 8

I sna wit cryin oot, an the vyce o knawledge soondin?

2 At the tap o the hieroads, at the cross, she taks her steid;

3 Whaur the gates gangs intae the toun her cry gangs oot, at the door-cheeks her vyce is lood:

4 A cry oot tae ye, O men; ma vyce comes tae the sons o men.

5 Come tae be skeely in raison, O ye semple anes; ye daftlike anes, tak upbring tae hert.

6 Hearken, for ma wirds is richt, an ma lips is appen tae cry oot whit is upricht.

7 For guid faith gangs frae ma mou, an fause lips is scunnerin tae me.

8 Aw the wirds o ma mou is richtousness; the'r nocht fause or thrawart in thaim.

9 Thay ar aw true tae him that's mynd is waukrife, an even-forrit tae thaim that comes tae knawledge.

10 Tak ma lear, an no siller; come tae knawledge insteid o the best gowd.

11 For wit is better nor jewels, an aw things as can be socht is nocht in compear wi her.

12 A, wit, haes made wicelike fashions ma bluid freend; A am seen tae be the byordinar freend o wicelike ettles.

13 The fear o the Laird is seen in hatin ill: pride, a heich conceit o yersel, the ill wey, an the fause tongue, is unpleasin tae me.

14 Wicelike design an mense is mines; raison an strenth is mines.

15 Throu me keengs haes thair pouer, an rulers pronunces even juidgments.

16 Throu me heids haes authority, an the noble anes deems in richtousness.

17 Thaim that haes gien me thair luve is luved by me, an thaim that seeks me oot tentfu will find me.

18 Walth an honour is in ma haunds, e'en walth 'ithoot equal an richtousness.

19 Ma fruit is better nor gowd, e'en nor the best gowd; an ma eikin is mair tae be socht nor siller.

20 A gang the gate o richtousness, in the wey o even deemin:

21 Till A gie ma luvers walth for thair heirskip, stowin thair byres.

22 The Laird made me as the stairt o his wey, the first o his warks in the bygaen.

23 Frae aye-bidin days A wis gien ma place, frae the birth o time, afore the yird wis.

24 Whan the war nae deep A wis gien birth, whan the war nae funtains fleetin wi watter.

25 Afore the muntains wis set in thair steids, afore the knowes wis ma birth:

26 Whan he haedna made the yird or the fields or the stour o the warld.

27 Whan he made ready the hievens A wis thare: whan he set an airch ower the face o the deep:

28 Whan he made strang the hievens abuin: whan the funtains o the deep wis fixed:

29 Whan he set a leemit tae the sea sae that the watters coudna gang agin his wird: whan he set in poseetion the foonds o the yird:

30 Syne A wis aside him, as a maister craftsman: an A wis his delite frae day tae day, playin afore him at aw times;

31 Playin in his yird; an ma delite wis wi the sons o men.

32 Tak tent tae me than, ma sons: for blythe is thaim that hauds ma weys.

33 Tak ma lear an be wicelike; dinna lat it gang.

34 Blythe is the man that taks tent tae me, watchin at ma doors day for day, haudin his place by the stoups o ma hoose.

35 For whaiver gits me gits life, an grace frae the Laird will come tae him.

36 But him that dis ill tae me dis wrang tae his saul: aw ma ill-willers is in luve wi deith.

Chaipter 9

Wit haes made her hoose, upsettin her seiven stoups.

2 She haes pit her fat beasts tae deith; her wine is mixtur-maxturt, her buird is ready.

3 She haes sent oot her weemen; her vyce gangs oot tae the heichest steids o the toun, sayin,

4 Whaiver is semple, lat him come in here; an tae him wantin gumption, she says:

5 Come, tak o ma breid, an o ma wine that is mixtur-maxturt.

6 Gie up the semple anes an hae life, an gang in the wey o knawledge.

7 Him that gies lear tae a man o pride gits shame for hissel; him that says shairp wirds tae a sinner gits an ill name.

8 Dinna say shairp wirds tae a man o pride, or he will hae an ill will for ye; mak thaim clear tae a wicelike man, an ye will be dear tae him.

9 Gie lear tae a wicelike man, an he will come tae be wicer; gie upbring tae an upricht man, an his learnin will be eikit.

10 The fear o the Laird is the beginnin o wit, an the knawledge o the Haly Ane gies a wicelike mynd

11 For by me yer days will be eikit, an the years o yer life will be lang.

12 Gin ye ar wicelike, ye ar wicelike for yersel; gin yer hert is fou o pride, ye yer lane will hae the pyne o't.

13 The daftlike wumman is fou o noise; she haes nae sense ava.

14 Seatit at the door o her hoose, in the heich steids o the toun,

15 Cryin oot tae thaim that gangs by, gaun straucht on thair wey, she says:

16 Whaiver is semple, lat him come in here: an tae him wantin gumption, she says:

17 Drink taen 'ithoot richt is sweet, an meat taen hidlins is pleasin.

18 But he disna see that the deid is thare, that her guests is in the howe o hell.

Chaipter 10

A wicelike son maks a gled faither, but a daftlike son is a sorrae tae his mither.

2 Walth that comes frae sin is o nae ootcome, but richtousness gies salvation frae deith.

3 The Laird winna lat the upricht want for meat, but he pits faur frae him the desire o the ill-daers.

4 Him slaw in his wark comes tae be puir, but the haund o the ready wirker gits in walth.

5 Him that in the simmer gits thegither his huird is a son that dis wicelike; but him that dovers whan the corn is hairstit is a son causin shame.

6 Sainins is on the heid o the upricht, but the face o sinners will be happit wi sorrae.

7 The myndin o the upricht is a sainin, but the name o the ill-daer will be turnt tae stour.

8 The wice-hertit man will lat hissel be ruled, but the man that's talk is daftlike will hae a faw.

9 Him that's weys is upricht will gang sauf, but him that's weys is thrawn will be laid law.

10 Him that maks signs wi his een causes tribble, but him that gars a man see his mistaks brings peace.

11 The mou o the upricht man is a funtain o life, but the mou o the ill-daer is a soor tassie.

12 Ill will causes royet acts, but aw mistaks is dernit by luve.

13 In the lips o him wi knawledge wit is seen; but a wand is ready for the back o him wantin gumption.

14 Knawledge is huirdit up by the wicelike, but the mou o the daftlike man is a ruinage nearhaund.

15 The guids an gear o the man o walth is his strang toun: the puir man's need is his ruinage.

16 The darg o the upricht gies life: the eikin o the ill-daer causes sin.

17 Him that taks tent tae lear is a wey o life, but him that gies up upbring causes mistak.

18 Ill will is dernit by the lips o the upricht man, but him that lats oot ill aboot anither is daftlike.

19 Whaur the'r fouth o talk the'll be nae end tae sin, but him that hauds his mou steekit dis wicelike.

20 The tongue o the upricht man is like seyed siller: the hert o the ill-daer is o smaw wirth.

21 The lips o the upricht man gies meat tae men, but the daftlike dees for want o sense.

22 The sainin o the Laird gies walth: haurd wark disna eik it.

23 It is sport tae the daftlike man tae dae ill, but the man o mense delites in wit.

24 The thing feart by the ill-daer will come tae him, but the upricht man will git his desire.

25 Whan the storm wind is past, the sinner is seen nae mair, but the upricht man is sauf for aye.

26 Like soor drink tae the teeth an as reek tae the een, sae is the sweirt body tae thaim that sends him.

27 The fear o the Laird gies lang life, but the years o the ill-daer will be cuttit short.

28 The howp o the upricht man will gie joy, but the waitin o the ill-daer will end in sorrae.

29 The pad o the Laird is a strang touer for the upricht man, but ruinage tae the wirkers o ill.

30 The upricht man will niver be sweyed, but ill-daers winna hae a sauf place tae dwall in the laund.

31 The mou o the upricht man brings furth wit, but the thrawart tongue will be sned aff.

32 The lips o the upricht man kens whit is pleasin, but cankert is the mous o ill-daers.

Chaipter 11

W echts o deceivery is ill-willed by the Laird, but a richt wecht is his delite.

2 Whan pride comes, thare comes shame, but wit is wi the quate in speerit.

3 The richtousness o the upricht will be thair guide, but the thrawn weys o the fause will be thair ruinage.

4 Walth is o nae ootcome in the day o wraith, but richtousness hauds a man sauf frae deith.

5 The richtousness o the guid man will mak his wey straucht, but the sin o the ill-daer will haste his faw.

6 The richtousness o the upricht will be thair salvation, but the fause will thairsels be taen in thair ill designs.

7 At the deith o an upricht man his howp disna end, but the howp o the ill-daer comes tae ruinage.

8 The upricht man is taen oot o tribble, an in his place comes the sinner.

9 Wi his mou the ill man sends ruinage upo his neebour; but throu knawledge the upricht is taen oot o tribble.

10 Whan things gangs weel for the upricht man, aw the toun is gled; at the deith o sinners, the'r cries o joy.

11 By the sainin o the upricht man the toun is made great, but it is cowpit by the mou o the ill-daer.

12 Him wi a puir conceit o his neebour haes nae sense, but a wicelike man hauds his wheesht.

13 Him that gangs aboot talkin o ithers maks saicrets public, but the richt-hertit man hauds things dernit.

14 Whan the'r nae helpin propone fowk will hae a faw, but wi a wheen wicelike guides thay will be sauf.

15 Him that maks hissel responsible for a fremmit man will dree great loss; but the ill-willer o sic haundlins will be sauf.

16 A wumman fou o grace is honourt, but a wumman hatin richtousness is a seat o shame: thaim hatin wark will dree loss, but the strang keeps a haud o thair walth.

17 The man that haes mercy will be rewairdit, but the ill-kyndit man causes tribble tae hissel.

18 The sinner gits the peyment o deceivery; but his rewaird is siccar that saws the seed o richtousness.

19 Sae richtousness gies life; but him that gangs efter ill gits deith for hissel.

20 Thaim that's no maunt is ill-willed by the Laird, but thaim that's weys is 'ithoot mistak is his delite.

21 Certes the ill-daer winna gang free frae punishment, but the strynd o the upricht man will be sauf.

22 Like a gowd ring in the neb o a grumphie is a bonny wumman 'ithoot sense.

23 The desire o the upricht man is anerly for guid, but wraith waits on the ill-daer.

24 A man can gie freely, an aye his walth will be eikit; an anither can haud back mair nor is richt but anerly come tae be in want.

25 Him that gies a sainin will be made girthie, but the banner will hissel be bannit.

26 Him that hauds back corn will be bannit by the fowk; but a sainin will be on the heid o him that lats thaim hae't for siller.

27 Him that, wi aw his hert, gangs efter whit is guid seeks grace; but him that seeks tribble will git it.

28 Him that pits his faith in walth will come tae nocht; but the upricht man will be fou o growthe like the green leaf.

29 The tribbler o his hoose will hae the wind for his heirskip, an the daftlike will be servand tae the wice-hertit.

30 The fruit o richtousness is a tree o life, but royet gates taks awa sauls.

31 Gin the upricht man is rewairdit on the yird, hou muckle mair the ill-daer an the sinner!

Chaipter 12

A luver o upbring luves knawledge; but an ill-willer o lear is like a beast.

2 A guid man haes grace in the een o the Laird; but the man o ill designs is punished by him.

3 Nae man will mak hissel sauf throu ill-daein; but the ruit o upricht men will niver be muived.

4 A wumman o vertue is a croun tae her guidman; but her that's fashions causes shame is like a wastin disease in his banes.

5 The ettles o upricht men is richt, but the designs o ill-daers is deceivery.

6 The wirds o sinners is ruinage for the upricht; but the mou o upricht men is thair salvation.

7 Ill-daers is cowpit an niver seen again, but the hoose o upricht men will haud fast.

8 A man will be ruised in the meisur o his wit, but a wrang-myndit man will be leukit doun on.

9 Him that's o law poseetion an haes a servand is better nor a body that haes a heich conceit o hissel an wants breid.

10 An upricht man thinks on the life o his beast, but the herts o ill-daers is ill-kyndit.

11 Him that wirks on his laund winna want breid; but him that gangs efter daftlike men is wantin gumption.

12 The bield o the sinner will come tae ruinage, but the ruit o upricht men is for aye.

13 In the sin o the lips is a net that taks the sinner, but the upricht man will jouk tribble.

14 Frae the fruit o his mou a man will hae guid meat in fou meisur, an the darg o a man's haunds will be rewairdit.

15 The pad o the daftlike man seems richt tae him, but the wicelike man taks tent tae propones.

16 A daftlike man lats his tribble be seen appenly, but a shairp man hauds shame hidlin.

17 The braithin oot o richt wirds gies knawledge o richtousness; but a fause witness sends oot deceivery.

18 The'r some that's unmaunt talk is like the wounds o a swuird, but the tongue o the wicelike maks a body weel again.

19 Richt lips is siccar for aye, but a fause tongue bides na lang.

20 Deceivery is in the hert o thaim that's designs is ill, but for thaim ettlin peace the'r joy.

21 Nae tribble will come tae upricht men, but sinners will be fou o ill.

22 Fause lips is ill-willed by the Laird, but thaim that's acts is richt is his delite.

23 A shairp man hauds back his knawledge; but the hert o daftlike men cries furth thair daftlike thochts.

24 The haund o the ready wirker will hae authority, but him slaw in his wark will be pit tae forced wark.

25 Care in the hert o a man wechts it doun, but a guid wird maks it gled.

26 The upricht man is a guide tae his neebour, but the pad o ill-daers causes mistak tae thaim.

27 Him slaw in his wark disna gang in sairch o meat; but the ready wirker comes tae great walth.

28 In the gate o richtousness is life, but the pad o the ill-daer gangs tae deith.

Chaipter 13

A wicelike son luves lear, but the lugs o the ill-willers o authority is steekit tae shairp wirds.

2 A man will dae weel frae the fruit o his lips, but the desire o the fause is for royet acts.

3 Him that hauds a wauk on his mou hauds ontae his life; but him that's lips is wide appen will come tae ruinage.

4 The sweirt body disna git his desires, but the saul o the haurd wirkers will be made fat.

5 The upricht man is an ill-willer o fause wirds: the ill-daer gits an ill name an is shamed.

6 Richtousness hauds sauf him that's wey is 'ithoot mistak, but ill-daers is cowpit by sin.

7 A man can act like he haen walth, but hae nocht; anither can seem puir, but hae great walth.

8 A man will gie his walth in excheenge for his life; but the puir winna tak tent tae shairp wirds.

9 The'r a gled daw for the upricht man, but the licht o the sinner will be smuired.

10 The ae ootcome o pride is fechtin; but wit is wi the quate in speerit.

11 Walth swith gat will come tae be less; but him that gits a huird by the darg o his haunds will hae't eikit.

12 Howp pit aff is a trauchle tae the hert; but whan whit is socht comes, it is a tree o life.

13 Him that maks sport o the wird will come tae ruinage, but the respecter o the law will be rewairdit.

14 The lear o the wicelike is a funtain o life, turnin men awa frae the nets o deith.

15 Wicelike fashions gits appruival, but the pad o the fause is thair ruinage.

16 A shairp man dis awthing wi knawledge, but a daftlike man cries furth his daftlike thochts.

17 A man giein fause newins causes tribble, but him that tells newins richt maks things weel.

18 Need an shame will be the weird o him no maunt by upbring; but him that taks tent tae lear will be honourt.

19 Tae git a body's desire is sweet tae the saul, but tae gie up ill is scunnerin tae the daftlike.

20 Gang wi wicelike men an be wicelike: but him that hauds company wi the daftlike will be broke.

21 Ill will owertak sinners, but the upricht will be rewairdit wi guid.

22 The heirskip o the guid man is haundit doun tae his bairns' bairns; an the walth o the sinner is huirdit up for the upricht man.

23 The'r fouth o meat in the tilth o the puir; but it is taen awa by wrangdaein.

24 Him that hauds back his wand is ill tae his son: the luvin faither gies punishment wi care.

25 The upricht man haes meat tae the fou meisur o his desire, but the'll be nae meat for the kyte o ill-daers.

Chaipter 14

W it bigs her hoose, but the daftlike wumman pous it doun wi her haunds.

2 Him that gangs on his wey in richtousness haes afore him the fear o the Laird; but him that's weys is thrawn gies him nae honour.

3 In the mou o the daftlike man is a wand for his back, but the lips o the wicelike will haud thaim sauf.

4 Whaur the'r nae owsen, thair troch is clean; but great eikin comes throu the strenth o the owse.

5 A richt witness disna say whit is fause, but a fause witness braithes oot deceivery.

6 The ill-willer o authority, seekin wit, disna git it; but knawledge comes weel-willie tae the appen-myndit man.

7 Gang awa frae the daftlike man, for ye winna see the lips o knawledge.

8 The wit o the man o mense maks his wey clear; but the menseless fashions o the daftlike is deceivery.

9 In the tents o thaim hatin authority the'r mistak, but in the hoose o the upricht man the'r grace.

10 Naebody kens a man's dule but hissel; an a fremmit body haes nae pairt in his joy.

11 The hoose o the sinner will be cowpit, but the tent o the upricht man will dae weel.

12 The'r a wey that seems straucht afore a man, but its end is the weys o deith.

13 E'en while lauchin the hert can be dowie; an efter joy comes sorrae.

14 Him that's hert is turnt awa will hae the rewaird o his weys in fou meisur; but a guid man will hae the rewaird o his daeins.

15 The semple man haes faith in ilka wird, but the man o mense thinks on his fitstaps.

16 The wicelike man, bein feart, hauds hissel frae ill; but the daftlike man gangs on in his pride, wi nae thocht o danger.

17 Him that's swith wraith will dae whit is daftlike, but the man o mense will hae lown.

18 Daftlike fashions is the heirskip o the semple, but men o mense is crount wi knawledge.

19 The knees o the ill is boued afore the guid; an sinners gangs doun in the stour at the doors o the upricht.

20 The puir man is ill-willed e'en by his neebour, but the man o walth haes a fouth o freends.

21 Him wi nae respect for his neebour is a sinner, but him that shaws peety for the puir is blythe.

22 Winna the ettlers o ill come intae a mistak? But mercy an guid faith is for the ettlers o guid.

23 In aw haurd wark the'r ootcome, but talk juist maks a man puir.

24 Thair wit is a croun tae the wicelike, but thair daftlike fashions is roond the heid o the menseless.

25 A richt witness is the saviour o lifes; but him that says fause things causes deceivery.

26 For him that's hert the fear o the Laird is in the'r strang howp: an his bairns will hae girth an refuge.

27 The fear o the Laird is a funtain o life, that a body can be turnt frae the nets o deith by.

28 A keeng's glore is in the nummer o his fowk: an for want o fowk a ruler can come tae ruinage.

29 Him slaw tae be wraith haes great mense; but him that's speerit is ower swith uphauds whit is daftlike.

30 A quate mynd is the life o the bouk, but jeilousy is a disease in the banes.

31 Him that's haurd on the puir shames his Makker; but him that haes mercy on thaim in want gies him honour.

32 The sinner is cowpit in his ill-daein, but the upricht man haes howp in his richtousness.

33 Wit haes her bield in the mynd o the wicelike, but she isna seen amang the daftlike.

34 By richtousness a nation is liftit up, but sin causes shame tae the peoples.

35 The keeng taks pleisur in a servand that dis wicelike, but his wraith is agin him that's a cause o shame.

Chaipter 15

By a saft repone wraith is turnt awa, but a soor wird causes wraith feelins.

2 Knawledge dreeps frae the tongue o the wicelike; but frae the mou o the daftlike comes a stream o daftlike wirds.

3 The een o the Laird is aw airts, watchin on the ill an the guid.

4 A comfortin tongue is a tree o life, but a thrawart tongue is a brouslin o the speerit.

5 A daftlike man sees nae wirth in his faither's upbring; but him wi respect for lear haes mense.

6 In the hoose o the upricht man the'r a muckle huird o walth; but in the ootcomes o the sinner the'r tribble.

7 The lips o the wicelike hauds knawledge, but the hert o the daftlike man isna richt.

8 The offerin o the ill-daer is scunnerin tae the Laird, but the prayer o the upricht man is his delite.

9 The pad o the ill-daer is scunnerin tae the Laird, but him that gangs efter richtousness is dear tae him.

10 The'r sair punishment for him that's turnt frae the wey; an deith will be the weird o the ill-willer o lear.

11 Afore the Laird is hell an ruinage: hou muckle mair, than, the herts o the bairns o men!

12 The ill-willer o authority haes nae luve for lear: he winna gang tae the wicelike.

13 A gled hert maks a sheenin face, but by the sorrae o the hert the speerit is broke.

14 The hert o the man o mense gangs in sairch o knawledge, but daftlike things is the meat o the menseless.

15 Aw the days o the trauchelt is ill; but him that's hert is gled haes an unendin mealtith.

16 Better a wee smaw bit wi the fear o the Laird nor great walth thegither wi tribble.

17 Better a semple mealtith whaur luve is nor a fat owse an ill will wi't

18 A wraith man gars men come tae blaws, but him slaw tae git wraith pits an end tae fechtin.

19 Thorns is roond the pad o the sweirt body; but the gate o the haurd wirker comes tae be a hieroad.

20 A wicelike son maks a gled faither, but a daftlike man haes nae respect for his mither.

21 Daftlike fashions is joy tae the menseless; but a man o mense maks his wey straucht.

22 Whaur the'r nae wicelike propones, ettles comes tae nocht; but by a wheen wicelike guides thay ar made siccar.

23 A man haes joy in the repone o his mou: an a wird at the richt time, hou guid it is!

24 Actin wicelike is the pad o life, guidin a man awa frae hell.

25 The hoose o the man o pride will be upruitit by the Laird, but he will mak sauf the heirskip o the weedae.

26 Ill designs is scunnerin tae the Laird, but the wirds o the clean-hertit is pleasin.

27 Him that's desires is fixed on ootcome causes tribble tae his faimily; but him wi nae desire for offerins will hae life.

28 The hert o the upricht thinks on his repone; but frae the mou o the ill-daer comes a stream o ill things.

29 The Laird is faur frae sinners, but his lug is appen tae the prayer o the upricht.

30 The licht o the een is a joy tae the hert, an guid newins pits fat on the banes.

31 The man that's lug is appen tae the lear o life will hae his place amang the wicelike.

32 Him that winna be controlled by upbring haes nae respect for his saul, but him that taks tent tae lear will git wit.

33 The fear o the Laird is the lear o wit; an a law conceit o yersel gangs afore honour.

Chaipter 16

The designs o the hert is man's, but the repone o the tongue comes frae the Laird.

2 Aw a man's weys is clean tae hissel; but the Laird pits men's speerits intae his wechts.

3 Pit yer warks intae the haunds o the Laird, an yer ettles will be made siccar.

4 The Laird haes made awthing for his ettle, e'en the sinner for the day o ill.

5 Awbody wi pride in his hert is scunnerin tae the Laird: he will certes no gang free frae punishment.

6 By mercy an guid faith ill-daein is taen awa: an by the fear o the Laird men is turnt frae ill.

7 Whan a man's weys pleases the Laird, he gars e'en his ill-willers mak peace wi him.

8 Better a wee smaw bit wi richtousness nor great walth wi wrangdaein.

9 A man can mak designs for his wey, but the Laird is the guide o his staps.

10 Juidgment is in the lips o the keeng: his mou winna gang agley in deemin.

11 Richt meisurs an wechts is the Laird's: aw the wechts o the pootch is his wark.

12 Ill-daein is scunnerin tae keengs: for the seat o the ruler is grundit on richtousness.

13 Lips o richtousness is the delite o keengs; an him that says whit is upricht is dear tae him.

14 The wraith o the keeng is like messagers o deith, but a wicelike man will pit peace in its steid.

15 In the licht o the keeng's face the'r life; an his appruival is like a clud o spring rain.

16 Hou muckle better tae git wit nor gowd! An knawledge is mair tae be socht nor siller.

154

17 The hieroad o the upricht is tae be turnt frae ill: him that hauds his wey will haud his saul.

18 Pride gangs afore ruinage, an a stieve speerit afore a faw.

19 Better tae hae a lown speerit wi the puir nor tae hae a pairt in the spulyie o war wi men o pride.

20 Him that gies tent tae the law o richt will dae weel; an whaiver pits his faith in the Laird is blythe.

21 The wice-hertit will be cried men o mense: an by pleasin wirds lear is eikit.

22 Wit is a funtain o life tae him that haes it; but the punishment o the daftlike is thair daftlike fashions.

23 The hert o the wicelike man is the dominie o his mou an gies mair lear tae his lips.

24 Pleasin wirds is like hinny, sweet tae the saul an new life tae the banes.

25 The'r a wey that seems straucht afore a man, but its end is the weys o deith.

26 The desire o the wirkin man wirks for him, for his want o meat drives him on.

27 A wanwirth man is an ettler o ill, an in his lips the'r a birnin fire.

28 A man o thrawart ettles causes fechtin awgates: an him that says ill hidlins maks tribble atween freends.

29 A royet man saws desire for ill in his neebour's mynd an gars him gang in a wey that isna guid.

30 Him that's een is steekit is a man o thrawart ettles, an him that hauds his lips steekit ticht causes ill come aboot.

31 The lyart heid is a croun o glore, gin it is seen in the wey o richtousness.

32 Him slaw tae be wraith is better nor a man o war, an him wi owerins ower his speerit nor him that taks a toun.

33 A thing can be pit tae the cast, but it comes aboot throu the Laird.

Chaipter 17

Better a bittie dry breid in peace nor a hoose o gilravagin an royet gates.

2 A servand that dis wicelike will rule ower a son causin shame an hae his pairt in the heirskip amang brithers.

3 The heatin pat is for siller an the uin fire for gowd, but the Laird is the seyer o herts.

4 A wrangdaer gies tent tae ill lips, an a man o deceivery taks tent tae a skaithin tongue.

5 Whaiver maks sport o the puir shames his Makker; an the body gled acause o tribble winna gang free frae punishment.

6 Bairns' bairns is the croun o auld men, an the glore o bairns is thair faithers.

7 Bonny wirds isna tae be leukit for frae a daftlike man, muckle less fause lips in a ruler.

8 An offerin o siller is like a stane o great wirth in the een o him wi't: whauriver he gangs, he dis weel.

9 Him that hauds a sin dernit seeks luve; but him that hauds on talkin o a thing saws diveesion atween freends.

10 A wird o plaint gangs deeper intae a body wi sense nor a hunder blaws intae a daftlike man.

11 An unmaunt man is anerly leukin for tribble, sae an ill-kyndit servand will be sent agin him.

12 It is better tae come forenent a beir that's young anes haes been taen awa nor a daftlike man actin menseless-like.

13 Gin onybody gies back ill for guid, ill will niver flit his hoose.

14 The stairt o a fecht is like skailin watter: sae gie up afore it comes tae blaws.

15 Him that pronunces juidgment for the ill-daer or agin the upricht is juist as scunnerin tae the Laird.

16 Whit wey will siller in the haund o a daftlike body git him wit, an him wi nae sense?

17 A freend luves at aw times an comes tae be a brither in times o tribble.

18 A menseless man gies his haund in greement an maks hissel responsible afore his neebour.

19 The luver o fechtin luves sin: him that maks heich his door-cheek seeks ruinage.

20 Nocht guid comes tae him that's hert is fixed on ill ettles: an him wi an ill tongue will come tae tribble.

21 The body wi a menseless son gaithers sorrae tae hissel, an the faither o a daftlike son haes nae joy.

22 A gled hert maks a hale bouk, but a brouselt speerit maks the banes dry.

23 A sinner taks an offerin oot his robe tae coff a juidgment for hissel afore the law.

24 Wit is afore the face o him wi sense; but the een o the daftlike is on the ends o the yird.

25 A daftlike son is a dule tae his faither, an a sair pyne tae her that buir him.

26 Tae chastifee the upricht isna guid, or tae gie blaws tae the noble for thair richtousness.

27 Him wi knawledge disna say muckle: an him wi a lown speerit is a man o mense.

28 E'en the daftlike man, whan he hauds his wheesht, is taen tae be wicelike: whan his lips is steekit he is creeditit wi mense.

Chaipter 18

H im that hauds hissel separate for his private ettle gangs agin aw mense.

2 A daftlike man taks nae pleisur in mense, but anerly tae lat whit is in his hert come tae licht.

3 Whan the ill-daer comes, a law conceit comes wi him, an wi the loss o honour comes shame.

4 The wirds o a man's mou is like deep watters: the funtain o wit is like a fleetin burn.

5 Tae respect the body o the ill-daer isna guid, or tae gie a wrang juidgment agin the upricht.

6 A daftlike man's lips causes fechtin, an his mou maks him appen tae blaws.

7 The mou o a daftlike man is his ruinage, an his lips is a net for his saul.

8 The wirds o a body that says ill o his neebour hidlins is like sweet meat an gangs doun intae the intimmers o the kyte.

9 Him that disna gie his mynd tae his wark is a brither tae him that causes ruinage.

10 The name o the Laird is a strang touer: the upricht man rinnin intae't is sauf.

11 The guids an gear o a man o walth is his strang toun, an it is like a heich waw in the thochts o his hert.

12 Afore ruinage the hert o man is fou o pride, an afore honour gangs a lown speerit.

13 Tae gie a repone afore hearin is a daftlike thing an a cause o shame.

14 The speerit o a man will be his uphaud whan he is seek; but whit wey can a broke speerit be liftit up?

15 The hert o the man o mense comes tae knawledge; the lug o the wicelike seeks knawledge.

16 A man's offerin maks room for him, lattin him come afore great men.

17 The man that first pits his cause afore the juidge seems tae be richt; but syne his neebour comes an pits his cause in its richt licht.

18 The cast pits an end tae argiment, pairtin the strang.

19 A brither woundit is like a strang toun, an royet acts is like a sneckit touer.

20 Wi the fruit o a man's mou his kyte will be fou; the produce o his lips will be his in fou meisur.

21 Deith an life is in the pouer o the tongue; an thaim that it is dear tae will hae its fruit for thair meat.

22 Whaiver gits a guidwife gits a guid thing, an haes the appruival o the Laird.

23 The puir man maks seekins for grace, but the man o walth gies a roch repone.

24 The'r freends can be a man's ruinage, but the'r a luver bides nearer nor a brither.

Chaipter 19

Better the puir man that's weys is upricht nor the man o walth that's weys is thrawn.

2 Forby that, 'ithoot knawledge desire isna guid; an him that's ower swith in actin traiks frae the richt wey.

3 By his daftlike fashions a man's weys is turnt tapsalteerie, an his hert is soor agin the Laird.

4 Walth maks a fouth o freends; but the puir man is pairtit frae his freend.

5 A fause witness winna gang unpunished, an the braither oot o deceivery winna gang free.

6 The hotterel will ettle at gittin the appruival o a ruler: an ilka man is the byordinar freend o him wi something tae gie.

7 Aw the brithers o the puir man is agin him: hou muckle mair dis his freends gang faur frae him! He gangs efter thaim wi wirds; yet thay ar wantin tae him.

8 Him that comes tae wit luves his saul: him that hauds mense will git whit is truelins guid.

9 A fause witness winna gang unpunished, an the braither oot o deceivery will be sned aff.

10 Delite isna guid for the daftlike; muckle less for a servand tae be pit ower rulers.

11 A man's mense maks him slaw tae wraith, an the owerleukin o wrangdaein is his glore.

12 The keeng's wraith is like the lood rair o a lion, but his appruival is like weet on the gress.

13 A daftlike son is the ruinage o his faither; an the soor argiments o

a guidwife is like draps o rain fawin 'ithoot end.

14 Hoose an walth is a heirskip frae faithers, but a guidwife wi mense is frae the Laird.

15 Ill will at wark sends deep sleep on a man: an him wi nae eydency will gang 'ithoot meat.

16 Him that hauds tae the law hauds his saul; but deith will be the weird o him that taks nae tent tae the wird.

17 Him that taks peety on the puir gies tae the Laird, an the Laird will gie him his rewaird.

18 Gie yer son upbring while the'r howp; latna yer hert ettle his deith.

19 A man o great wraith will hae tae tak his punishment: for gin ye git him oot o tribble, ye will hae tae dae't again.

20 Lat yer lug be appen tae rede an tak lear sae that at the hinnerend ye ar wicelike.

21 A man's hert can be fou o designs, but the ettle o the Laird is uncheengin.

22 The desire o a man is his mercy, an a puir man is better nor a body that's fause.

23 The fear o the Laird gies life: an him wi't will hae need o nocht; nae ill will come his wey.

24 The sweirt body pits his haund deep intae the byne, an winna e'en tak it tae his mou again.

25 Whan blaws owertaks the man o pride, the semple will git sense; say shairp wirds tae the wicelike, an knawledge will be made clear tae him.

26 Him that's royet tae his faither, drivin awa his mither, is a son causin shame an an ill name.

27 A son that gies tent tae lear nae mair is turnt frae the wirds o knawledge.

28 A wanwirth witness maks sport o the juidge's sentence: an the mou o ill-daers sends oot ill like a burn.

29 Wands is bein made ready for the man o pride, an blaws for the backs o the daftlike.

Chaipter 20

W ine maks men daftlike, an strang drink gars men come tae blaws; an whaiver maks a mistak throu thir isna wicelike.

2 The wraith o a keeng is like the lood rair o a lion: him that maks him wraith dis wrang agin hissel.

3 It is an honour for a man tae haud frae fechtin, but the daftlike is aye at war.

4 The sweirt body winna dae his plouin acause o the winter; sae at the hairst time he will seek meat an will git nocht.

5 The ettle in the hert o a man is like deep watter, but a man o mense will git it oot.

6 Maist men maks nae saicret o thair couthie acts: but whaur is a man o guid faith tae be seen?

7 An upricht man gangs on in his richtousness: blythe is his bairns efter him!

8 A keeng on the seat o deemin pits tae flicht aw ill wi his een.

9 Wha can say, A hae made ma hert clean, A am free frae ma sin?

10 Unequal wechts an unequal meisurs, thay ar aw scunnerin tae the Laird.

11 E'en a bairn can be deemed by his daeins, gin his wark is free frae sin an gin it is richt.

12 The hearin lug an the seein ee is the Laird's wark an aw.

13 Luve na sleep, or ye will come tae be puir: haud yer een appen, an ye will hae breid eneuch.

14 A puir thing, a puir thing, says him that gies siller for guids an gear: but whan he haes gaen on his wey, than he maks clear his pride in whit he haes gat.

15 The'r gowd an a huird o corals: but the lips o knawledge is a jewel o great wirth.

16 Tak a man's claes gin he maks hissel responsible for a fremmit man, an git an unnertakkin frae him that gies his wird for fremmit men.

17 Breid o deceivery is sweet tae a man; but efter, his mou will be fou o saund.

18 Ilk ettle is effect by wicelike help: an wicelike guidin maks war.

19 Him that gangs aboot talkin o ither fowk's business gies awa saicrets: sae hae nocht tae dae wi him that's lips is wide appen.

20 Gin onybody bans his faither or his mither, his licht will be smuired in the blackest nicht.

21 A heirskip can be gat swith at first, but the end o't winna be a sainin.

22 Dinna say, A will punish ill: gang on waitin on the Laird, an he will be yer saviour.

23 Unequal wechts is scunnerin tae the Laird, an fause wechts isna guid.

24 A man's staps is o the Laird; whit wey, than, can a man ken his wey?

25 It is a danger tae a man tae say 'ithoot thocht, It is haly, an, efter takkin his aiths, tae quaisten gin it is necessar tae haud thaim.

26 A wicelike keeng pits ill-daers tae flicht an gars thair ill-daein come back on thaim.

27 The Laird wauks ower the speerit o man, sairchin aw the deepest pairts o the bouk.

28 Mercy an guid faith hauds the keeng sauf, an the seat o his pouer is grundit on upricht acts.

29 The glore o callants is thair strenth, an the honour o auld men is thair lyart hair.

30 By the wounds o the wand ill is taen awa, an blaws maks clean the deepest pairts o the bouk.

Chaipter 21

The keeng's hert in the haunds o the Laird is like the burns, an by him it is turnt in ony airt at his pleisur.

2 Ilka wey o a man seems richt tae hissel, but the Laird is the seyer o herts.

3 Tae dae whit is richt an straucht is mair pleisin tae the Laird nor an offerin.

4 An ill-daer's vauntie leuk an hert o pride is sin.

5 The ettles o the man o eydency haes thair affcome in walth its lane; but a body that's ower swith in actin will anerly come tae be in want.

6 Him that gits huirds o walth by a fause tongue gangs efter whit is but braith, an seeks deith.

7 By thair royet acts the ill-daers will be poued awa, acause thay hae nae desire tae dae whit is richt.

8 Twistit is the pad o him that's fou o ill-daein; but as for him that's hert is clean, his wark is upricht.

9 It is better tae bide in a neuk o
the hoose-tap nor wi a soor-tongued
wumman in a braid hoose.

10 The desire o the ill-daer is fixed on
ill: he haes nae couthie feelins for his
neebour.

11 Whan the man o pride drees
punishment, the semple man comes
tae wit; an by watchin the wicelike he
comes tae knawledge.

12 The Upricht Ane, leukin on the
hoose o the ill-daer, haes sinners cowpit
tae thair ruinage.

13 Him that's lugs is stappit agin the
cry o the puir will hissel git nae repone
tae his cry for help.

14 By a hidlin offerin wraith is turnt
awa, an the heat o wraith feelins by siller
in the faulds o the robe.

15 It is a joy tae the guid man tae dae
richt, but it is ruinage tae the wirkers o ill.

16 The wanderer frae the pad o
knawledge will hae his bield amang the
shaidaes.

17 The luver o pleisur will be a puir
man: the luver o wine an ile winna
gaither walth.

18 The ill-daer will be gien as peyment
for the life o the guid man, an the
wirker o deceivery in the steid o the
upricht.

19 It is better tae bide in a fouthless
laund nor wi a soor-tongued an wraith
wumman.

20 The'r a huird o great wirth in the
hoose o the wicelike, but it is wastit by
the daftlike man.

21 Him that gangs efter richtousness
an mercy will find life, richtousness, an
honour.

22 A wicelike man gangs up intae the
toun o the strang anes, an owercomes its
strenth that thay pit thair faith in.

23 Him that wauks ower his mou an
his tongue hauds his saul frae tribbles.

24 The man o pride, liftit up in saul, is
cried heich-hertit; he acts in an eruction
o pride.

25 The desire o the sweirt body is deith
tae him, for his haunds will dae nae
wark.

26 The lee-lang day the sinner gangs
efter his desire: but the upricht man gies
freely, haudin nocht back.

27 The offerin o ill-daers is scunnerin:
hou muckle mair whan thay gie it wi an
ill ettle!

28 A fause witness will be sned aff, but
the man that's lugs is appen will testifee
'ithoot end.

29 The ill-daer maks his face haurd, but
as for the upricht body, he thinks on his
wey.

30 Wit an knawledge an wicelike
propones is o nae uiss agin the Laird.

31 The horse is made ready for the day
o war, but pouer tae owercome is frae
the Laird.

Chaipter 22

A guid name is mair tae be socht nor
great walth, an tae be respectit is
better nor siller an gowd.

2 The man o walth an the puir man
comes forenent ither: the Laird made
the baith o thaim.

3 The shairp man sees the ill an taks
kiver: the semple gangs straucht on an
gits intae tribble.

4 The rewaird o a lown speerit an the fear o the Laird is walth an honour an life.

5 Thorns an nets is in the wey o the thrawn: him that wauks ower his saul will be faur frae thaim.

6 Gin a bairn is fuish up the richt wey, e'en whan he is auld he winna turn awa frae't.

7 The man o walth rules ower the puir, an him that gits intae dett is a servand tae his creeditor.

8 By sawin the seed o ill a man will ingaither the corn o sorrae, an the wand o his wraith will be broke.

9 Him that's couthie will hae a sainin, for he gies o his breid tae the puir.

10 Send awa the man o pride, an argiment will gang oot; truelins fechtin an shame will end.

11 Him that's hert is clean is dear tae the Laird; for the grace o his lips the keeng will be his freend.

12 The een o the Laird hauds knawledge, but by him the acts o the fause man will be cowpit.

13 The sweirt body says, The'r a lion ootby: A will be pit tae deith in the gates.

14 The mou o fremmit weemen is a deep hole: him that the Laird is wraith wi will gang doun intae't.

15 Daftlike weys is deep-seatit in the hert o a bairn, but the wand o punishment will send thaim faur frae him.

16 The body ill-kyndit tae the puir wi the ettle o eikin his siller an him that gies tae the man o walth will anerly come tae be in want.

17 Lat yer lug be boued doun tae hear ma wirds, an lat yer hert think on knawledge.

18 For it is a delite tae haud thaim in yer hert, tae hae thaim ready on yer lips.

19 Sae that yer faith can be in the Laird, A hae made thaim clear tae ye this day, e'en tae ye.

20 Hae A no pit in writin for ye thirty saws, wi wicelike propones an knawledge,

21 For tae gar ye see hou siccar richt wirds is sae that ye can gie a richt repone tae thaim that speirs at ye?

22 Dinna tak awa the guids an gear o the puir man acause he is puir, or be ill-kyndit tae the brouselt anes whan thay come afore the juidge:

23 For the Laird will uphaud thair cause, an tak the life o thaim that taks thair guids an gear.

24 Dinna be freends wi a man gien tae wraith; dinna gang in the company o a wraith man:

25 For fear o learnin his weys an makkin a net ready for yer saul.

26 Binna ane o thaim that gies thair haunds in greement or that maks thairsels responsible for detts:

27 Gin ye hae nocht tae pey wi, he will tak awa yer bed frae unner ye.

28 Latna the auld mairch-stane be muived that yer faithers haes pit in its steid.

29 Hae ye seen a man skeely in his business? He will tak his place afore keengs; his place winna be amang law bodies.

Chaipter 23

Whan ye tak yer seat at the mealtith wi a ruler, gie thocht wi care tae whit is afore ye;

2 An pit a knife tae yer hause, gin ye hae a strang desire for meat.

3 Hae nae desire for his delicate meat, for it is the breid o deceivery.

4 Care na tae gaither walth; lat thare be an end tae yer desire for siller.

5 Is yer een liftit up tae't? It is gaen: for walth taks tae itsel weengs, like an earn in flicht up tae hieven.

6 Dinna tak the meat o him wi an ill ee, or hae ony desire for his delicate flesh:

7 For as the thochts o his hert is, sae is he: Tak meat an drink, he says tae ye; but his hert isna wi ye.

8 The meat that ye hae taen will come up again, an yer pleasin wirds will be wastit.

9 Say nocht in the hearin o a daftlike man, for he will see nae wirth in the wit o yer wirds.

10 Dinna lat the mairch-stane o the weedae be muived, an dinna gang intae the fields o the faitherless;

11 For thair saviour is strang, an he will tak up thair cause agin ye.

12 Gie yer hert tae lear, an yer lugs tae the wirds o knawledge.

13 Dinna haud back upbring frae the bairn: for e'en gin ye gie him blaws wi the wand, it winna be deith tae him.

14 Gie him blaws wi the wand, an haud his saul sauf frae hell.

15 Ma son, gin yer hert comes tae be wicelike, A, e'en masel, will be gled in hert;

16 An ma thochts athin me will be fou o joy whan yer lips says richt things.

17 Binna chawed at sinners in yer hert, but bide in the fear o the Laird aw throu the day;

18 For 'ithoot dout the'r a futur, an yer howp winna be sned aff.

19 Hearken, ma son, an be wicelike, guidin yer hert in the richt wey.

20 Dinna be amang thaim gien tae wine-drinkin or that maks thairsels fou wi flesh:

21 For thaim that delites in drink an gilravagin will come tae be in want; an throu luve o sleep a man will be cled in duds.

22 Tak tent tae yer faither that's bairn ye ar, an dinna haud back honour frae yer mither whan she is auld.

23 Git for yersel whit is richt, an dinna lat it gang for siller; git wit an lear an mense.

24 The faither o the upricht man will be gled, an him wi a wicelike bairn will be blythe acause o him.

25 Lat yer faither an yer mither be gled, lat her that gien ye birth hae joy.

26 Ma son, gie me yer hert, an lat yer een delite in ma weys.

27 For a lowse wumman is a deep howe, an a fremmit wumman is a nairae sheuch.

28 Ay, she waits hidlins like a beast on its meat, an by her deceivery is eikit amang men.

29 Wha says, Och! Wha says, Ach! Wha haes royet argiments, wha haes dule, wha haes wounds for nocht, that's een is mirk?

30 Thaim that's seatit late ower the wine: thaim that gangs leukin for mixtur-maxturt wine.

31 Haud yer een frae leukin on the wine whan it is reid, whan its colour is bricht in the tassie, whan it gangs doun smuith:

32 In the end, its bite is like that o a serpent, its wound like the wound o a pushion serpent.

33 Yer een will see fremmit things, an ye will say thrawart things.

34 Ay, ye will be like him that rests on the sea, or on the tap o a mast.

35 Thay hae owercome me, ye will say, an A hae nae pyne; thay gien me blaws 'ithoot me feelin thaim: whan will A wauk frae ma wine? A will gang efter it again.

Chaipter 24

Binna chawed at ill men or hae ony desire tae be wi thaim:

2 For the ettles o thair herts is ruinage, an thair lips talks o tribble.

3 The biggin o a hoose is by wit, an by raison it is made strang:

4 An by knawledge its rooms is fou o aw dear an pleasin things.

5 A wicelike man is strang; an a man o knawledge maks strenth greater.

6 For by wicelike guidin ye will owercome in war: an in a wheen wicelike guides the'r salvation.

7 Wit is ootby the pouer o the daftlike body: he hauds his mou steekit in public.

8 Him that's ettles is ill will be cried a man o ill designs.

9 The ettle o the daftlike is sin: an the ill-willer o authority is scunnerin tae ithers.

10 Gin ye gie wey in the day o tribble, yer strenth is smaw.

11 Sauf thaim gien up tae deith, an dinna haud back help frae thaim that slidders tae ruinage.

12 Gin ye say, See, we kent nocht o this: disna the seyer o herts think on't? An him that hauds yer saul, haes he nae knawledge o't? An will he no gie tae ilka man the rewaird o his wark?

13 Ma son, tak hinny, for it is guid; an the fleetin hinny, that's sweet tae yer gust:

14 Sae lat yer desire be for wit: gin ye hae't, the'll be a futur, an yer howp winna be sned aff.

15 Dinna wauk hidlins, O ill-daer, agin the fields o the upricht man, or send ruinage upo his bield:

16 For an upricht man, efter fawin seiven times, will git up again: but tribble is the dounfaw o the ill.

17 Dinna be gled at the faw o yer ill-willer, an latna yer hert be blythe at his dounfaw:

18 For fear that the Laird sees it, an it is ill in his een, an his wraith is turnt frae him.

19 Dinna be trauchelt acause o ill-daers or be jeilous o sinners:

20 For the'll be nae futur for the ill man; the licht o sinners will be smuired.

21 Ma son, gang in fear o the Laird an the keeng: hae nocht tae dae wi thaim in heich poseetions:

22 For thair dounfaw will come wi a suddentie; an wha kens the ruinage o thaim in heich poseetions?

23 Thir is mair wirds o the wicelike: Tae respect a body's poseetion whan deemin isna guid.

24 Him that says tae the ill-daer, Ye ar upricht, will be bannit by peoples an ill-willed by nations.

25 But sayers o shairp wirds tae him will hae delite, an a sainin o guid will come upo thaim.

26 He gies a kiss wi his lips that gies a richt repone.

27 Pit yer wark in order ootby, an mak it ready in the field; an efter that, see tae the biggin o yer hoose.

28 Dinna be a royet witness agin yer neebour, or lat yer lips say whit is fause.

29 Say na, A will dae tae him as he haes duin tae me; A will gie the man the rewaird o his wark.

30 A gaen by the field o the sweirt body, an by the wine-yaird o the menseless man;

31 An it wis aw fou o thorns, an happit wi foggage, an its stane waw wis dung doun.

32 Than, leukin at it, A thocht: A seen, an A learnt frae't.

33 A wee sleep, a wee rest, a wee fauldin o the haunds in sleep:

34 Sae loss will come upo ye like an ootlin, an yer need like an airmed man.

Chaipter 25

Thir is mair wicelike wirds o Solomon, copied oot by the men o Hezekiah, keeng o Judah.

2 It is the glore o God tae haud a thing hidlin: but the glore o keengs is tae hae't socht oot.

3 The hieven is heich an the yird is deep, an the herts o keengs canna be rakit.

4 Tak awa the drush frae siller, an a veshel will come oot for the siller-wirker.

5 Tak awa ill-daers frae afore the keeng, an the seat o his pouer will be made strang in richtousness.

6 Dinna tak glore for yersel afore the keeng, an dinna pit yersel in the steid o the great:

7 For it is better tae hae't said tae ye, Come up here; nor for ye tae be pit doun laicher afore the ruler.

8 Dinna be swith tae gang tae law aboot whit ye hae seen, for whit will ye dae in the end, whan yer neebour haes pit ye tae shame?

9 Talk tae yer neebour hissel aboot yer cause, but dinna gie awa the saicret o anither:

10 Or yer hearer will mebbe say ill o ye, an yer shame winna be turnt awa.

11 A wird at the richt time is like aiples o gowd in a gird o siller.

12 Like a neb-ring o gowd an a variorum o the best gowd is a wicelike man that says shairp wirds tae a lug ready tae tak tent.

13 As the cauld o snaw in the hairst time, sae is a leal servand tae thaim that sends him; for he gies new life tae the saul o his maister.

14 As cluds an wind 'ithoot rain, sae is a body that taks creedit for an offerin he haesna gien.

15 A juidge is sweyed by a body that for a lang time drees wrangs 'ithoot plaint, an by a saft tongue e'en bane is broke.

16 Gin ye hae hinny, tak juist as muckle as is eneuch for ye; for fear that, bein fou o't, ye winna haud it doun.

17 Latna yer fit be aften in yer neebour's hoose, or he will mebbe git trauchelt wi ye, an his feelin be turnt tae ill will.

18 A body that gies fause witness agin his neebour is a haimer an a swuird an a shairp arrae.

19 Pittin a body's faith in a fause man in time o tribble is like a smattert tuith an a shakkin fit.

20 Like a body that taks aff claes in cauld wather an like veenegar on a wound is him that maks melody tae a dowie hert.

21 Gin yer ill-willer wants meat, gie him breid; an gin he wants drink, gie him watter:

22 For this wey ye will pit coals o fire on his heid, an the Laird will gie ye yer rewaird.

23 As the north wind gies birth tae rain, sae is a wraith face caused by a tongue sayin ill hidlins.

24 It is better tae bide in a neuk o the hoose-tap nor wi a soor-tongued wumman in a braid hoose.

25 As cauld watter tae a trauchelt saul, sae is guid newins frae a faur kintra.

26 Like a trauchelt funtain an a clarty spring is an upricht man that haes tae gie wey afore ill-daers.

27 It isna guid tae tak ower muckle hinny: sae him that isna leukin for honour will be honourt.

28 Him that's speerit isna maunt is like an unwawed toun that's been broke intae.

Chaipter 26

Like snaw in the simmer an rain whan the corn is bein hairstit, sae honour isna naitral for the daftlike.

2 As the sparra in her wanderin an the swallae in her flicht, sae the ban disna come 'ithoot a cause.

3 A whip for the horse, a bit for the cuddy, an a wand for the back o the daftlike.

4 Dinna gie tae the daftlike man a daftlike repone, or ye will be like him.

5 Gie a daftlike man a daftlike repone, or he will seem wicelike tae hissel.

6 Him that sends newins by the haund o a daftlike man sneds aff his feet an drinks in skaith.

7 The shanks o a body 'ithoot the pouer o walkin hings lowse; sae is a wicelike sayin in the mou o the daftlike.

8 Giein honour tae a daftlike man is like ettlin at haudin a stane fixed in a towe.

9 Like a thorn that gangs up intae the haund o a man owercome by drink, sae is a wicelike sayin in the mou o a daftlike man.

10 Like an aircher woundin awbody that gangs by is a daftlike man owercome by drink.

11 Like a dug gaun back tae the meat that he haes bowkit is the daftlike man daein his daftlike acts again.

12 Hae ye seen a man that seems tae hissel tae be wicelike? The'r mair howp for the daftlike nor for him.

13 The sweirt body says, The'r a lion in the wey; a lion is in the gates.

14 A door is turnt on its stoup, an the sweirt body on his bed.

15 The sweirt body pits his haund deep intae the byne: liftin it again tae his mou is a trauchle tae him.

16 The sweirt body seems tae hissel wicer nor seiven men able for answerin wi mense.

17 Him that gits poued intae a fecht that isna his business is like a body that taks a dug by the lugs while it gangs by.

18 As a body that's aff his heid sends aboot gleeds an arraes o deith,

19 Sae is the man that gits the better o his neebour by deceivery an says, Am A no daein thon in sport?

20 'ithoot wid, the fire gangs oot; an whaur the'r nae hidlin talk, argiment is endit.

21 Like braith on coals an wid alowe, sae a man gien tae argiment stairts a fecht.

22 The wirds o a body that says ill o his neebour hidlins is like sweet meat; thay gang doun intae the intimmers.

23 Birnin lips an an ill hert is like a veshel o yird platit wi siller drush.

24 Wi his lips the ill-willer gars things seem whit thay arna, but deceivery is huirdit up athin him;

25 Whan he says bonny wirds, dinna lippen on him; for in his hert is seiven ills:

26 Tho his ill will is happit wi deceivery, his sin will be seen appenly afore the gaitherin o the fowk.

27 Him that howks a hole in the yird will hissel gang fawin intae't: an on him that a stane is rowed by the stane will come back again.

28 A fause tongue ill-wills thaim that haes clean herts, an a glib mou is a cause o fawin.

Chaipter 27

Dinna mak a noise aboot the morn, for ye arna whit a day's affcome will be.

2 Lat anither man gie ye ruise, an no yer mou; a body that's fremmit tae ye, an no yer lips.

3 A stane haes great wecht, an saund brousles; but the wraith o the daftlike is o mair wecht nor thir.

4 Wraith is ill-kyndit, an wraith feelin a spate; but wha disna gie wey afore jeilousy?

5 Better appen plaint nor luve held hidlin.

6 The wounds o a freend is gien in guid faith, but the kisses o an ill-willer is fause.

7 The fou man haes nae uiss for hinny, but tae the man in want o meat ilka soor thing is sweet.

8 Like a bird wanderin frae her nest is a man traikin frae his station.

9 Ile an perfume gleddens the hert, an the wicelike propone o a freend is sweet tae the saul.

10 Dinna forleet yer freend or yer faither's freend; an dinna gang ben yer brither's hoose in yer day o tribble: better a neebour nearhaund nor a brither hyne awa.

11 Ma son, be wicelike an mak ma hert gled till A answer him that pits me tae shame.

12 The shairp man sees the ill an taks kiver: the semple gangs straucht on an gits intae tribble.

13 Tak a man's claes gin he maks hissel responsible for a fremmit man, an git an unnertakkin frae him that gies his wird for fremmit men.

14 Him that gies a sainin tae his freend wi a lood vyce, gittin up early in the forenuin, will hae't pit tae his accoont as a ban.

15 Like the unendin onding on a day o rain is a soor-tongued wumman.

16 Him that hauds hidlin the saicret o his freend will git hissel a name for guid faith.

17 Airn maks airn shairp; sae a man maks shairp his freend.

18 Whaiver hauds a fig-tree will hae its fruit; an the servand waitin his maister will be honourt.

19 Like face leukin at face in watter, sae is the herts o men tae ither.

20 Hell an Abaddon is niver fou, an the een o man haes niver eneuch.

21 The heatin pat is for siller an the uin fire for gowd, an a man is meisurt by whit he is ruised for.

22 E'en gin a daftlike man is brouselt wi a haimer in a veshel amang brouselt corn, still an on his daftlike weys winna gang frae him.

23 Tak care tae ken the condeetion o yer hirsels, leukin efter yer hirds weel;

24 For walth isna for aye, an siller disna gang on for aw the generations.

25 The gress breirds, an the young gress is seen, an the muntain plants is gat in.

26 The laums is for yer claes, an the he-gaits maks the wirth o a field:

27 The'll be gaits' milk eneuch for yer meat an tae fend for yer servand lassies.

Chaipter 28

The ill man gangs rinnin awa whan nae man is efter him, but the upricht is 'ithoot fear, like the lion.

2 Acause o the sin o the laund, its tribbles is eikit; but by a man o wit an knawledge thay will be smuired like a fire.

3 A man o walth ill-kyndit tae the puir is like a royet rain that ruins the meat.

4 Thaim 'ithoot respect for the law ruises the ill-daer; but sic as hauds tae the law is agin him.

5 Ill men kens na whit is richt; but thaim that gangs efter the Laird kens aw things.

6 Better the puir man that's weys is upricht nor the man o walth that's weys isna straucht.

7 Him that hauds tae the law is a wicelike son, but him that hauds company wi gilravagers shames his faither.

8 Him that eiks his walth by takkin interest juist huirds it for him that taks peety on the puir.

9 As for the man that's lug is turnt awa frae hearin the law, e'en his prayer is scunnerin.

10 Onybody causin the upricht tae gang traikin in an ill wey will hissel gang doun intae the hole he haes howkit; but the upricht will hae guid things for thair heirskip.

11 The man o walth seems tae hissel tae be wicelike, but the puir man that haes sense haes a law conceit o him.

12 Whan the upricht dis weel, the'r fouth o glore; but whan ill-daers is liftit up, men disna lat thairsels be seen.

13 Him that hauds his sins hidlin winna dae weel; but a body that's appen aboot thaim an gies thaim up will find mercy.

14 Blythe is the man that the fear o the Laird is in at aw times; but him that's hert is haurd will come intae tribble.

15 Like a lood-vyced lion an a reengin beir is an ill ruler ower a puir fowk.

16 The prince 'ithoot sense is an ill-kyndit ruler; but him wi nae desire tae git ootcome for hissel will hae lang life.

17 A body that's caused a man's deith will flicht tae hell: lat nae man gie him help.

18 Him that's weys is upricht will be sauf, but suddent will be the faw o him that's weys is thrawn.

19 By plouin his laund a man will hae breid in fou meisur; but him that gangs efter wanwirth bodies will be puir eneuch.

20 A man o guid faith will hae great sainins, but a body ettlin at gittin walth swith winna gang free frae punishment.

21 It isna guid tae respect a man's poseetion: for a man will dae wrang for a bittie breid.

22 The body aye seekin walth gangs rinnin efter siller an disna see that need will come upo him.

23 Him that says wirds o plaint tae a man will later hae mair appruival nor a body that says glib wirds wi his tongue.

24 Him that taks frae his faither or his mither whit is thairs by richt, an says, It is nae sin; is the same as a takker o life.

25 The body aye seekin ootcome causes fechtin; but him that pits his faith in the Laird will be made girthie.

26 Him that's faith is in hissel is daftlike; but awbody walkin wicelike will be held sauf.

27 Him that gies tae the puir will niver be in want, but great bans will be on him that gies nae tent tae thaim.

28 Whan ill-daers is liftit up, men taks kiver; but whan ruinage owertaks thaim, the upricht is eikit.

Chaipter 29

A man hatin shairp wirds an makkin his hert haurd will wi a suddentie be broke an no be made weel again.

2 Whan the upricht haes pouer, fowk is gled; whan an ill man is ruler, dule comes on fowk.

3 A man that luves wit is a joy tae his faither: but him that gangs in the company o limmers is a waster o walth.

4 A keeng, by even rule, maks the laund sauf; but a body fou o desires maks it a waste.

5 A man that ruises his neebour casts a net for his staps.

6 In the staps o an ill man the'r a net for him, but the upricht man gits awa swith an is gled.

7 The upricht man gies tent tae the cause o the puir: the ill-daer gies nae thocht tae't.

8 Men o pride causes royet acts in a toun, but by wicelike men wraith is turnt awa.

9 Gin a wicelike man gangs tae law wi a daftlike man, he can be wraith or lauchin, but the'll be nae rest.

10 Men o bluid is ill-willers o the guid man, an ill-daers gangs efter his saul.

11 A daftlike man lats oot aw his wraith, but a wicelike man hauds it back lown.

12 Gin a ruler gies tent tae fause wirds, aw his servands is ill-daers.

13 The puir man an his creeditor comes forenent ither: the Laird gies the same licht tae thair een.

14 The keeng that is a richt juidge in the cause o the puir will be sauf for aye on the seat o his pouer.

15 The wand an shairp wirds gies wit: but a bairn that isna guidit causes shame tae his mither.

16 Whan ill men is in pouer, wrangdaein is eikit; but the upricht will hae pleisur whan thay see thair dounfaw.

17 Gie yer son upbring, an he will gie ye rest; he will delite yer saul.

18 Whaur the'r nae veesion, fowk isna maunt; but him that hauds tae the law will be blythe.

19 A servand winna be instruct by wirds; for tho the sense o the wirds is clear tae him, he winna tak tent.

20 Hae ye seen a gleg-tongued man? The'r mair howp for a daftlike man nor for him.

21 Gin a servand is canny-like cared for frae his early years, he will come tae be a cause o sorrae at the hinnerend.

22 A wraith man causes fechtin, an a man gien tae wraith dis great wrang.

23 A man's pride will haste his faw, but him wi a lown speerit will be honourt.

24 A man that taks the pairt o a thief ill-wills his saul; he is pit unner aith but says nocht.

25 The fear o man causes danger: but whaiver pits his faith in the Laird will hae girth an refuge abuin.

26 The appruival o a ruler is socht by the hotterel: but the juidgment in a man's cause comes frae the Laird.

27 An ill man is scunnerin tae the upricht, an him that's upricht is scunnerin tae ill-daers.

Chaipter 30

The wirds o Agur, the son o Jakeh, frae Massa. The man says: A am trauchelt, O God, A am trauchelt; O God, A hae come tae an end:

2 For A am mair like a beast nor ony man; A hae nae pouer o raisonin like a man:

3 A haena gat wit by lear sae that A coud ken the Haly Ane.

4 Wha haes gaen up tae hieven an come doun? Wha haes taen the winds in his haunds, preesonin the watters in his robe? Wha haes aw the ends o the yird been fixed by? Whit is his name, an whit is his son's name, gin ye can say?

5 Ilka wird o God is testit: he is a shield tae thaim that pit thair faith in him.

6 Mak nae addeetion tae his wirds, or he will mak clear yer mistak, an ye will be seen tae be fause.

7 A hae besocht ye tae gie me twa things; dinna haud thaim frae me afore ma deith:

8 Pit faur frae me aw fause an daftlike things: dinna gie me great walth or lat me be in want, but gie me juist eneuch meat:

9 For fear that gin A am fou, A will mebbe be fause tae ye an say, Wha's the Laird? Or gin A am puir, A will mebbe come tae be a thief, uisin the name o ma God wrangously.

10 Dinna say ill o a servand tae his maister, or he will pit a ban on ye, an ye will git intae tribble.

11 The'r a generation bans thair faither an disna gie a sainin tae thair mither.

12 The'r a generation seems tae thairsels tae be free frae sin but isna wuish o thair unclean weys.

13 The'r a generation, O hou fou o pride is thair een! O hou thair brous is liftit up!

14 The'r a generation that's teeth is like swuirds, thair strang teeth like knifes, for the ruinage o the puir frae the yird, an o thaim in want frae amang men.

15 The nicht speerit haes twa dochters, Gie, gie. The'r three things niver fou, e'en fower as niver says, Eneuch:

16 Hell, an the wumman 'ithoot a bairn; the yird that niver haes eneuch watter, an the fire that niver says, Eneuch.

17 The ee that maks sport o a faither an sees nae wirth in a mither whan she is auld will be ruitit oot by the corbies o the glen an be meat for the young earns.

18 The'r three things that's wunner owercomes me, e'en fower things ootby ma knawledge:

19 The pad o an earn in the air; the pad o a serpent on a muntain; the pad o a ship in the hert o the sea; an the pad o a man wi a lassie.

20 This is the pad o a fause guidwife; she taks her meat an, dichtin her mou, says, A hae duin nae wrang.

21 For three things the yird is muived, an the'r fower it winna pit up wi:

22 A servand whan he comes tae be a keeng; a menseless man whan his walth is eikit;

23 An ill-willed wumman whan she is mairit; an a servand lassie that taks the steid o her maister's guidwife.

24 The'r fower things smaw on the yird, but thay ar unco wicelike:

25 The eemocks is a natur no strang, but thay pit by a huird o meat in the simmer;

26 The kinnens is but fushionless, but thay mak thair hooses in the craigs;

27 The locusts haes nae keeng, but thay aw gangs furth in baunds;

28 Ye can tak the ask in yer haunds, but it is in keengs' hooses.

29 The'r three things that's staps is guid tae see, e'en fower that's pads is bonny:

30 The lion, that's strangest amang beasts, no turnin frae his wey for onybody;

31 The war-horse, an the he-gait, an the keeng whan his airmy is wi him.

32 Gin ye hae actit menseless-like in liftin yersel up, or gin ye hae haen ill designs, pit yer haund ower yer mou.

33 The shakkin o milk maks butter, an the skewin o the neb gars bluid come: sae the forcin o wraith causes fechtin.

Chaipter 31

The wirds o Lemuel, keeng o Massa: the lear that he haen frae his mither.

34 Whit am A tae say tae ye, O Lemuel, ma auldest son? An whit, O son o ma bouk? An whit, O son o ma aiths?

35 Dinna gie yer strenth tae weemen, or yer weys tae whit is the ruinage o keengs.

36 It isna for keengs, O Lemuel, it isna for keengs tae tak wine, or for rulers tae say, Whaur is strang drink?

37 For fear that throu drinkin thay come tae tine respect for the law, wrangously deemin the cause o thaim in tribble.

38 Gie strang drink tae the body near tae ruinage, an wine tae him that's saul is sair:

39 Lat him hae drink, an his need will gang frae his mynd, an the myndin o his tribble will be gaen.

40 Lat yer mou be appen for thaim 'ithoot a vyce, in the cause o thaim that's ready for deith.

41 Lat yer mou be appen, deemin richt, an pronuncin even juidgments in the cause o the puir an thaim in want.

42 Wha can find a wumman o vertue? For she is wirth a sicht mair nor jewels.

43 The hert o her guidman haes faith in her, an he will hae ootcome in fou meisur.

44 She dis him guid an no ill aw the days o her life.

45 She gits oo an lint, wirkin at the business o her haunds.

46 She is like the treddin ships, gittin meat frae hyne awa.

47 She gits up while it is aye nicht, an gies flesh tae her faimily, an thair meat tae her servand lassies.

48 Efter leukin at a field tentfu, she coffs it, layin doun a wine-yaird wi the ootcome o her wark.

49 She pits a baund o strenth roond her an maks her airms strang.

50 She sees that her eydency is o ootcome tae her: her licht disna gang oot by nicht.

51 She pits her haunds tae the claith-wirkin wand, an her fingers taks the wheel.

52 Her haunds is raxt oot tae the puir; ay, she is appen-haundit tae thaim in want.

53 She fears na the snaw for her faimily, for thaim in her hoose is cled in reid.

54 She maks for hersel cods o shewin; her claes is bonny lint an purpie.

55 Her guidman is a man o note in public, whan he taks his seat amang the lawricht men o the laund.

56 She maks lint robes an taks siller for thaim, an tredders coffs her claith baunds.

57 Strenth an sel-respect is her claes; she faces the futur wi a smirk.

58 Her mou is appen tae cry oot wit, an the law o mercy is on her tongue.

59 She gies tent tae the weys o her faimily, she disna tak her meat 'ithoot wirkin for't.

60 Her bairns staunds up an honours her, an her guidman ruises her, sayin,

61 Unnummert weemen haes duin weel, but ye ar better nor the lot o thaim.

62 Bonny leuks is deceivery, an a bonny form is o nae wirth; but a wumman that fears the Laird is tae be ruised.

63 Gie her creedit for whit her haunds haes made: lat her be ruised by her warks in public.

ECCLESIASTES

Chaipter 1

Τhe wirds o the Preacher, the son o Dauvit, keeng in Jerusalem.

2 Awthing is tae nae ettle, said the Preacher, aw the weys o man is tae nae ettle.

3 Whit is a man profitit by aw his wark that he dis unner the sun?

4 Ae generation gangs, an anither comes; but the yird is for aye.

5 The'r dawin an the'r dayset, an the sun gangs swith back tae whaur he come up.

6 The wind gangs tae the sooth, turnin back again tae the north; ringin roond for aye.

7 Aw the watters gangs doun tae the sea, but the sea isna fou; tae whaur the watters gangs, thare thay gang again.

8 Aw things is trauchelt; man canna tell thair story: the ee haes niver eneuch o its seein, or the lug o its hearin.

9 Whit haes been is whit is tae be, an whit haes been duin is whit will be duin, an the'r niver a new thing unner the sun.

10 Ar the ocht that men says o't, See, this is new? It haes been in the hyne-awa days afore us.

11 The'r nae myndin o thaim that haes gaen afore, an o thaim that comes efter the'll be nae myndin for thaim that's aye tae come efter thaim.

12 A, the Preacher, wis keeng ower Israel in Jerusalem.

13 An A gien ma hert tae seekin oot in wit aw things duin unner hieven: it is a haurd thing that God haes gien the sons o men tae dae.

14 A hae seen aw the warks duin unner the sun; awthing is tae nae ettle, like breengin efter the wind.

15 Whit is boued canna be made straucht, an whit isna thare canna be nummert.

16 A said tae ma hert, See, A hae come tae be great an am eikit in wit mair nor ony afore me in Jerusalem — ay, ma hert haes seen great wit an knawledge.

17 An A gien ma hert tae learnin wit, an the weys o the daftlike. An A seen that this again wis breengin efter wind.

18 Acause in great wit is great dule, an eikin o knawledge is eikin o sorrae.

Chaipter 2

A said in ma hert, A will gie ye joy for tae sey ye; sae tak yer pleisur — but it wis tae nae ettle.

2 O lauchin A said, It is daftlike; an o joy — Whit uiss is't?

173

3 A socht wi ma hert tae gie pleisur tae ma flesh wi wine, aye guidin ma hert wi wit, an tae gang efter daftlike things sae that A coud see whit wis guid for the sons o men tae dae unner the hievens aw the days o thair life.

4 A unnertaen great warks, biggin masel hooses an layin doun wine-yairds.

5 A made masel gairdens an orcharts, plantin in thaim fruit-trees o aw kins.

6 A made puils tae gie watter for the shaws wi thair young spires.

7 A gat men servands an weemen servands, an thay gien birth tae sons an dochters in ma hoose. A haen great walth o hirds an hirsels, mair nor aw in Jerusalem afore me.

8 A gat thegither siller an gowd an the walth o keengs an o kintras. A gat makkers o sang, man-body an wumman-body; an the delites o the sons o men — lassies o aw kins tae be ma brides.

9 An A come tae be great; eikin mair nor aw thaim that haed been afore me in Jerusalem, an ma wit wis aye wi me.

10 An nocht that wis socht by ma een wad A haud frae thaim; A didna haud ony joy frae ma hert, acause ma hert taen pleisur in aw ma wark, an this wis ma rewaird.

11 Syne A seen aw the warks ma haunds haed made, an awthing A haed been wirkin tae dae; an A seen that aw wis tae nae ettle, like breengin efter the wind, an the war nae ootcome unner the sun.

12 An A gaen again in sairch o wit an daftlike weys. Whit can the man dae that comes efter the keeng? The thing that he haes duin afore.

13 Syne A seen that wit is better nor daftlike weys — as the licht is better nor the mirk.

14 The wicelike man's een is in his heid, but the daftlike man gangs stravaigin in the mirk; but aye A seen that the same come-tae-pass happens thaim aw.

15 Syne A said in ma hert: As it comes tae the daftlike man, sae it will come tae me; sae whit for hae A been ower wicelike? Syne A said in ma hert: This again is tae nae ettle.

16 O the wicelike man, as o the daftlike man, the'r nae aye-bidin myndin, seein that thaim that nou is will hae gaen frae myndin in the days tae come. See the wey deith comes tae the wicelike as tae the daftlike!

17 Sae A misluved life, acause awthing unner the sun wis ill tae me: awthing is tae nae ettle, like breengin efter the wind.

18 Ill will A haen for aw ma wark that A haed duin, acause the man that comes efter me will hae its fruits.

19 An wha's tae say gin that man will be wicelike or daftlike? But he will hae pouer ower aw ma wark that A hae duin an been wicelike in unner the sun. This again is tae nae ettle.

20 Sae ma mynd wis turnt tae dule for aw the tribble A haed taen an aw ma wit unner the sun.

21 Acause the'r a man that's wark haes been duin wi wit, wi knawledge, an wi a skeely haund; but a body that's duin nocht for't will hae't for his heirskip. This again is tae nae ettle an a great ill.

22 Whit dis a man git for aw his wark, an for the wecht o care that he haes duin his wark unner the sun wi?

23 Aw his days is sorrae, an his wark is fou o dule. E'en in the nicht his hert haes nae rest. This again is tae nae ettle.

24 The'r nocht better for a man nor haein flesh an drink an takkin delite in his wark. This again A seen wis frae the haund o God.

25 Wha can tak meat or hae pleisur 'ithoot him?

26 Tae the man that he is pleased wi God gies wit an knawledge an joy; but tae the sinner he gies the wark o gittin guids an gear thegither an huirdin walth, tae gie tae him that God taks pleisur in. This again is tae nae ettle, like breengin efter the wind.

Chaipter 3

For awthing the'r a trystit time, an a time for ilka darg unner the sun.

2 A time for birth an a time for deith; a time for sawin an a time for hairstin;

3 A time tae pit tae deith an a time tae mak weel; a time for dingin doun an a time for biggin up;

4 A time for greetin an a time for lauchin; a time for sorrae an a time for dancin;

5 A time tae tak stanes awa an a time tae gaither stanes thegither; a time for kissin an a time tae haud frae kissin;

6 A time for sairch an a time for loss; a time tae haud an a time tae gie awa;

7 A time for lowsin an a time for steekin; a time for haudin quate an a time for talk;

8 A time for luve an a time for ill will; a time for war an a time for peace.

9 Whit ootcome haes the wirker in the wark that he dis ?

10 A seen the wark that God haes gien the sons o man.

11 He haes made awthing richt in its time; but he haes made thair herts 'ithoot knawledge sae that man canna see the warks o God, frae the first tae the last.

12 A am siccar that the'r nocht better for a man nor tae be gled an tae dae guid while he's tae the fore.

13 An for ilka man tae tak meat an drink an be blythe in aw his wark is a rewaird frae God.

14 A am siccar that whitiver God dis will be for aye. Nae addeetion can be made tae't, an nocht can be taen frae't; an God haes duin it sae that man will fear him.

15 Whitiver is haes been afore, an whit is tae be is nou; acause God seeks oot the things past an by.

16 An again, A seen unner the sun, in the steid o the juidges, that ill wis thare; an in the steid o richtousness that ill wis thare.

17 A said in ma hert, God will be juidge o the guid an o the ill; acause a time for ilk ettle an for ilka wark haes been trystit by him.

18 A said in ma hert, It is acause o the sons o men sae that God can pit thaim tae the test an that thay see thairsels as beasts.

19 Acause the weird o the sons o men an the weird o the beasts is the same. As the deith o ane is, sae is the deith o the tither, an aw haes ae speerit. Man isna heicher nor the beasts; acause awthing is tae nae ettle.

20 Awbody gangs ae wey, awbody is o the stour, an awbody will be turnt tae stour again.

175

21 Wha's siccar that the speerit o the sons o men gangs up tae hieven, or that the speerit o the beasts gangs doun tae the yird?

22 Sae A seen that the'r nocht better nor for a man tae be blythe in his wark — acause that is his rewaird. Wha will gar him see whit will come efter him?

Chaipter 4

An again A seen aw the ill-kyndit things duin unner the sun; the war the greetin o thaim that haes ill duin tae thaim, an thay haen nae comforter: an frae the haunds o the ill-daers thare gaen furth pouer, but thay haen nae comforter.

2 Sae ma ruise wis for the deid as haes gaen tae thair deith, mair nor for the leevin as aye haes life.

3 Ay, blyther nor the deid or the leevin seemed him that haesna iver been, that haesna seen the ill duin unner the sun.

4 An A seen that the cause o aw the wark an o awthing duin weel wis man's jeilousy o his neebour. This again is tae nae ettle an a breengin efter wind.

5 The daftlike man, fauldin his haunds, taks the flesh o his bouk for meat.

6 Ae haundfu rest is better nor a gowpenfu tribble an a breengin efter wind.

7 Syne A come back, an A seen an exemplar o whit is tae nae ettle unner the sun.

8 It is a body his lane, 'ithoot a seicont, an 'ithoot son or brither; but the'r nae end tae aw his wark, an he haes niver eneuch walth. Wha, than, am A wirkin an haudin masel frae pleisur for? This again is tae nae ettle, an a soor wark.

9 Twa is better nor ane, acause thay hae a guid rewaird for thair wark.

10 An gin ane faws, the tither will gie him a haund; but dowie is the man that is his lane, acause he haes nae helper.

11 Sae again, gin twa slummers thegither, thay ar warm, but whit wey can a body be warm his lane?

12 An twa lit on by ane wad be sauf, an three towes twistit thegither isna swith reft.

13 A young man that's puir an wicelike is better nor a keeng that is auld an daftlike an winna be guidit by the wit o ithers.

14 Acause oot a preeson the young man comes tae be keeng, tho by birth he wis but a puir man in the kinrick.

15 A seen aw the leevin unner the sun roond the young man that wis tae be ruler insteid o the keeng.

16 The war nae end o aw the fowk, o thaim that's heid he wis, but thaim that comes later will tak nae delite in him. This again is tae nae ettle, like breengin efter the wind.

17 Pit yer feet doun tentfu whan ye gang tae the hoose o God, for it is better tae tak tent nor tae mak the brunt offerins o the daftlike, that's knawledge is anerly o daein ill.

Chaipter 5

Binna menseless wi yer mou, an latna yer hert be swith tae say ocht afore God, acause God is in hieven an ye ar on the yird — sae latna yer wirds be fouthy.

2 As a dream comes frae great business, sae the vyce o a daftlike man comes wi wirds in great nummer.

3 Whan ye tak an aith afore God, pit it swith intae ootcome, acause he taks nae pleisur in the daftlike; haud the aith ye hae taen.

4 It is better no tae tak an aith nor tae tak an aith an no haud it.

5 Latna yer mou gar yer flesh dae ill. An say na afore the angel, It wis a mistak. Sae that God winna be wraith wi yer wirds an pit an end tae the darg o yer haunds.

6 Acause great talk comes frae dreams an things o nae ettle. But lat the fear o God be in ye.

7 Gin ye see the puir unner an ill-kyndit yoke, an law an richt bein fiercelins cowpit in a kintra, binna pit aboot, acause ae authority wauks on anither, an the'r heicher nor thaim.

8 It is maistlins guid for a kintra whaur the laund is wrocht tae hae a keeng.

9 Him that luves siller niver haes eneuch siller, or him that luves walth eneuch ootcome. This again is tae nae ettle.

10 Whan guids an gear is eikit, the nummer o thaim that taks o thaim is eikit; an whit ootcome haes the awner but tae see thaim?

11 The sleep o a wirkin man is sweet, gin he haes a wee bit meat or a rowth o't; but tae him that's fou, sleep winna come.

12 The'r a great ill that A hae seen unner the sun — walth held by the awner tae be his dounfaw.

13 An A seen the ruinage o his walth by wanchance; an whan he come tae be the faither o a son he haen nocht in his haund.

14 As he come frae his mither in the jizzen-bed, sae he gangs again; he gits frae his wark nae rewaird that he can tak awa in his haund.

15 An this again is a great ill, that, in aw pynts, as he come, sae will he gang; an whit ootcome haes he in wirkin for the wind?

16 Aw his days is in the mirk, an he haes great sorrae, pyne, disease, an tribble.

17 This is whit A hae seen: it is guid an bonny for a man tae tak flesh an drink an tae be blythe in aw his wark unner the sun, aw the days o his life that God haes gien him; that is his rewaird.

18 Ilka man that God haes gien siller an walth an the pouer tae tak pleisur in't an tae dae his pairt an be blythe in his wark: this is gien by God.

19 He winna gie muckle thocht tae the days o his life; acause God lats him be taen up wi the joy o his hert.

Chaipter 6

The'r an ill that A hae seen unner the sun, an it is haurd on men;

2 A man that God gies siller, walth, an honour sae that he haes aw his desires, but God disna gie him the pouer tae tak pleisur in't, an a fremmit man taks it. This is tae nae ettle an an ill disease.

3 Gin a man haes a hunder bairns, an his life is lang sae that the days o his years is mony in nummer, but his saul taks nae pleisur in guid, an he isna honourt at his deith; A say that pairtin wi a bairn afore its time is better nor him.

4 In wind it come, an tae the mirk it will gang, an wi the mirk its name will be dernit.

5 Ay, it seen na the sun, an it haen nae knawledge; it is better wi this nor wi the tither.

6 An tho he gangs on leevin a thoosand year twice ower an disna see guid, isna the twa gaun ae wey?

7 Aw the darg o man is for his mou, an aye he is yaup.

8 Whit haes the wicelike mair nor the daftlike? An whit haes the puir man by walkin wicelike afore the leevin?

9 Whit the een sees is better nor the wanderin o desire. This is tae nae ettle an a breengin efter wind.

10 Whit is haes been cried afore, an o whit man is the'r knawledge. He haes nae pouer agin ane stranger nor him.

11 The'r wirds 'ithoot nummer for eikin whit is tae nae ettle, but whit is man profitit by thaim?

12 Wha can say whit is guid for man in life aw the days o his daftlike life that he gangs throu like a shaidae? Wha will say whit is tae be efter him unner the sun?

Chaipter 7

A guid name is better nor ile o great wirth, an the day o deith nor the day o birth.

2 It is better tae gang tae the hoose o greetin nor the hoose o gilravagin; acause that is the end o ilka man, an the leevin will tak it tae thair herts.

3 Sorrae is better nor joy; whan the face is dowie, the mynd gits better.

4 The herts o the wicelike is in the hoose o greetin; but the herts o the daftlike is in the hoose o joy.

5 It is better tae tak tent tae the plaint o the wicelike nor for a man tae tak tent tae the sang o the daftlike.

6 Like the crackin o thorns unner a pat, the lauch o a daftlike man is like thon; an this again is tae nae ettle.

7 The wicelike is trauchelt by the weys o the ill-kyndit, an the giein o siller is the ruinage o the hert.

8 The end o a thing is better nor its stairt, an a lown speerit is better nor pride.

9 Binna swith tae lat yer speerit be wraith; acause wraith is in the hert o the daftlike.

10 Say na, Whit for wis the bygaen days better nor thir? Sicna quaisten comes na frae wit.

11 Wit thegither wi a heirskip is guid, an an ootcome tae thaim that sees the sun.

12 Wit hauds a man frae danger e'en as siller dis ; but the wirth o knawledge is that wit gies life tae its awner.

13 Think on the wark o God. Wha will mak straucht whit he haes boued?

14 In the day o walth be blythe, but in the day o ill be thochty: God haes pit the tane agin the tither sae that man canna be siccar whit will be efter him.

15 Thir twa as is tae nae ettle hae A seen in ma life: a guid man comin tae his end in his richtousness, an an ill man that's days is lang in his ill-daein.

16 Binna gien ower muckle tae richtousness, an binna ower wicelike. Whit for lat ruinage come upo ye?

17 Binna ill ower muckle, an binna daftlike. Whit for come tae yer end afore yer time?

178

18 It is guid tae tak this in yer haund an no tae haud yer haund frae that; him that fears God will be free o the twa.

19 Wit maks a wicelike man stranger nor ten rulers in a toun.

20 The'r nae man on the yird o sic richtousness that he dis guid an is free frae sin aw his days.

21 Dinna tak tent tae aw the wirds men says, for fear o hearin the bans o yer servand.

22 Yer hert kens hou aften ithers haes been bannit by ye.

23 Aw this A hae pit tae the test by wit; A said, A will be wicelike, but it wis faur frae me.

24 Hyne awa is richt exeestence, an unco deep; wha can ken it?

25 A gien ma mynd tae knawledge an tae seekin wit an the raison o things, an tae findin that sin is daftlike, an that tae be daftlike is tae be 'ithoot a body's senses.

26 An A seen a thing soorer nor deith, e'en the wumman that's hert is fou o swicks an nets, an that's haunds is like baunds. Him that God is pleased wi will jouk her, but the sinner will be taen by her.

27 Leuk! This A hae seen, said the Preacher, takkin ae thing efter the tither for the richt accoont,

28 That ma saul is aye seekin, but A hae't na; ae man amang a thoosand A hae seen; but a wumman amang aw thir A haena seen.

29 Anerly this A hae seen, that God made men upricht, but thay hae been seekin oot aw kin o upmaks.

Chaipter 8

Wha's like the wicelike man? An wha's the sense o ocht clear tae? A man's wit gars his face sheen, an his haurd face will cheenge.

2 A say tae ye, Haud tae the keeng's law, oot o respect for the aith o God.

3 Binna swith tae gang frae afore him. Binna fixed in an ill design, acause he dis whitiver pleases him.

4 The wird o a keeng haes authority; an wha can say tae him, Whit is this ye'r daein?

5 Whaiver hauds tae the law will come tae nae ill: an a wicelike man's hert kens time an juidgment.

6 For ilk ettle the'r a time an a juidgment, acause the sorrae o man is great in him.

7 Naebody is siccar whit is tae be, an wha can say tae him whan it will be?

8 Nae man haes authority ower the wind, tae haud the wind; or is ruler ower the day o his deith. In war nae man's time is free, an ill winna haud the sinner sauf.

9 Aw this A hae seen, an hae gien ma hert tae aw the wark duin unner the sun: the'r a time whan man haes pouer ower man for his ruinage.

10 An syne A seen ill men yirdit, taen e'en frae the sanctuar; an thay gaen aboot an wis ruised in the toun acause o whit thay haed duin. This again is tae nae ettle.

11 Acause punishment for an ill wark comes na swith, the mynds o the sons o men is awthegither gien tae daein ill.

12 Tho a sinner dis ill a hunder times, an his life is lang, A am siccar that it will be weel for thaim that gangs in fear o God an is feart afore him.

13 But it winna be weel for the ill-daer; he winna mak his days lang like a shaidae, acause he haes nae fear afore God.

14 The'r a thing duin on the yird that is tae nae ettle: that the'r guid men the same punishment is gien as thaim that's ill, an the'r ill men gits the rewaird o the guid. A say that this again is tae nae ettle.

15 Sae A ruised joy, acause the'r nocht better for a man tae dae unner the sun nor tae tak flesh an drink an be blythe; for that will be wi him in his wark aw the days o his life that God gies him unner the sun.

16 Whan A gien ma mynd tae the knawledge o wit an seein the business duin on the yird (an the'r thaim that's een sees na sleep by day or nicht),

17 Syne A seen aw the wark o God, an that man canna learn o the wark duin unner the sun; acause, gin a man gies haurd wark tae the sairch, he winna win tae knawledge, an e'en gin the wicelike man seems tae be comin tae the end o his sairch, still an on he will be 'ithoot knawledge.

Chaipter 9

Aw this A taen tae hert, an ma hert seen it aw: that the upricht an the wicelike an thair warks is in the haund o God; an men canna be siccar gin it will be luve or ill will; awthing is tae nae ettle afore thaim.

2 Acause the'r ae come-tae-pass tae awbody, tae the upricht man an tae the ill, tae the clean an tae the unclean, tae him that maks an offerin an tae him that maks nane; as is the guid, sae is the sinner; him that taks an aith is as him that fears it.

3 This is ill in aw things duin unner the sun: that the'r ae weird for aw, an the herts o the sons o men is fou o ill; while thay hae life thair herts is daftlike, an efter that — tae the deid.

4 For him that's jyned tae aw the leevin the'r howp; a leevin dug is better nor a deid lion.

5 The leevin is awaur that deith will come tae thaim, but the deid isna awaur o ocht, an thay hae a rewaird nae mair, acause the'r nae myndin o thaim.

6 Thair luve an thair ill will an thair jeilousy is endit nou; an thay haena a pairt for aye in ocht duin unner the sun ony mair.

7 Come, tak yer breid wi joy an yer wine wi a gled hert. God haes taen pleisur in yer warks.

8 Lat yer claes be white at aw times, an latna yer heid be 'ithoot ile.

9 Be blythe wi the wumman o yer luve aw the days o yer daftlike life he gies ye unner the sun. Acause that is yer pairt in life an in yer wark that ye dae unner the sun.

10 Whitiver comes tae yer haund tae dae wi aw yer pouer, dae't acause the'r nae wark, or thocht, or knawledge, or wit in the muild that ye ar gaun tae.

11 An again A seen unner the sun that the rewaird gangs na tae him that's swith, or the fruits o war tae the strang; an the'r nae breid for the wicelike, or walth for men o lear, or respect for thaim that kens; but time an inlat comes tae aw.

12 E'en man kens nocht o his time; like fish taen in an ill net, or birds taen by deceivery, is the sons o men taen in an ill time whan it comes on thaim wi a suddentie.

13 This again A hae seen unner the sun as wit, an it seemed great tae me.

14 The war a wee toun, an the nummer o its men wis smaw, an thare come a great keeng agin it an made an onding on't, biggin warks o war roond aboot it.

15 Nou the war in the toun a puir, wicelike man, an he, by his wit, held the toun sauf. But naebody haen ony myndin o that same puir man.

16 Syne A said, Wit is better nor strenth, but the puir man's wit isna respectit, an his wirds isna gien a hearin.

17 The wirds o the wicelike as comes lown tae the lug is merkit mair nor the cry o a ruler amang the daftlike.

18 Wit is better nor instruments o war, but ae sinner is the ruinage o a pouer o guid.

Chaipter 10

Deid flees gars the perfumer's ile gie oot an ugsome steuch; a wee tait wit is wirth mair nor the great glore o the daftlike.

2 The hert o the wicelike man gangs in the richt airt; but the hert o a daftlike man in the wrang ane.

3 An whan the daftlike man walks in the gate, he haes nae sense an lats awbody see that he is daftlike.

4 Gin the wraith o the ruler is agin ye, bide in yer place; in him that hauds his wheesht e'en great sins can be owerleukit.

5 The'r an ill that A hae seen unner the sun, like a mistak that comes by chance frae a ruler:

6 The daftlike is placed in heich poseetions, but men o walth is held law.

7 A hae seen servands on horses, an rulers walkin on the yird as servands.

8 Him that howks a hole for ithers will hissel gang intae't, an for him that maks a hole throu a waw the bite o a serpent will be a punishment.

9 Him that howks oot stanes frae the yird will be skaithed by thaim, an in the sneddin o wid the'r danger.

10 Gin the airn haes nae cannel, an he disna mak it shairp, than he haes tae uise mair strenth; but wit gars things gang weel.

11 Gin a serpent gies a bite afore the wird o pouer is said, than the'r nae mair uiss in the wird o pouer.

12 The wirds o a wicelike man's mou is sweet tae aw, but the lips o a daftlike man is his ruinage.

13 The first wirds o his mou is daftlike, an the end o his talk is wrangous ill-daein.

14 The daftlike is fou o wirds; man kens na whit will be; an wha can say whit will be efter him?

15 The wark o the daftlike will be a trauchle tae him, acause he kens na the wey tae the toun.

16 Dowie is the laund that's keeng is a laddie, an that's rulers gilravages in the forenuin.

17 Blythe is the laund that's ruler is o noble birth, an that's heidsmen taks thair meat at the richt time, for strenth an no for gilravagin.

18 Whan nae wark is duin the ruif gangs in, an whan the haunds dis nocht watter comes skailin ben the hoose.

19 A mealtith is for lauchin, an wine gleddens the hert; but by the tane an the tither siller is wastit.

20 Say na a ban agin the keeng, e'en in yer thochts; an e'en hidlins say na a ban agin the man o walth; acause a bird o the lift will cairy the vyce, an whit haes weengs will gie newins o't.

Chaipter 11

P it oot yer breid on the face o the watters; for efter a lang time it will come back tae ye again.

2 Gie a pairt tae seiven or e'en tae aicht, acause ye hae nae knawledge o the ill that will be on the yird.

3 Gin the cluds is fou o rain, thay send it doun on the yird; an gin a tree comes doun tae the sooth, or the north, in whitiver steid it comes doun, thare it will be.

4 Him that wauks the wind winna git the seed sawn, an him that leuks at the cluds winna ingaither the corn.

5 As ye hae nae knawledge o the pad o the wind, or o the growthe o the banes in the wame o her that's biggen, e'en sae hae ye nae knawledge o the warks o God that's made aw.

6 In the forenuin saw yer seed, an till the forenicht latna yer haund be at rest; acause ye dinna ken whit ane will dae weel, this or that — or gin the twa will be as guid's ither.

7 Truelins the licht is sweet, an it is guid for the een tae see the sun.

8 But e'en gin a man's life is lang an he haes joy in aw his years, lat him mynd the mirk days, acause thay will be mony in nummer. Whitiver comes is tae nae ettle.

9 Be blythe, O young man, while ye ar young; an lat yer hert be gled in the days o yer strenth an gang in the weys o yer hert an in the desire o yer een; but be siccar that for aw thir things God will be yer juidge.

10 Sae pit awa tribble frae yer hert an sorrae frae yer flesh; acause the early years an the best years is tae nae ettle.

Chaipter 12

L at yer mynd turn tae yer Makker in the days o yer strenth, while the ill days comes na, an the years is hyne awa whan ye will say, A tak nae pleisur in thaim;

2 While the sun or the licht or the muin or the starns isna mirk, an the cluds comes na back efter the rain;

3 In the day whan the porters o the hoose tremmles for fear, an the strang men is boued doun, an the weemenfowk brouslin the corn rests acause thair boon is smaw, an thaim leukin oot the winnocks canna see;

4 Whan the doors is steekit in the gate, an the soond o the brouslin is laich, an the vyce o the bird is saft, an the dochters o muisic is laid law;

5 An he is fleggit at whit is heich, an danger is in the gate, an the tree is white wi flouer, an the tottiest thing is a wecht, an desire is at an end, acause man gangs tae his lear, an thaim that's sorraein is in the gates;

6 Afore iver the siller towe is cuttit, or the veshel o gowd broke, or the pat

smattert at the funtain, or the wheel broke at the wall;

7 An the stour gangs back tae the yird as it wis, an the speerit gangs back tae God that gien it.

8 Aw things is tae nae ettle, says the Preacher, awthing is tae nae ettle.

9 An acause the Preacher wis wicelike he aye gien fowk knawledge; seekin oot, seyin, an pittin in order a fouth o wicelike wirds.

10 The Preacher waled pleasin wirds, but his writin wis in wirds upricht an true.

11 The wirds o the wicelike is pyntit, an sayins gaithert thegither is like nails dung wi a haimer; thay ar gien by ae guide.

12 An forby that, ma son, tak tent tae this: o the makkin o beuks the'r nae end, an great lear is a trauchle tae the flesh.

13 This is the last wird. Aw haes been said. Be feart o God an haud tae his laws; acause this is richt for ilka man.

14 God will be juidge o ilka wark, wi ilka hidlin thing, guid or ill.

SANG O SANGS

Chaipter 1

T he sang o Sangs, Solomon's.

2 Lat him gie me the kisses o his mou: for his luve is better nor wine.

3 Sweet is the waff o yer perfumes; yer name is like perfume skailin oot; sae the young lassies gies ye thair luve.

4 Tak me tae ye, an we will gang efter ye: the keeng haes taen me ben his hoose. We will be gled an fou o joy in ye, we will gie mair thocht tae yer luve nor tae wine: richtous is yer luvers.

5 A am daurk, but bonny o form, O dochters o Jerusalem, as the tents o Kedar, as the pallions o Solomon.

6 Latna yer een be turnt on me, acause A am daurk, acause A wis leukit on by the sun; ma mither's bairns wis wraith wi me; thay made me the keeper o the wine-yairds; but ma wine-yaird A haena keepit.

7 Say, O luve o ma saul, whaur ye gie meat tae yer hirsel, an whaur ye gar thaim rest in the heat o the day; whit for maun A be like a body traikin by the hirsels o yer freends?

8 Gin ye haena knawledge, O bonniest o weemen, gang on yer wey in the fitstaps o the hirsel, an gie yer young gaits meat by the tents o the hauders.

9 A hae made compear o ye, O ma luve, tae a horse in Pharaoh's cairiages.

10 Yer face is a delite wi rings o hair, yer hause wi cheens o jewels.

11 We will mak ye cheens o gowd wi decorments o siller.

12 While the keeng is seatit at his buird, ma spices sends oot thair perfume.

13 As a poke o myrrh is ma weel-luved ane tae me whan he dovers the lee-lang nicht atween ma breests.

14 Ma luve is tae me like a brainch o the cypress-tree in the wine-yairds o En-gedi.

15 See, ye ar bonny, ma luve, ye ar bonny; ye hae the een o a dou.

16 See, ye ar bonny, ma luved ane, an a pleisur; oor bed is green.

17 Cedar-trees is the stoups o oor hoose; an oor buirds is made o fir-trees.

Chaipter 2

A am a rose o Sharon, a flouer o the glens.

2 As the lily-flouer amang the thorns o the waste, sae is ma luve amang the dochters.

3 As the aiple-tree amang the trees o the shaw, sae is ma jo amang the sons. A taen ma rest unner his shaidae wi great delite, an his fruit wis sweet tae ma gust.

185

4 He taen me tae the hoose o wine, an his bratach ower me wis luve.

5 Mak me strang wi wine cakes, lat me be comfortit wi aiples; A am owercome wi luve.

6 His left haund is unner ma heid, an his richt haund is aboot me.

7 A say tae ye, O dochters o Jerusalem, by the raes o the field, dinna lat luve be muived till it is ready.

8 The vyce o ma luved ane! See, he comes dancin on the muntains, stappin swith on the knowes.

9 Ma jo is like a rae; see, he is on the ither side o oor waw, he leuks in at the winnocks, lattin hissel be seen throu the rooms.

10 Ma jo said tae me, Rise, ma luve, ma bonny ane, an come awa.

11 For, see, the winter is past an by, the rain is ahint us;

12 The flouers is come on the yird; the time o sneddin the vines is come, an the vyce o the dou soonds in oor laund;

13 The fig-tree beirs her green fruit, an the vines wi thair young fruit gies a guid waff. Git up oot yer bed, ma bonny ane, an come awa.

14 O ma dou, ye ar in the coves o the muntainsides, in the gills o the heich knowes; lat me see yer face, lat yer vyce come tae ma lugs; for sweet is yer vyce, an yer face is bonny.

15 Tak for us the tods, the wee tods, as skaithes the vines; oor vines haes young grapes.

16 Ma jo is mines, an A am his: he taks his meat amang the flouers.

17 Till the forenicht comes, an the lift comes slaw tae be mirk, come, ma luved

ane, an be like a rae on the muntains o Bether.

Chaipter 3

By nicht on ma bed A socht the luve o ma saul: A socht him, but A seen him na.

2 A will rise nou an gang aboot the toun, in the gates an in the braid weys A will gang efter him that's the luve o ma saul: A gaen efter him, but A seen him na.

3 The waukmen as gangs aboot the toun come by me; tae thaim A said, Hae ye seen him that's ma hert's desire?

4 A wis but a wee wey frae thaim whan A come forenent him that's the luve o ma saul. A taen him by the haunds an didna lat him gang till A haed taen him ben ma mither's hoose, an ben the room o her that buir me.

5 A say tae ye, O dochters o Jerusalem, by the raes o the field, latna luve be muived till it is ready.

6 Wha's this comin oot the hirstie fields like pillars o reek, perfumed wi sweet spices, wi aw the spices o the tredder?

7 See, it is the bed o Solomon; saxty men o war is aboot it, o the airmy o Israel,

8 The lot o thaim airmed wi swuirds, fuish up in war; ilka man haes his swuird at his side, acause o fear in the nicht.

9 Keeng Solomon made hissel a bed o the wid o Lebanon.

10 He made its stoups o siller, its foonds o gowd, its seat o purpie, the mids o't o ebony.

11 Gang furth, O dochters o Jerusalem, an see Keeng Solomon, wi the croun that his mither set on his heid on the day whan he wis mairit, an on the day o the joy o his hert.

Chaipter 4

See, ye ar bonny, ma luve, ye ar bonny; ye hae the een o a dou; yer hair is like a hirsel o gaits that rests on the side o Gilead.

2 Yer teeth is like a hirsel o sheep that's oo is new clippit, that comes up frae the washin; ilkane haes twa laums, an the'r no ane 'ithoot young.

3 Yer reid lips is like a bricht threid, an yer mou is bonny o form; the sides o yer heid is like pomegranate fruit unner yer wimple.

4 Yer hause is like the touer o Dauvit made for an airmoury, that a thoosand shields hings in, shields for fechtin men.

5 Yer twa breests is like young twin raes, as taks thair meat amang the lilies.

6 Till the forenicht comes, an the lift comes slaw tae be mirk, A will gang tae the muntain o myrrh, an tae the knowe o frankincense.

7 Ye ar aw bonny, ma luve; the'r nae merk on ye.

8 Come wi me frae Lebanon, ma bride, wi me frae Lebanon; see frae the tap o Amana, frae the tap o Senir an Hermon, frae the steids o the lions, frae the muntains o the leopards.

9 Ye hae taen awa ma hert, ma sister, ma bride; ye hae taen awa ma hert, wi ae leuk ye hae taen it, wi ae cheen o yer hause!

10 Hou bonny is yer luve, ma sister! Hou muckle better is yer luve nor wine, an the waff o yer iles nor ony perfume!

11 Yer lips dreeps hinny; hinny an milk is unner yer tongue; an the waff o yer claes is like the waff o Lebanon.

12 A gairden wawed in is ma sister, ma bride; a gairden steekit up, a spring o watter stappit.

13 The crap o the gairden is pomegranates; wi aw the best fruits, henna an spikenard,

14 Spikenard an saffron; calamus an cannel, wi aw trees o frankincense; myrrh an aloes, wi aw the maist important spices.

15 Ye ar a funtain o gairdens, a spring o leevin watters, an fleetin watters frae Lebanon.

16 Wauk, O north wind; an come, O sooth, blawin on ma gairden sae that its spices comes oot. Lat ma jo come intae his gairden an tak o his guid fruits.

Chaipter 5

A hae come intae ma gairden, ma sister, ma bride; for tae tak ma myrrh wi ma spice; ma waux wi ma hinny; ma wine wi ma milk. Tak flesh, O freends; tak wine, ay, be owercome wi luve.

2 A sleep, but ma hert is waukrife; it is the soond o ma jo at the door, sayin, Be appen tae me, ma sister, ma luve, ma dou, ma unco bonny ane; ma heid is tauch wi weet, an ma hair wi the draps o the nicht.

3 A hae pit aff ma coat; whit wey can A pit it on? Ma feet is wuish; whit wey can A fyle thaim?

4 Ma jo pit his haund on the door, an ma hert wis muived for him.

5 A gat up for tae lat ma jo in; an ma haunds wis dreepin wi myrrh, an ma

fingers wi sweet myrrh, on the sneck o the door.

6 A appened the door tae ma luved ane; but ma jo haed taen hissel awa, an wis gaen, ma saul wis fushionless whan his back wis turnt on me; A gaen efter him, but A didna come nearhaund; A said his name, but he gien me nae repone.

7 The porters as gangs aboot the toun owertaen me; thay gien me blaws an wounds; the hauders o the waws rived ma wimple frae me.

8 A say tae ye, O dochters o Jerusalem, gin ye see ma luved ane, whit will ye say tae him? That A am owercome wi luve.

9 Whit is yer jo mair nor anither, O bonniest amang weemen? Whit is yer jo mair nor anither, that ye say this tae us?

10 Ma jo is white an reid, the heid amang ten thoosand.

11 His heid is like the maist delicate gowd; his hair is thick, an black's a corbie.

12 His een is like the een o dous by the burns, wuish wi milk, an richt placed.

13 His face is like beds o spices, giein oot perfumes o ilka kin; his lips like lilies, dreepin bree myrrh.

14 His haunds is like gowd rings ornamentit wi beryl stanes; his bouk is like a snod plate o ivory buskit wi sapphires.

15 His shanks is as stoups o stane on a foonds o delicate gowd; his leuks is as Lebanon, bonny as the cedar-tree.

16 His mou is maist sweet; ay, he is aw bonny. This is ma luved ane, an this is ma freend, O dochters o Jerusalem.

Chaipter 6

W haur is yer jo gaen, O bonniest o weemen? Whaur is yer jo turnt awa, that we can gang leukin for him wi ye?

2 Ma jo is gaen doun intae his gairden, tae the spice beds, for tae hae his meat in the gairdens an gaither lilies.

3 A am for ma luved ane, an ma jo is for me; he taks his meat amang the lilies.

4 Ye ar bonny, O ma luve, as Tirzah, as bonny as Jerusalem; ye ar tae be feart like an airmy wi bratachs.

5 Lat yer een turn awa frae me; see, thay hae owercome me; yer hair is like a hirsel o gaits that rests on the side o Gilead.

6 Yer teeth is like a hirsel o sheep that comes up frae the washin; ilkane haes twa laums, an the'r no ane 'ithoot young.

7 Like pomegranate fruit is the sides o yer heid unner yer wimple.

8 The'r saxty queens, an aichty servand wifes, an young lassies 'ithoot nummer.

9 Ma dou, ma unco bonny ane, is but ane; she is the ae ane o her mither, she is the dearest ane o her that buir her. The dochters seen her, an gien her a sainin; ay, the queens an the servand wifes, an thay ruised her.

10 Wha is she, leukin doun as the forenuin licht, bonny as the muin, clear as the sun, that's tae be feart like an airmy wi bratachs?

11 A gaen doun intae the nit gairden for tae see the green plants o the glen an see gin the vine wis sprentin, an the pomegranate-trees wis in flouer.

12 Afore A wis awaur o't, ma saul made me like the chairiots o Amminadib.

13 Come back, come back, O Shulammite; come back, come back sae that oor een can see ye. Whit will ye see in the Shulammite? A swuird-dance.

Chaipter 7

Hou bonny is yer feet in thair shuin, O keeng's dochter! The roonds o yer shanks is like jewels, the darg o the haunds o a guid warkman:

2 Yer kyte is a huird o corn wi lilies roond it, an in the mids a roond tassie fou o wine.

3 Yer twa breests is like young twin raes.

4 Yer hause is like a touer o ivory; yer een like the watters in Heshbon, by the door-cheek o Bath-rabbim; yer neb is as the touer on Lebanon owerleukin Damascus:

5 Yer heid is like Carmel, an the hair o yer heid is like purpie, that's net the keeng is preesoner in.

6 Hou bonny an hou sweet ye ar, O luve, for delite.

7 Ye ar lang like a paum-tree, an yer breests is like the fruit o the vine.

8 A said, Lat me gang up the paum-tree, an lat me tak its brainches in ma haunds: yer breests will be like the fruit o the vine, an the waff o yer braith like aiples;

9 An the ruif o yer mou like guid wine fleetin doun smuith for ma luved ane, muivin canny-like ower ma lips an ma teeth.

10 A am for ma luved ane, an his desire is for me.

11 Come, ma luved ane, lat us gang furth intae the field; lat us rest amang the cypress-trees.

12 Lat us gang oot early tae the wine-yairds; lat us see gin the vine is sprentin, gin it haes borne its young fruit, an the pomegranate is in flouer. Thare A will gie ye ma luve.

13 The mandrakes gies oot a sweet waff, an at oor doors is aw kin o guid fruits, new an auld, that A hae held for ma luved ane.

Chaipter 8

Och that ye war ma brither, that soukit milk frae ma mither's breests! Whan A come tae ye in the gate, A wad gie ye kisses; ay, A wadna be leukit doun on.

2 A wad tak ye by the haund ben ma mither's hoose, an she wad be ma dominie. A wad gie ye drink o spiced wine, drink o the pomegranate.

3 His left haund wad be unner ma heid, an his richt haund aboot me.

4 A say tae ye, O dochters o Jerusalem, dinna lat luve be muived till it is ready.

5 Wha's this, that comes up frae the hirstie fields, hingin on her luved ane? It wis me that waukent ye unner the aiple-tree, whaur yer mither lay in jizzen; thare she wis in pyne at yer birth.

6 Pit me as a taiken on yer hert, as a taiken on yer airm; luve is strang as deith, an wraith soor as hell: its coals is coals o fire; royet is its flames.

7 Fouth o watter canna smuir luve, or the deep watters owercome it: gin a man gien aw the substance o his hoose for luve, it wad be deemed no eneuch.

8 We hae a young sister, an she haes nae breests; whit ar we tae dae for oor

sister on the day whan she is gien tae a
man?

9 Gin she is a waw, we will mak on her
a strang foonds o siller; an gin she is
a door, we will lat her be steekit up wi
cedarwid.

10 A am a waw, an ma breests is like
touers; than A wis in his een like a body
that luck haed come tae.

11 Solomon haen a wine-yaird at Baal-
hamon; he lat oot the wine-yaird tae
keepers; ilkane haed tae gie a thoosand
siller merks for its fruit.

12 Ma wine-yaird, that's mines, is
afore me: ye, O Solomon, will hae the
thoosand, an thaim that hauds the fruit
o thaim twa hunder.

13 Ye wi yer bield in the gairdens, the
freends taks tent tae yer vyce; gar me tak
tent tae't.

14 Come swith, ma luved ane, an be
like a rae on the muntains o spice.